비장애 형제로 살아가는

# 나는 여전히,
# 오늘도
# 괜찮지 않습니다

케이트 스트롬 지음

전혜인·정평강 옮김

한울림스페셜

# 비장애 형제들을
# 주목합니다

우리 삶에서 형제는 참으로 다양한 의미가 있습니다. 내 편이 되어주고 나를 대신해 싸워주는 든든한 아군이기도 하지만, 사사건건 비교 대상으로 버티고 있어서 어릴 때부터 질투, 우월감, 열등감 같은 감정을 느끼게 하는 존재이기도 합니다. 어린 시절, 빈 깡통이 부딪히듯이 만나기만 하면 소리가 높아지고 주먹 다짐도 서슴지 않던 형제들이 나이가 들어가면서 고단한 인생길에 크고 작은 위로와 지지를 주고받는 동지가 되기도 하지요. 나이 든 부모는 아이들을 키우느라 고생한 것은 어느 새 잊어버리고 '형제를 만들어주길 참 잘했지.' 하며 흐뭇한 미소를 짓기도 합니다.

이 책은 특별한 형제들의 이야기를 전합니다. 장애를 지닌 언니와 함께 자란 저자가 많은 비장애 형제들과 만나며 나눈 이야기를 담았습니다. 장애가 있는 언니나 오빠, 동생을 둔 비장애 형제들의 색다른 일상과 속마음을 진솔하게 드러냅니다. 또한 장애 가족이나 장애 관련 전문가들이 어떻게 비장애 형제들을 도울 수 있는지 잘 알려줍니다.

그렇다고 이 책이 장애 가족이나 전문가들만을 위한 것은 아닙니다. 학교와 지역사회에서 장애인과 그 가족의 친구 또는 이웃으로서 장애 가족을 더 잘 이해하고 사랑하고 싶은 사람들을 위한 책이며, 나아가 지하철을 타거나 거리를 걷다가 영화관이나 대형 할인매장에서 장애인과 그 가족을 만날지도 모르는 우리 모두를 위한 책입니다.

최근에 장애 가족지원에 대한 관심이 이전보다 꽤 높아지기는 했지만, 대부분의 경우 '가족지원'은 '부모지원'으로만 이해하기 쉽습니다. 그런데 이 책은 그동안 장애 형제에 가려 잘 보이지도, 스스로 드러내지도 않던 비장애 형제들을 주목합니다. 이 책이 비장애 형제들을 향한 아낌없는 응원과 지원을 건넬 수 있는 마중물이길 바랍니다.

이화여대 특수교육과 교수 박지연

# '나는'
# 비장애 형제입니다

장애 형제와 함께 성장하는 비장애 형제들은 다른 사람들이 쉽게 이해하기 어려운 감정과 고민을 안고 살아갑니다. 하지만 비장애 형제들 자신도 내면의 목소리를 잘 알아차리지 못합니다. 왜냐하면 장애와 관련한 이야기들은 주로 장애인 당사자와 부모에게 초점이 맞춰져 왔기 때문입니다.

비장애 형제는 '장애 가정'이라는 그림 속에서 배경처럼, 부가적인 요소로 존재해왔습니다. 아무도 비장애 형제가 가정에서 어떤 역할을 하는지, 어떤 경험을 하는지, 어떤 어려움을 겪고 있는지 묻지도 않고 궁금해하지도 않습니다. 결국 부모 사후에 장애 형제의 보호자가 될 사람은 비장애 형제인데도 말입니다.

비장애 형제 자조모임 '나는'을 시작하면서 우리는 정말 많은 자료를 찾아봤습니다. 그리고 비장애 형제의 마음을 가장 잘 담고 있는 책 《나는 여전히, 오늘도 괜찮지 않습니다》를 만나게 되었습니다.

이 책을 읽으며 처음으로 비장애 형제인 나도 어딘가 속할 곳이 있다는 생각이 들었습니다. 지금까지 아무도 말해주지 않았던 '나'

를 찾은 기분이었습니다. 누군가도 나와 비슷한 경험을 한다는 것, 나와 비슷한 감정을 가진 사람이 이렇게나 많다는 것을 깨달은 것만으로 마음속 한구석의 응어리가 풀리는 것 같았습니다. 그리고 비장애 형제로서의 나를 좀 더 이해하고 새로운 삶의 관점을 찾아가기 시작했습니다.

　이 책에 담긴 이야기를 시작으로 하여 우리는 더 많은 공감과 위로를 나눌 수 있었습니다. 다른 비장애 형제들에게도 이 책이 내가 혼자가 아니라는 사실을 전해주었으면 합니다. 누군가 나와 같은 사람이 세상에 있다는 사실이 삶의 버팀목이 되기를 간절히 바랍니다.

비장애 형제 자조모임 『나는』

차례

# 2장 장애 가족을 위한 공감과 지원

# 진정한 나를
# 찾아가는 길

## 언니와 나의 이야기

우리 부모님은 오스트레일리아 남서쪽의 작은 해안도시에서 행복한 신혼 시절을 보냈고, 일 년 뒤 첫아이를 임신하면서 행복은 절정에 이르렀다.

하지만 어머니에게 출산은 외롭고 두려운 경험이었다. 아이를 낳을 당시 아버지는 분만실 밖에서 기다려야 했고, 어머니는 홀로 작은 시골 병원에서 오랜 시간 동안 출산의 고통을 견뎌야 했다. 그렇게 해서 마침내 태어난 아기가 바로 나의 언니 '헬렌'이다.

언니가 태어나고 얼마 안 되어 부모님은 언니에게 뭔가 이상이 있다는 걸 알아챘다. 젖을 삼키지 못하고 계속 토했기 때문이다. 동네 병원 의사는 언니에게 단순한 선천적 식도협착증이 있다면서 부모님을 안심시켰다(사실 식도가 좁아지는 것만으로도 굉장히 위험할 수 있다). 어머니는 햇살이 비치는 곳에 아기를 눕히고 발의 움직임을 관찰했고, 한쪽 다리로만 발길질을 할 수 있다는 걸 알게 되었다. 기쁨은 서서히 걱정으로 바뀌었고, 부모님은 언니가 9개월이 되었을 때 검사를 의뢰했다. 그때 부모님의 걱정은 현실로 나타났다. 언니는 뇌병변장애 판정을 받았다.

부모님은 언니를 도울 방법을 찾기 위해 대도시 애들레이드로 이사한 뒤 곧바로 언니를 데리고 병원을 찾았다. 하지만 의사는 부모님께 언니를 시설로 보내라고 했고, 그 뒤로 부모님은 다시는 그 의사를 찾아가지 않았다고 한다.

언니는 태어나기 전이나 후에 뇌출혈을 일으켜 반신마비가 왔다. 어렸을 때는 다리에 보행 보조기구를 착용하고, 오른손에 부목을 댔다. 그래서 목욕을 하거나 옷을 입는 일도 누군가 도와줘야 했다. 목 근육에도 문제가 있어서 말을 제대로 하지 못할 뿐 아니라 음식을 삼키기 힘들어했다. 식사는 어머니가 음식을 으깨어 입에 넣어주고 그 위로 또 음식을 넣어 밀려 내려가도록 해야 했다. 언니는 몇 마디 말을 할 수 있었지만 사람들이 쉽게 알아들을 수는 없었다. 그래서 지적장애 정도가 어느 만큼인지 알 수 없었고, 지금도 측정하기 힘들다.

오랜 고민 끝에 부모님은 둘째 아이를 갖기로 했고 그 아이가 바로 나다. 나는 언니가 네 살 때 태어났다. 아주 어릴 때라 기억이 뚜렷하지는 않지만 어렴풋하게 떠오르는 건 있다.

아주 어렸을 때 나는 언니와 함께 방을 썼는데, 언니랑 같이 잠을 잘 때 어머니는 나를 안전하게 재우려고 언니와 나 사이에 칸막이를 치곤 했다. 언니에게 아기인 내가 장난감이 아니라는 것을 이해 시키기 어려웠고, 언니가 나를 매우 거칠게 다루어서 내가 다칠 수 도 있었기 때문이다. 언니가 그렇게 행동한 데에는 아마 질투심도 작용한 것 같다.

언니는 발달이 늦었기 때문에 언니가 걷기 시작한 직후에 나도 걸음마를 배웠는데, 내가 걸음을 떼려 간신히 서 있을 때면 언니는 나를 밀어 넘어뜨리곤 했다. 언니는 힘이 셌다. 우리가 어느 정도 자라자 자주 다투었는데, 그때마다 내가 주로 언니에게 맞아 다치 곤 했다. 그렇다고 해서 우리가 싸우기만 한 것은 아니다. 함께 즐 겁게 논 적도 많았다.

언니는 네 살 무렵부터 특수학교에 다니기 시작했다. 아침이면 학교 버스가 왔는데 내가 좀 컸을 때 나는 그 버스가 무척 근사하게 보여 아침마다 버스를 맞이하는 일이 즐거웠다. 가끔은 버스가 출 발하기 전까지 언니 자리에 앉아 있곤 했다. 언니는 무슨 일을 하든 겁을 많이 냈는데, 특히 집을 떠나기 싫어해서 버스에 타기까지 늘 어머니와 실랑이를 했다. 학교에 가면 잘 지내면서도 말이다.

말은 못했지만 언니는 주변에서 무슨 일이 일어나는지 잘 알고 있었다. 크리스마스나 생일 같은 때에는 몸짓과 소리로 많은 것을 표현하려 했다. 그럴 때면 '알아맞히기' 게임을 하는 것 같았다. 삼 촌은 언니에게 수어를 가르치고 싶어했지만, 언어치료사는 언니가 목 근육 운동을 계속해야 한다며 수어를 가르치지 말라고 했다. 그 러나 목 근육은 전혀 좋아지지 않았다. 사실 언니와 의사소통을 제 대로 못 하는 게 우리 가족의 가장 큰 어려움이었다.

언니는 간질 증세도 있었다. 최근에는 약으로 거의 조절이 되지만, 언니가 어릴 때에는 주기적으로 발작을 했다. 그리고 발작이 지나고 나면 언니는 그 뒤에 오래도록 울곤 했다. 당시 어렸던 나는 무슨 일이 일어난 건지 도무지 알 수 없었다. 하지만 그런 일들 때문에 굉장히 겁을 먹은 것은 기억난다. 부모님은 언니의 그런 특성들에 대해 내가 이해할 수 있는 말로 설명해주지 않았다. 내 감정을 부모님에게 이야기할 기회도 전혀 없었다.

어머니는 때때로 내 친구들을 우리 집에 초대해서 함께 놀게 해주었다. 간혹 언니를 처음 보고 놀란 듯한 친구가 보이면, 어머니는 그 아이를 살짝 구석으로 데리고 가서 귀띔해주었다. 언니가 말을 하거나 함께 놀지 못해도 아이들이 하는 말을 알아들을 수 있고 놀이에 끼는 것을 좋아한다고. 내 기억으로는 그때 친구들과 언니가 함께 어울리는 게 무척 자연스러웠던 것 같다. 친구들은 언니의 장애를 아무렇지도 않게 받아들이는 것 같았다.

그러나 우리 가족이 언니와 함께 외출했을 때는 사정이 달랐다. 사람들은 가던 길을 멈추고 우리 가족을 빤히 쳐다보았다. 그럴 때마다 나는 당황스러웠고, 나도 모르게 방어적으로 반응했다. 부모님은 내가 괴로워하는 모습을 보며 안타까워했다. 사람들이 왜 우리를 그렇게 빤히 쳐다보는지에 대해 제대로 설명해주지 못하는 것을 힘들어했다. 사람들은 지금도 우리가 길거리를 지날 때 빤히 쳐다본다. 우리는 그 눈길이 여전히 불편하다.

어렸을 때 나는 학교생활을 잘했다. 운동을 즐겨 했고 친구들도 많이 사귀었다. 나는 부모님을 위해 집에서 '착하고 반듯하게' 행동하려고 노력했다. 그러나 내면에는 혼란스러운 감정들이 쌓여 갔고, 그러한 고민을 누구와도 나누지 못했다. 언니에게는 미안한 말이지만, 언니가 사라져 버렸으면 하고 바라기도 했다. 또한 언니는 할 수 없는 일을 내가 해낼 때마다 미안한 마음이 들기도 했지만 끊임없이 부모님의 칭찬을 듣고 싶어했다.

언니는 여러 해 동안 밤에 계속 울었다. 아침이면 아버지는 직장에, 나는 학교에 가야 했기 때문에 밤에 잠을 푹 자야 했다. 당시 언니와 방을 함께 썼던 난 하는 수 없이 어머니와 잠자리를 바꾸어 아버지와 함께 잤다. 이 때문에 가족 모두 힘들었고, 결국 내가 10대 초반 무렵 부모님은 내 방을 따로 마련해주었다. 나에게도 나름대로 사생활이 있었고 조용히 공부할 공간이 필요했기 때문이다.

언니는 때로 그룹홈에 머물곤 했는데, 그럴 때에는 가족들이 잠시 동안이나마 쉴 수 있었다. 하지만 언니는 그곳에 가기를 싫어했기 때문에 남아 있는 가족들은 잠시 휴식을 취하면서도 죄책감과 슬픔을 느껴야 했다.

우리 가족의 생활은 온통 언니에게 맞춰져 있었다. 우리는 비장애 가족들이 하는 많은 일들을 하지 못하고 살았다. 어렸을 때 언젠가 '로열 애들레이드 쇼' 축제에 간 적이 있다. 언니는 거기서 구급차를 보고는 천막 뒤에 숨어서 나오려 하지 않았다. 구급차를 보면 집을 떠나 멀리 어디론가 보내진다고 여기기 때문이었다. 그 뒤로 우리 가족은 다시는 축제를 보러 가지 않았다.

아주 가끔 나만 혼자 부모님과 저녁 외식을 할 때가 있었는데 그 시간이 내겐 정말 소중했다. 또 아주 드문 일이기는 했지만 부모님 중 한 분과 함께 나만의 시간을 보내기도 했다. 부모님의 관심을 혼자서 독차지할 때에는 마치 내가 공주가 된 듯한 기분이었다.

어린 시절 우리 가족과 친척들은 함께 휴가를 보내기도 했다. 가족을 도와주는 친척들과 어울리며 지낸 시간은 내게 큰 도움이 되었다. 때때로 나 혼자 친척들을 만나러 갈 때도 있었는데 그런 경험들 덕분에 독립심을 기를 수 있었다. 내가 어릴 때는 할머니와 할아버지가 우리를 많이 돌봐주셨다. 특히 할머니가 자주 돌봐주셨는데, 지금도 할머니가 언니를 즐겁게 해주셨던 시간들이 기억난다.

언니는 특수학교에 26년간 다녔다. 그곳에 다니면서 물리치료와 언어치료를 받았고, 수업을 마치면 여가활동 센터에서 요리와 수공예를 배웠다. 언니는 학교에서 걸스카우트 단원 활동도 했으며, 우리 가족은 학교에서 주최하는 갖가지 행사에도 참여했다.

서른 살이 되자 언니는 특수학교를 나와 보호작업장에 들어갔다. 그런데 언니가 보호작업장에 가기를 싫어해 부모님은 전문가의 조언에 따라 언니를 주중에 기숙시설에 보내기로 했다. 언니를 마냥 집에만 있게 할 수는 없었기 때문이다. 언니가 생활할 곳을 바꾸는 것은 우리 가족 모두에게 특별히 힘든 일이었다.

하지만 얼마 뒤 언니는 보호작업장에 적응하여 정착했다. 가끔 임시직이긴 했지만 여러 해 동안 직업을 갖고 일을 했다. 주말과 휴일에는 부모님과 함께 축구를 관람하거나 음악 감상을 하거나 춤을 추며 즐겼다. 언니는 가족과 주변 친구들에게서 많은 기쁨을 얻었다. 사회에서 관계 맺은 사람들과의 모임이 있을 때 언니는 다른 사람들에게 가족을 보여주는 걸 좋아하는데, 특히 내 남편과 나 그리고 우리 두 아이들을 소개하기를 좋아한다. 다른 사람들과 이야기할 때 언니가 먼저 대화를 이끌어가기는 쉽지 않지만, 다양한 상황에서 쉴 새 없이 흥미와 유머를 보이며 대화에 참여한다. 부모님은 50년 넘게 언니를 극진히 보살폈다.

## 진정한 나의 이야기

어릴 때 나에게는 부모님과 친지들의 따스한 보살핌이라는 든든한 토대가 있었다. 어떤 면에서 나는 자아존중감이 강했지만 한편으로는 스트레스가 그러한 토대와 자아존중감을 위협했다. 나는 언니와 함께 살아가기 위해 노력해야 하는 모든 일들을 받아들이기 힘들었다.

10대 초기에 그러한 생각에 사로잡혀 있어서 불면증에 시달렸다. 학교에서 내 이름을 말하고 쓰는 간단한 일을 할 때에도 머리가 어지러웠다. 또 목소리가 떨리고 공황에 빠졌으며 남들이 나를 이상하게 생각할까 봐 두려웠다. 내가 만약 흐트러진 모습을 보인다면 사람들이 내게 무슨 문제가 있다고 생각할 것만 같았다. 또 나는 내가 못생겼다고 생각했다. 나는 고등학교 때 여러 해 동안 학급 회장이었고, 어느 해에는 전교 임원으로 뽑히기도 했다. 나는 인기가 있고 많은 활동을 하는 것처럼 보였지만, 내면에는 나 자신에 대한 회의가 가득했고, 나를 짓누르는 두려움을 감추는 데 급급했다.

부모님은 내가 자신감을 모조리 잃은 것을 알아차렸다. 나를 심리학자에게 데려갔고, 최면치료사와 정신과 의사에게도 데리고 갔다. 그들 모두 나에게 아무런 문제가 없다고 했다. 어떤 의사는 잠을 잘 자야 한다면서 바륨을 처방해주었다. 그리고 모임의 규모를 점차 키우면서 사람들 앞에서 읽기를 시키는 체계적 둔감화 요법을 적용했다. 하지만 내게는 효과가 없었다. 그 당시 내가 만난 전문가들은 아무도 나의 가족 상황에 관심을 갖지 않았다.

두려움이 커짐에 따라 나는 마음을 다잡으며 두려움을 이겨내려고 애썼지만, 노력할수록 두려움은 더욱 커졌다. 결국 고등학교 때 의사나 교사가 되고 싶었던 나는 누군가가 나를 지켜본다는 두려움 때문에 응용과학 쪽으로 진로를 선택했다. 연구실에서 일하는 것이 조금이라도 마음 편하리라 생각되었기 때문이다. 대학에 다니면서도 때때로 나는 사람들이 많은 강의실에서 공포를 느끼는 게 싫어서 혼자 복도를 걷곤 했다.

나 자신에 대해 느끼는 분노는 말할 수 없이 컸다. 회의를 하거나 이야기를 나누는 동안 다른 사람이 내게 질문을 할까 두려웠다. 누군가 질문을 하면 사람들의 관심이 나에게 쏠릴 테고, 내가 긴장한 것처럼 보이면 사람들이 나쁘게 평가할까 두려웠던 것이다. 여러 가지 면에서 내가 이중인격자처럼 느껴졌다. 다른 사람들은 나를 자신감 넘치는 사람으로 보았기 때문이다. 나는 사교적이고 재미있는 것을 좋아하고 사회활동에 적극적으로 참여했지만, 항상 두려움을 느꼈다. 손이나 목소리가 떨리거나 얼굴이 붉어지면 마치 세상이 끝나는 것만 같았다.

대학을 졸업한 뒤 20대에는 여러 병원에서 근무했고, 해외여행을 자주 다녔다. 지금 생각해보면 그 당시 긴장과 두려움에서 도망치기 위해 여행을 했던 것 같다. 여행을 하는 동안에는 즐거웠고 모든 걱정이나 책임감에서 벗어날 수 있었다. 하지만 일상으로 돌아오면 두려움이 또다시 엄습했다. 나는 두려웠지만, 그래도 불편을 느끼는 여러 활동에 스스로 참여했다.

그 당시 나는 공부를 계속하면서 애들레이드에 있는 '건강 연구와 훈련을 위한 조직'에서 건강교실 강사로 일했다. 그 시절을 되돌아보면, 참가자 모두가 끊임없이 몸을 움직였기 때문에 내가 그 일을 할 수 있었던 것 같다. 내가 강사이긴 했지만 사람들의 관심은 나뿐 아니라 운동하고 있는 우리 모두에게 있었다. 그래서 나를 사로잡고 있는 느낌을 대수롭지 않게 여기면서 즐길 수 있었다.

이때 오스테레오 라디오 방송국에서 '보디랭귀지'라는 일일 건강 프로그램을 진행할 기회도 얻었다. 처음에는 무척 긴장했지만 음향 기술자 한 명 앞에서 프로그램을 녹음했기 때문에 성공적으로 끝낼 수 있었다. 내가 진행하는 프로그램을 듣는 사람은 수십만 명이지만 나는 그 사람들을 볼 수 없었고, 더 중요한 것은 그들이 나를 볼 수 없다는 사실이었다. '보디랭귀지' 프로그램은 몇 년 동안 오스테레오 방송의 주요 프로그램이었다. 나는 라디오 방송 일을 하면서 받는 찬사를 즐겼지만, 다른 한편으로는 누군가를 속이는 듯한 느낌이 들었다. 어떠한 주목도 받지 않고 이야기할 수 있었던 라디오 방송은 좋았지만, 저녁 모임은 정말 고문이었다. 공황은 점점 심해졌다.

그러다 마침내 나는 지역사회에서 꿈에 그리던 직업인 건강지도사로 일하게 되었다. 그 자리를 얻기 위해 오랜 기간 공부하고 경험을 쌓았다. 그리고 그곳에는 내가 좋아하는 것들이 많이 있었다. 하지만 매주 하는 스태프 회의에 참석할 때면 누군가 나에게 질문할지 모른다는 두려움을 떨쳐버릴 수가 없었다. 나는 내가 해야 할 일에 필요한 능력이나 자질을 모두 갖추었고 그 일을 잘하고 있다는 것을 안다. 하지만 여럿이 있는 자리에서 말을 해야 한다고 생각하면 두려움에 사로잡히고 만다. 두려움이 커질 때면 감기에 걸린 듯기침을 했지만 그런 방식으로 회피하는 것에도 한계가 있었다. 두려워하는 모습을 감추는 데 너무 많은 에너지를 쏟는 바람에 나는 그만 지치고 말았다. 스트레스는 더욱 심해졌고, 결국 직장을 그만 둘 수밖에 없었다. 직장 동료들에게 내 공황에 대해 이야기한다는 것은 생각해본 적도 없다. 사람들은 모두 내가 성공했다고 여겼지만 나는 나 자신이 실패한 것처럼 느껴졌다.

내가 이러한 두려움을 느끼는 것은 뇌병변장애인 언니와 함께 자란 것과 연관이 있다고 생각했다. 오랜 기간 공황을 치료하기 위해 여러 가지 방법을 찾았지만, 어느 곳에서도 언니에 대한 내 감정에 관심을 두지 않았다. 대부분의 치료사들은 '행동주의적 접근'을 적용했다. 치료사들은 내가 공황을 경험할 때 다양한 방법을 동원해 도우려고 했지만, 어떤 방법도 소용이 없었다. 항상 내가 변해야 한다고 강요했고, 나는 변할 수가 없었다. 이런 상황이 반복되면서 좌절감은 점점 더 커졌다.

그 즈음 나는 남편 랍을 만났다. 몇 달이 지나 우리 관계가 좀 더 가까워졌을 때, 나는 랍에게 내 비밀을 털어놓아야 한다고 생각했다. 공황이 지속되고 있는 상황에서 결혼을 했기 때문이다. 지금 생각하면 아무 일도 아니었지만, 당시 나에게는 큰 용기가 필요한 일이었다.

나중에 랍은 내가 옛날 남자친구 이야기나 치명적인 병에 걸렸다고 이야기할까 봐 걱정했다고 한다. 처음에 랍은 내가 털어놓은 비밀의 심각성을 제대로 이해하지 못했다. 시간이 좀 더 지난 뒤에야 나의 상태를 정확히 이해하게 되었다.

나는 꾸준히 새로운 치료법을 찾았지만, 공황은 더 악화되기만 했다. 그때까지 아무도 내 어린 시절에 대해 언급하지 않았다.

30대 중반이 되어 나는 두 딸을 낳았고, 라디오 방송국에서 계속 일하면서 대부분의 에너지를 아이들에게 쏟았다. 나는 여전히 특별한 상황에서 겪는 반응 때문에 어려움을 겪었다. 큰딸이 유치원에 다니기 시작했을 때, 나는 학부모회에 들어가고 싶었지만 들어갈 수 없었다. 학기 초에 하는 학부모 모임에서 다른 학부모들 앞에서 나와 딸을 소개해야 한다는 것이 두려웠다. 다른 엄마들과 함께 점심을 먹는 자리에서도 두려움을 숨기기 위해 노력해야 했다.

40대가 되어서야 비로소 나 자신과 언니에 대한 혼란스러운 감정을 정리하는 데 도움을 준 치료사를 만나게 되었다. 그 당시 아침 일찍 시작하는 집단치료 프로그램에 참여했는데, 나는 다른 사람들에게 내 상황에 대해 이야기하고 싶지 않았다. 다른 사람들을 속인다는 사실이 불편했지만, 여전히 그 사실을 털어놓을 수 없었다. 이것이 내 문제의 핵심이라는 사실을 깨달았다. 다른 사람에게 내 문제를 감추려고 노력하는 데 내 인생의 전부를 쏟은 것이다.

치료과정 중 가장 어려웠던 점은 다른 사람에게 내가 겪는 어려움과 두려움을 보여주는 것이었다. 나의 어려움과 두려움에 대해 치료사가 인정하고 이해했을 때에만 나는 편안함을 느꼈다. 그의 반응을 보면서 나는 눈물을 엄청 흘렸다. 그 치료사는 내 행동을 바꾸려고 노력하는 대신, 내 상황을 인정하고 이해하는 것이 중요하다는 것을 알게 해주었다.

나는 어릴 때부터 손을 떨거나 목소리가 떨리는 것 같은 행동을 보이면, 사람들이 나를 언니처럼 생각하고 내게 무언가 문제가 있다고 생각할 것 같았다. 나는 완벽하기 위해 최선을 다했고, 다른 사람의 평가를 두려워했다. 그래서 어떤 경우에든 문제를 일으켜 다른 사람의 주목을 받는 일은 하지 않기로 마음먹었다. 부모님에게 걱정을 끼치고 싶지 않았고, 부모님의 고통을 덜어드리고 싶었다. 나는 스스로 부모 역할을 했고, 부모님을 보호하고 돌봐드리려 했다. 부모님을 실망시켰다는 생각을 하면 참을 수 없었기 때문에 늘 칭찬을 받으려고 했다. 어른이 된 후에야, 어릴 때 부모님이 내게 건 기대는 내가 건강하게 자라는 것뿐이었다는 사실을 알게 되었다.

나는 완벽하길 원했고, 한편으로는 언니가 할 수 없는 모든 일을 할 수 있고 해냈기 때문에 죄책감을 느꼈다.

나는 언니에 대해 부정적인 감정을 느끼기도 했지만, 언니가 장애인으로 살아가는 삶을 생각하며 엄청난 슬픔을 느꼈다. 나는 언니가 장애인이기 때문에 온갖 관심을 받는 것을 질투했고, 내가 더 관심을 받기 원했다. 하지만 막상 내가 관심을 받으면 죄책감이 들고 관심을 받는 게 옳지 않다는 느낌이 들었다. 내가 갖는 모든 감정에 대해 죄책감을 느꼈기 때문에 어떠한 감정도 표현할 수 없었다. 마치 막다른 골목에 몰린 것 같았고 다른 사람들에게서 멀리 떨어져 나온 것 같았다. 내가 언니가 사라지기를 바란다는 걸 사람들이 알아차릴지도 모른다는 생각 때문에 죄책감과 수치심을 느꼈다.

일 년 동안 집단치료를 하고 나서, 내 반응에 대해 좀 더 잘 이해할 수 있었다. 나는 내 신념체계를 통해 모든 일을 바라보고 싶어했다. 어떤 면에서 내 정체성 발달은 지연되었고, 부정적인 감정으로 어려움을 겪고 있었다. 집단치료는 가족에게 표현하지 못하는 감정을 이끌어내는 데 중요한 역할을 했다. 집단치료를 하면서 많은 감정들을 드러낼 수 있었고, 나 자신이 그것을 이해할 수 있었다.

혼란스러운 감정이 점점 뚜렷해지고 스스로를 이해하게 되면서,

내 경험을 글로 쓰기 시작했다. 글쓰기를 하면서 내 생각과 감정을 모두 드러내다 보니 마음이 안정되었고, 부모님과 치료사도 나의 고민을 이해할 수 있게 되었다.

나는 친한 사람들에게 조금씩 나의 경험과 내가 느끼는 두려움과 참여하고 있는 치료에 대해 털어놓았다. 다른 사람들에게 내 이야기를 털어놓기 싫어하는 나의 심리에 대해 남편과 수많은 이야기를 나누었다. 그러면서도 남편과 다른 사람들이 내가 단순히 관심받는 것을 바란다고 생각할까 봐 걱정이 되었다. 나는 계속해서 더 많은 것을 털어놓았고 다른 사람의 이해를 받고 싶어했다.

나는 대중 앞에서 이야기하는 집단활동에도 참여했다. 주위의 도움으로 내가 가장 두려워하는 일을 여러 번 해볼 수 있었다. 많은 사람들이 대중 앞에서 이야기하는 것을 어려워한다. 아마 내가 우리 가정에서 자라지 않았더라도 두려워했을 것이다. 하지만 내가 느끼는 두려움은 훨씬 더 컸다. 이런 감정은 수치심과 다른 사람들이 진짜 내 모습을 알게 될까 봐 두려워하는 감정과 관련이 있었다. 이러한 두려움의 중심에는 '내가 누구인가'와 같은 나의 정체성에 관한 문제가 있었다.

내가 언니처럼 장애인이 되지 않을 거라는 사실을 알았을 때 나는 무척 놀랐다. 이것은 이성적으로 받아들이는 지식과는 관련이 없었다. 내 안에는 여전히 두려움과 의심을 걷어내고 그 자리를 대신할 확신을 찾아 헤매며 울고 있는 어린아이가 있었다.

나는 전문 직업인으로 살면서도 여전히 어떤 상황에 처할 때면 고개를 드는 두려움과 맞서 싸우곤 했다. 방송국을 떠나 있던 동안에 나는 회의에 자주 참여해야 하는 직장에서 일했다. 첫 번째 스태

프 회의를 할 때였다. 나는 여느 때처럼 쉽게 밖으로 나갈 수 있도록 문 근처에 앉았다. 하지만 몸이 아플 정도로 심한 두려움을 느꼈다. 그날 결국 나는 울면서 사무실에서 도망쳤다.

나는 일을 그만두기는 싫었다. 그래서 남편과 이야기를 나눈 끝에 직장에 있는 다른 누군가에게 내가 겪는 문제에 대해 말해야겠다고 마음먹었다. 처음으로 직장 동료에게 내가 겪는 어려움을 털어놓았고, 그 동료는 나를 돕겠다고 안심시켰다. 그때 내가 느낀 안도감은 엄청났다. 내 두려움에 대해 아는 누군가가 있고 나를 도와줄 사람이 있다는 안정감이 있었기에 그 일을 계속할 수 있었다.

그 즈음 딸이 다니는 학교에서 정기적으로 어느 자매를 만났다. 그 학교는 장애 학생을 위해 매우 다양한 프로그램을 진행하고 있었다. 자매 중 한 명은 뇌병변장애로 휠체어를 타고 있었는데, 처음 두 아이를 봤을 때 나는 비장애 아이에게 마음이 쏠렸다. 나는 프로그램 담당 선생님에게 다가가 "아이들을 돌볼 때 비장애 아이도 관심이 필요하다는 것을 잊지 마세요."라고 말하고 싶었다. 결국 그 말을 하지는 못했지만, 어떻게 하면 비장애 형제들이 겪는 어려움에 대해 사람들이 더 잘 이해하고 도울 수 있을지 고민하기 시작했다.

그러한 고민이 이 책을 쓰게 된 출발점이 되었다. 책을 쓰겠다는 용기를 갖기까지 오랜 시간이 걸렸다. 장애 전문가들과 이야기를 나눌 때는 용기를 얻었지만, 내 경험을 써야 할 때는 늘 미루어놓곤 했다. 어떤 점에서 나는 누군가의 동의가 필요했던 것 같다.

결국 나는 비장애 형제로 살아가는 다른 사람들을 인터뷰하기로 했고 책에 그들의 경험을 싣기로 했다. 내가 먼저 마음을 열고 경험을 이야기하자, 그들은 한층 더 마음을 열었다. 우리는 이야기를 나누면서 자주 눈물을 흘렸다. 우리 모두는 대화를 나누면서 많은 것을 얻었다. 남편과 아이와 함께 미국 여행을 하면서 많은 비장애 형제들을 만났고, 나와 비슷한 경험담을 들을 수 있었다. 그곳에서 나는 장애인 형을 둔 한 연구자를 만났는데, 그가 연구하는 분야가 내 관심사와 비슷했다. 나는 그의 사무실과 공공도서관에서 비장애 형제들과 관련된 책을 읽는 데 많은 시간을 보냈다. 전 세계에 있는 비장애 형제들과 함께 인터넷에서 집단 토의도 했다. 그리고 그들이 어디에 살고 있든지 나와 비슷한 경험을 하고 있다는 사실을 알게 되었다. 몇몇은 부모님에게 좋은 자녀가 되기 위해 공부를 비롯한 모든 일을 잘하려 하지만, 우울증과 두려움, 죄책감, 슬픔 때문에 많은 시간을 자신과 싸워야 했다고 이야기했다. 나는 비장애 형제들이 비슷한 어려움을 겪고 있다는 것을 분명히 알 수 있었다.

애들레이드로 돌아온 나는 비장애 형제들을 지원하기 위한 프로젝트를 계획했고, 그들이 겪는 어려움을 주변 사람들에게 좀 더 많이 이해시키려고 노력했다. 이 프로젝트는 애들레이드에 있는 병원의 임상심리학과에 기반을 두고 있다.

나는 아직도 완벽하고자 하는 성향을 지니고 있다. 하지만 지금은 나 자신을 인정할 줄 안다. 여전히 언니에 대한 감정으로 어려움을 겪는다. 언니를 만나지 못하는 날은 죄책감을 느끼고, 언니를 만나더라도 죄책감을 느낀다. 언니에 대해 당혹감과 두려움을 느낀다. 언니의 삶을 생각하면 슬퍼진다. 언니가 사는 곳에 가면 마음이 편치 않은데, 언니도 그런 감정을 느끼는지 궁금하다. 언니가 자신의 삶과 내 삶을 비교할지도 궁금하다. 요즘도 언니와 함께 시간을 보낸 후에는 몇 시간 동안 왠지 모르게 우울하다. 언니와 더 친밀한 관계를 맺고 싶지만 그렇지 못한 때문인 것 같다. 그래도 지금은 언니에 대해 점점 더 많이 받아들인다고 느낀다. 부모님이 더는 이 세상에 계시지 않을 때, 내가 언니의 삶에서 지금보다 더 많은 부분을 감당해야 하는 현실을 받아들이고 있다.

1장

# 비장애 형제들의
# 이야기

# 외로운 여정

"저는 완전히 외톨이라 느껴졌어요.
친구들한테 아무 이야기도 할 수 없었죠.
친구들은 날 이해하지 못할 것 같았고
난 또래 친구들과 전혀 다른 세상에서 사는 것 같았어요. — 메간

비장애 형제들은 대개 고립감을 느낀다. 자신의 감정을 털어놓거나 가정환경에 대한 이야기를 할 기회가 적고, 부모를 보면서 그런 이야기를 쉽게 꺼내지 못한다. 어릴 때는 자신이 놓인 상황을 충분히 이해하지 못하기 때문에 고립감은 두려움과 불안으로 이어질 수 있다. 학교에 들어가면 자신의 삶이 또래 아이들의 삶과 어떻게 다른지 알게 된다. 그런데 사회는 비장애 형제들에게 항상 긍정적이고 밝게 살아가야 한다는 메시지를 전한다. 이러한 사회 분위기 때문에 비장애 형제들은 도움을 청하기 싫어한다. 남들에게 불만이 있는 것처럼 보이고 싶지 않고, 자기가 처한 상황을 스스로 잘 헤쳐 나갈 수 있어야 한다고 느끼기 때문이다.

예전에 지역 라디오 방송에서 내가 진행하는 비장애 형제들을 위한 프로젝트에 대해 소개한 적이 있다. 지적장애가 있는 남동생을

둔 스물여덟 살 낸스는 전화로 자신의 이야기를 들려주었다.

비장애 형제들을 지원해주는 단체가 생겼다는 소식을 들었을 때
정말 기뻤지만, 다른 사람들에게 기쁘다는 말을 차마 할 수 없었
어요. 항상 그런 단체가 있었으면 좋겠다고 생각했지만, 다른 사
람들이 저를 책임감 없는 사람으로 생각할까 봐 두려웠죠. 제 처
지에 대해 고마워할 줄 모른다고 비난받는 게 싫었어요.

비장애 형제들은 장애인에 대한 사람들의 인식과 놀림에 어떻
게 대응해야 할지 잘 모르며, 자신이 짊어진 책임감에 눌려 갈등하
면서 외로움을 느낀다. 그래서 대부분 자기감정을 마음속에 쌓아
둔다.

내가 다른 비장애 형제들에게 내 경험을 이야기한 것은 40대가
되면서부터였다. 나는 자주 언니가 없어졌으면 하고 바랐기 때문에
나 자신을 끔찍한 사람이라고 생각하며 자랐다. 그런 마음을 품은
사람은 이 세상에서 나 하나밖에 없는 줄 알았다. 언니를 사랑하고
보호해야 한다고 생각했지만, 다른 사람들에게 내가 느끼는 부정적
인 감정에 대해 이야기할 수 없었기 때문에 그런 감정은 내 마음속
에서 더욱 커졌다. 나는 문제를 일으켜서는 안 되었고, 화를 낼 수
도 없었고, 이야기를 털어놓을 사람도 없었기 때문에 어린 시절 내
내 고립감이 깊어만 갔다.

어린 시절 반복해서 꾸던 바다 한가운데 홀로 앉아 있는 꿈은 내
감정의 투영이었다.

# 비장애 형제가 느끼는 혼란과 고립

비장애 형제들은 가정에서 자신이 장애 형제에 대한 걱정과 대화에서 배제되었다고 느끼면 소외감을 느낀다. 그러다 가정에 어떤 일이 일어나고 있는지 간접적으로 알게 되면 자신이 처한 상황에 혼란스러움을 느낀다. 그리고 부모에게 걱정을 끼치지나 않을까 하는 생각에 자신의 문제에 대해 이야기 꺼내길 어려워한다. 다운증후군이 있는 남동생을 둔 빅토리아는 자신이 어떤 과정을 거쳐 동생의 장애에 대해 이해하게 되었는지 들려주었다.

저는 어렸을 때 동생에게 장애가 있다는 걸 완전히 이해하지 못했어요. 모든 남자아이들이 동생이랑 똑같은 줄 알았죠. 어른들이 동생에 대해 속삭이듯 말하는 소리를 들은 적이 있는데, 어른들의 대화를 들으면서 동생의 장애는 숨겨야 하는 수치스러운 것이라고 생각했어요. 동생의 장애에 대해 이성적으로 이해하지 못하고 감정적으로 대했어요.

부모들은 자신의 감정 때문에 무슨 일이 일어나고 있는지 이야기하기 힘들어하거나 특정 단어를 입 밖에 내기 꺼린다. 부모가 장애에 대해 정확히 알지 못해 모호한 태도를 취하면 비장애 자녀의 불안감은 더 커질 수 있다. 낸스는 장애에 대한 지식이 부족했고, 동생의 장애에 대해 어머니와 대화하기 힘들었다고 한다.

남동생은 18개월 때부터 심하게 아프기 시작했어요. 간질 발작

증세가 멈추질 않아서 몇 개월 동안 병원에서 생활해야 했죠. 동생은 항상 다른 사람을 즐겁게 해주었는데, 부모님은 동생이 뇌 손상으로 점점 쇠약해지는 모습을 지켜봐야만 했어요. 그러다 남동생이 홍역에 걸렸고 그 때문에 지적 손상이 더 심해졌어요. 우리 가족은 지금까지 사랑스러운 남동생을 이렇게 만든 그 질병의 정확한 발병 원인과 특성을 알지 못해요. 동생이 어떤 상태인지 물어볼 때마다 부모님은 심하게 화만 내셨어요. 결국 저는 남동생의 상태에 대해 부모님과 거의 대화를 나누지 못했죠.

많은 부모들은 거부의 시기를 거친다. 그 기간이 오래가지 않는다면 부모가 자신의 감정을 조절하면서 건강하게 대응하고 있다고 할 수 있다. 비장애 형제들은 부모가 계속 현실을 거부하면 자신의 관찰과 반응에 회의를 품게 되고 혼란과 고립감을 키울 수 있다.


## 두려움과 불안

비장애 형제들은 장애에 대해 제대로 이해하지 못하면 두려움과 불안을 느낀다. 자기도 언젠가 장애인이 될지 모른다는 막연한 두려움을 느낀다. 그러면서도 이런 두려움을 밖으로 드러내지 못해 고립감은 점점 더 깊어진다. 20대 후반인 엘리자는 어렸을 때 자기도 오빠와 같은 장애가 나타날까 봐 두려웠다고 한다.

오빠가 지적장애인 원인이 밝혀지지 않았기 때문에 제 몸에 이상이 생기면 '이게 장애가 나타난다는 신호인가? 나한테 무슨 문제가 있는 거 아닐까?' 하는 생각이 들었어요.

형제가 태어난 뒤 시간이 지나면서 장애 사실을 알게 되었거나 후천적으로 장애가 생긴 경우, 비장애 형제들은 자기 때문일지도 모른다는 생각에 두려워한다. 또 마음속으로 비밀스럽게 장애 형제가 멀리 떠나기를 바라기도 한다. 이 때문에 죄책감을 느낀다. 특히 형제의 장애가 심해지거나 아프기라도 하면 엄청난 죄책감에 시달린다.

타라는 남동생이 처음 발작한 날을 기억한다.

제 모자를 가지고 놀던 남동생이 갑자기 식탁 밑에서 조용히 있었어요. 크리스마스 점심때였는데, 남동생이 갑자기 발작을 하는 바람에 우리 집은 엄청난 충격에 휩싸였죠. 저는 그날 이후로 남동생이 제 물건을 가지고 놀지 못하게 해요. 동생이 제 물건을 가지고 놀다가 또다시 발작을 할지도 모른다고 생각했기 때문이에요. 거의 강박관념에 가까웠죠.

비장애 형제들은 장애 형제가 무사한지 걱정한다. 병원에 갈 일이 생겼을 때 병원에서 무슨 일이 있을지 자세히 알려주지 않으면 스트레스를 심하게 받는다.

많은 비장애 형제들은 실패와 다른 사람을 실망시키는 것이 두렵다고 이야기한다. 부모님은 이미 많은 걱정거리를 안고 있기 때문에 부모님을 실망시킬까 봐 두려워하는 한편, 끊임없이 부모에게 칭찬받기를 원한다. 모든 아이들은 대부분 위험을 감수하면서 두려움 없이 새로운 일을 시도한다. 실수를 저지르면 다시 시도하고, 다시 시도해서 성공하면 자신감을 얻는다. 하지만 장애 가족 안에서 비장애 형제들은 실패가 허용되지 않는 환경에서 자란다.

장애 형제가 할 수 없는 것을 대신해서 자신이 그만큼 보상을 해야 한다고 생각하며, 실패하면 부모에게 짐이 되거나 부모의 마음이 아플 거라고 생각한다. 다시 말하면 자신의 욕구보다 부모의 욕구를 충족시키기 위해 노력한다. 마치 달걀 껍데기 위를 걷는 것 같은 기분으로 가정에 문제를 더하지 않으려고 노력할 것이다. 비장애 형제들이 날마다 이러한 스트레스를 느끼며 생활하면 불안은 한층 더 커진다.

타라는 자신의 완벽주의에 대해 이야기한다.

저는 아주 사소한 실수에도 굉장히 민감하게 반응하는 편이에요. 늘 장애가 있는 남동생의 부족함을 채워야 한다는 생각에 시달렸죠. 저의 완벽주의 성향은 남동생의 부족함을 채워서 어머니를 기분 좋게 해드리려는 노력과 동생에 대한 죄책감과 관련이 있는 것 같아요.

20대 초반인 조시는 뇌병변장애와 지적장애가 있는 남동생이 있다. 조시는 완벽해야만 한다는 압박감에 대해 이렇게 말한다.

저는 어릴 때 정말 착한 아이였어요. 언제나 착하다는 소리를 들으며 자랐죠. 주변 어른들은 "참 착한 아이구나. 넌 정말 천사 같

아, 대단해!"라고 이야기했는데, 칭찬을 받을수록 아무도 실망시
키지 말아야 한다는 생각이 들었고, 그것이 스트레스로 다가왔어
요. 그러면서 저는 완벽한 아이로 자랐고 남동생을 보면서 완벽
해야 한다는 중압감을 더 느꼈죠.

조시 같은 아이들은 자기 능력에 대한 자신감이 부족한 채로 자
라며, 스스로 어떤 일을 결정하는 데 어려움을 느낀다. 이런 아이들
은 나중에 특히 직장에서 주변 사람에게 칭찬받는 것을 매우 중요
하게 생각한다.

어떤 아이들은 자신의 죄책감을 줄이기 위해 가정에서 만능 도우
미가 되려고 한다. 만약 이런 생각이 적당하게 균형이 잡히면 아이
들이 자신감을 키울 수 있다. 하지만 매사에 문제를 해결해야 한다
는 책임감은 아이에게 큰 부담이 될 수밖에 없다. 20대 초반인 메간
은 대부분의 시간을 남동생을 돌보며 보냈다.

저는 가족들이 스트레스 때문에 말다툼 벌이지 않기를 간절히 바
랐어요. 그래서 부모님이 스트레스를 덜 받도록 남동생을 돌봤죠.

장애 형제가 시설에서 생활해야만 할 때, 비장애 형제들은 자신
도 부모님에게 골칫덩이가 된다면 어딘가로 보내질지 모른다는 두
려움을 느낀다.

# 또래들과 다른 삶

비장애 형제들은 성인이 된 후 "만약 나랑 같은 상황에 있는 누군가에게 내 감정을 털어놓을 수 있었다면, 혼자 외로워하지는 않았을 거예요."라고 이야기한다. 자신과 같은 상황에 있는 친구들을 만날 기회가 거의 없을 뿐더러 자기가 또래 친구들과 전혀 다른 생활을 하고 있다는 것을 안다.

비장애 형제들은 집에서는 특별해 보이고 주목받고 싶어한다. 하지만 학교나 다른 곳에서는 다른 친구들과 똑같아 보이려고 하며, 다르게 보이거나 두드러지려고 하지 않는다. 또 대부분 또래 친구들에게 장애 형제와 함께 사는 것이 어떤지 이야기하기 어려워하며, 친구들이 그것을 이해할 수 없을 것이라고 생각한다.

지금 20대인 레노아는 지적장애와 자폐, 간질이 있는 오빠가 있다. 레노아는 자신이 다른 친구들과 매우 다른 상황에 놓여 있다는 것을 이른 나이에 알게 되었다.

저는 장애 형제와 함께 자라지 않은 친구들이 보는 것과는 전혀 다르게 세상을 바라보았어요. 평범한 가정의 일상은 결코 제가 다가갈 수 없는 세상이었죠. 친구들이 어렸을 때 있었던 일을 이야기하면 저는 입을 꾹 다물고 있었어요. 오빠에 대해 느꼈던 화, 분노, 두려움과 같은 온갖 감정이 뒤섞인 혼란스러움을 이해시킬 수 없었기 때문이에요. 오빠 때문에 뒤죽박죽이 된 제 어린 시절을 친구들은 전혀 이해할 수 없었을 거예요.

타라는 소아마비와 지체장애가 있는 남동생과 함께 자라면서 자신의 생활이 또래 친구들과 다르다는 것을 느꼈다.

저는 어릴 때 친한 친구가 없었어요. 제 생활은 다른 친구들과 너무 달라서 서로 공통점을 찾을 수 없었기 때문이죠. 제 생활의 중심에는 언제나 도움이 필요한 가족과 남동생이 있었어요. 어른이 된 지금까지도 저는 이런 일로 힘이 들어요.

현실을 외면한 사회의 메시지도 비장애 형제들이 느끼는 복잡한 감정을 훨씬 더 안 좋은 쪽으로 몰고 가곤 한다. 레노아는 대중매체에 나오는 장애 가족의 삶과 자신의 삶 사이에 연관성을 찾을 수 없었다고 말한다.

제가 텔레비전에서 본 장애 가족 중에서 우리 집에서 일어나는 실제 생활을 보여주는 가족은 없었어요. 열두 시간이나 계속되는 오빠의 분노와 폭력, 괴성을 겪은 뒤 학교에서 아무렇지도 않은 듯 행동하는 모습, 집에 돌아가기가 얼마나 두려운지 아무한테도 말하지 못하는 모습은 없었어요.

대중매체에서 묘사하는 가족의 모습을 보면서 비장애 형제들은 다른 사람들이 자신의 상황을 이해하지 못할 것이며, 장애 가족의 실제 삶을 알고 싶어하지 않을 거라는 생각이 굳어진다.
언젠가 어머니가 한 잡지에 실린 기사를 읽어보라며 내게 건넨 적이 있다. 집에서 멀리 떨어진 시설에 사는 다운증후군 여자아이의 오빠가 쓴 글이었다. 그는 여동생을 거의 보지 못했지만 한 번 만났을 때 느낀 여동생에 대한 애정과 감격스러움을 감동적으로 표현하고 있었다. 그는 여동생을 보며 느낀 긍정적인 감정에 대해 이야기했다. 어머니는 내가 그 글을 읽고 그와 비슷한 감정을 느끼게 될 거라고 생각했겠지만 내 기분은 정반대였다. 내 경험과 감정은 그 글에 그려진 감정과 너무 달랐다. 나는 그 글을 읽은 뒤 다른 사람에게 내 진실한 감정을 털끝만큼도 내비치지 않았고, 내 삶은 다른 사람들과 다르다는 믿음만 더 굳어졌다.

비장애 형제들은 그들에게 장애가 없다는 것이 정말 행운이라는 말을 자주 듣는다. 하지만 누구나 좋은 일과 나쁜 일, 실망스러운 일 등을 겪기 때문에 늘 자신이 행운아라고 느끼기는 어렵다. 또 항상 긍정적인 감정을 느껴야 한다는 압박감이 있어서 자신의 진정한 감정을 받아들이지 않는다.

반면에 어떤 비장애 형제는 실제로 자기 가족은 특별하고, 장애 형제가 있다는 게 축복이라고 여기기도 한다. 이러한 가족은 장애 아와 함께한 경험으로 삶이 풍요로워질 수 있다. 하지만 많은 비장애 형제들은 두려움과 분노, 소외감으로 가득 차 있어 긍정적인 경험을 담은 글을 읽으면 불편해한다.

나의 경우 언니의 장애가 내 삶에 도움이 될 만큼 가치 있었다고 말할 날이 오리라는 생각을 해본 적이 없다. 언니의 장애 때문에 '다름'을 더 잘 참고 견딜 수 있고, 장애인들을 보며 안쓰러움을 느끼게 되었다는 건 인정할 수 있다. 하지만 누군가 이런 바람직한 점을 장애가 없는 언니와 맞바꾸겠냐고 묻는다면 흔쾌히 그러겠다고 할 것이다. 장애인과 함께 있을 때 얻을 수 있는 이점을 인식하되 현실을 무시해서는 안 된다.


## 모진 말과 불편한 시선

사회는 주로 장애 가족의 긍정적인 면만 드러낸다. 하지만 비장
애 형제가 마주하는 매일매일의 생활은 그렇지 않다. 다른 사람들
이 장애 형제와 함께 있는 자기들을 보고 멀찌감치 떨어져서 가거
나, 빤히 쳐다보거나, 경멸하는 말을 내뱉는다. 어떤 사람들은 장애
인과 마주쳤을 때 어떻게 말하고 행동해야 하는지 모르고 불쌍하게
쳐다보거나 피하기도 한다. 심한 경우 비장애 형제들과 같이 놀기
싫어할 수도 있다. 사람들의 이런 반응을 본 비장애 형제들은 장애
형제의 존재를 드러내지 않으려 한다.

특히 사람들이 뚫어지게 쳐다볼 때 비장애 형제들은 여러 가지
감정을 느낀다. 대부분의 사람들이 일부러 고통을 주려고 빤히 쳐
다보는 것은 아니다. 그들 또한 복잡한 감정을 갖게 된다. 불편한
느낌이 들 수도 있고, 장애 가족에게 동정심을 느끼는 한편, 장애
때문에 어려움을 겪지 않아도 되는 자신들이 행운이라고 생각할 수
도 있다. 이는 자연스러운 호기심에서 시작된 생각일 것이다.

하지만 비장애 형제들은 사람들이 자기를 쳐다보는 것을 다르게
해석한다. 사람들이 자기에게도 뭔가 '잘못된 점'이 있다고 생각할
까 봐 불안해한다. 쳐다보는 사람들에게 화를 내면서 장애 형제를
보호하려고 할 수도 있다. 특히 이런 감정은 장애 형제가 겉으로는
아무렇지 않아 보이지만 사회적으로 잘 받아들여지지 않는 행동을

할 때 더 심하게 나타날 수 있다.

지적장애가 있는 남동생을 둔 열여섯 살인 팀은 이렇게 말한다.

> 사람들은 항상 남동생과 우리 가족을 뚫어지게 쳐다봐요. 또래
> 친구들은 남동생을 잘 받아주지만, 어른들은 못마땅한 눈빛으로
> 우리를 무례하게 쳐다보곤 하죠. 동생은 겉으로 보기에 여느 아
> 이들과 다르지 않아서 잘 모르는 사람들은 남동생에 대해 제대로
> 알지 못했어요. 어떤 사람들은 동생이 버릇없이 행동한다며 어머
> 니가 자녀 교육을 잘못 시켰다고 비난하기도 했어요. 이런 일들
> 때문에 저는 우울해지고 상처를 입곤 해요.

다른 사람들이 비난의 시선으로 바라보면 비장애 형제들은 화가
난다. 나는 어릴 때 언니가 남들한테 놀림을 받거나 '지체'라는 말
을 들을 때마다 움츠러들곤 했다. 다른 사람들이 그런 말을 하지 못
하도록 해야 한다고 생각했고, 그렇게 하지 못하면 불쾌했다.

비장애 형제들은 장애 형제를 보호하려 하고, 다른 사람들의 놀
림거리나 웃음거리가 될 때 상처를 받고 화를 낸다. 가족에 대한 마
음과 친구에 대한 의리 사이에서 어느 쪽을 지킬 것인가를 놓고 갈
등하다가 놀리는 사람들 편에 서서 같은 행동을 하기도 한다. 그러
고 나서 심한 죄책감을 느낀다. 다른 사람들 편에 설 때마다 힘들어
하며, 가족과 친구 사이에서 갈등하고 소외감을 더 크게 느낀다. 이
들은 양쪽 가운데 어느 쪽에도 완전히 속하지 못한다.

유아들은 장애로 인한 '다름'을 더 잘 받아들이기 때문에, 장애
형제가 할 수 있는 일과 할 수 없는 일에 대해 심각하게 생각하지

않을 수도 있다. 부모들은 유아들이 형제의 장애를 제대로 이해하지 못하고 다른 사람과 똑같이 대한다고 이야기한다. 부모들은 이런 생각을 하면서 안심할지도 모른다. 하지만 언젠가 아이들이 자기의 형제가 다른 사람들과 다르다는 것을 알게 될 날이 올 것이다. 비장애 형제들은 사람들이 놀리거나 히죽거리며 웃거나 농담하는 소리를 듣고 다른 사람들의 반응을 알아채지만 어떻게 대응해야 할지 알지 못한다. 만약 아이들에게 그 상황을 충분히 설명해주지 않는다면 '다름'에 대한 부정적인 감정과 소외감이 점점 더 커질 것이다.

# 가족 안에서 느끼는 소외감

"제 삶은 언제나 남동생에게 맞춰졌어요.
어린아이로서는 이해하기 힘든 일이었죠." — 레니

비장애 형제들은 불공평함을 느끼며 자란다. 이들의 눈에는 삶이 장애 형제의 욕구를 중심으로 돌아가는 것처럼 보인다. 장애 형제 때문에 가족이 함께할 수 있는 활동들을 제대로 못하고, 부모님을 독차지할 기회도 갖지 못한다. 부모는 장애가 있는 자녀에게 보살핌과 관심이 훨씬 더 많이 필요하고, 상대적으로 다른 자녀들은 그렇지 않다고 여긴다.

아이들은 어떤 일을 자신이 했을 때보다 장애를 지닌 형제가 해냈을 때 부모가 더 많은 관심을 쏟으면, 자신은 별로 중요하지 않은 존재라고 생각한다. 그렇게 되면 분노를 느끼고, 이로 인해 문제행동을 하거나 반대로 위축될 수 있다.

# 특별한 존재가 되고 싶은 마음

어린아이들은 장애 형제가 왜 관심을 더 많이 받아야 하는지 이해하지 못한다. 어른들로서는 일상생활에서 필요한 것들을 채워주는 것이지만 어린아이들은 관심이 곧 사랑이라고 생각한다. 그래서 부모의 관심을 많이 받는, 장애 형제가 자신보다 더 중요하다고 생각하기 쉽다.

아홉 살인 조단은 부모님과 장애가 있는 여동생에 대해 다음과 같이 이야기한다.

> 부모님은 저보다 여동생을 좋아했고 앞으로도 더 좋아할 것 같아요. 여동생한테는 항상 선물을 사주지만 저에게는 안 사주시거든요. 매일 동생만 걱정하고 챙겨요.

어떤 아버지는 "비장애 형제들은 장애가 있는 아이가 더 특별하다고 생각해요. 딸아이는 편도선을 제거하는 수술을 해야 했을 때 무척 행복해했어요. 그러면 특별해질 수 있다고 생각했기 때문이죠."라고 이야기한다.

자폐인 오빠가 있는 아홉 살 릴리는 다음과 같이 말한다.

> 오빠는 관심을 많이 받아요. 저녁식사를 하다가도 부모님과 화장실에 가거나 다른 일을 해요. 그러면 저는 식탁에 혼자 앉아 있죠. 부모님과 오빠가 식탁으로 돌아올 때까지 저 혼자 기다리는 시간이 너무 길게 느껴져요. 정말 불공평해요!

나는 어릴 때 분명 관심받기를 원했다. 아주 어렸을 때는 혼자서 충분히 옷을 입을 수 있는데도, 가끔씩 혼자 옷을 입으려 하지 않았다. 어머니가 언니에게 옷을 입혀주는 것을 보고 "언니한테 하는 것처럼 나도 입혀주세요."라고 했다.

어머니는 대부분의 시간을 언니에게 할애하는 것 같았다. 언니를 씻겨주고, 옷을 입혀주고, 먹여주고, 침대에 눕혀주었다. 언니가 울면 원하는 것을 사주었다. 언니는 특수학교를 갈 때도 크고 특별한 버스를 탔다. 언니가 관심을 많이 받는 것이 화가 났고 나도 똑같이 대접받고 싶었다.

하지만 막상 관심을 받으면 그 관심이 부담스러워 어찌할 바를 몰랐다. 언니에게 관심이 더 필요하다는 생각 때문에 내가 관심을 받으면 죄책감이 들었고, 더는 관심을 받아서는 안 된다고 생각했다. 나는 관심을 얻으려는 노력과 실제로 관심을 받는 것 사이에서 이해할 수 없는 감정을 넘나들게 되었다. 나는 관심을 얻으려고 노력하는 것은 나쁘다는 결론을 내렸다. 지금도 여전히 이 문제와 씨름 중이다.

## 항상 관심 밖에 있는 존재

성인이 된 비장애 형제들은 자기가 내팽개쳐지거나 잊힌 존재라고 느끼며 자랐다고 이야기한다. 부모들은 많은 시간을 장애 자녀를 돌보는 데 보내므로 다른 사람과 함께할 시간이 거의 없다. 그러면 비장애 형제들은 자기는 관심 밖으로 밀려나 있으며 자신의 욕구는 항상 뒷전이라고 느낀다. 부모들도 괴로운 나날을 보내고 있어서 이 아이들의 욕구를 알고도 채워줄 수 없을 때가 많을 것이다.

미국의 소아과 의사 스튜어트 실버스타인은 장애가 있는 남동생이 있다. 그는 발달심리학자인 브라이나 사이겔과 함께《내가 어때서?: 발달장애 형제와 함께 성장하기What about me? Growing up with a Developmentally disabled sibling》라는 책을 썼는데, 이 책에서 '관심'에 대해 이렇게 말한다.

내가 네 살 때 동생의 증상이 악화되었다. 나는 한창 성장하는 때였기 때문에 무엇보다도 부모님의 관심과 손길이 필요했는데, 부모님은 남동생 때문에 매우 힘들어하셨다. 부모님 마음에는 내 문제가 들어갈 공간이 거의, 아니 아예 없었다. 나는 정서적으로 늘 혼자였다.

20대 초반인 미시는 장애가 있는 언니 때문에 어려서부터 무슨 일이든 스스로 해결했다.

어렸을 때는 하루 종일 집 밖에서 놀았어요. 놀다가 다치거나 친구들 말에 상처를 받으면 부모님한테 달려가고 싶었지만 그럴 수 없었죠. 부모님은 장애가 있는 언니 곁에서 항상 바쁘셨어요. 해야 할 일이 너무 많았거든요. 그래서 저는 무슨 일이든 혼자 해결해야 한다고 느꼈죠. 부모님을 힘들게 하고 싶지 않았어요.

비장애 형제들은 이미 도움 없이 모든 일을 처리해왔기 때문에 시간이 흐를수록 다른 사람에게 도움받는 것을 어려워한다. 언제든 다른 사람에게 도움을 줄 수 있지만, 자신은 도움을 청하지 못한다.

어릴 때부터 자신의 욕구는 중요하지 않다고 생각했고, 이런 생각이 어른이 될 때까지 이어지기 때문이다.

미시의 이야기는 계속된다.

저는 문제가 많아요. 울거나 화를 내지 않고 늘 착해야 한다고 생각해요. 나는 착한 사람이니까 다른 사람들이 내가 바라는 것은 알아주지 않아도 괜찮다고 생각하죠. 이런 생각이 건강한 게 아니라는 걸 알지만, 항상 다른 사람을 먼저 생각하고 저를 나중에 생각하게 돼요.

레니도 자신의 욕구는 항상 뒷전에 두었고, 남동생의 욕구가 더 중요하다고 생각했다.

남동생은 일곱 살 이후로 걸을 수가 없었어요. 동생이 학교에 다닐 나이가 되자, 부모님은 동생이 집에서 가까운 학교를 다니기 바라셨죠. 그래서 저는 동생이 다니는 학교로 전학을 했어요. 모든 상황을 쉽게 받아들이고 이해할 수 있었지만, 그 일만큼은 마음에 깊이 새겨졌죠. 그 이후로도 제 삶은 항상 동생에게 맞춰졌어요. 가족이 함께하는 모든 일은 동생이 할 수 있는 일과 할 수 없는 일, 동생이 원하는 일과 원하지 않는 일에 따라 결정되었어요. 동생이 좋아하는 일은 무조건 해주었죠. 저는 이런 환경에서 자라면서 나보다 다른 사람을 우선시하는 게 당연하다고 생각하게 되었어요.

타라도 다른 사람과 관계를 맺을 때 자기 감정을 억누르곤 했다.

다른 사람들이 저에게 무언가 원하는 것이 있다고 느끼지 않으면 그들과 어떻게 관계를 맺어야 할지 몰랐어요. 제가 바라는 건 항상 뒷전이고, 저 자신에게조차 감춰두었다가 가끔 화를 내면서 드러내곤 했죠.

레노아는 이렇게 말한다.

부모님의 관심은 온통 오빠한테 쏠렸어요. 장애가 있는 오빠가 원하는 건 뭐든지 해주셨어요. 저는 열여덟 살 때까지 "오빠를 화나게 하지 마라." "오빠와 말다툼하지 마라." "오빠는 너를 도와줄 수 없단다."라는 말만 들었어요. 오빠가 제 물건을 망가뜨리고 위험한 물건을 휘둘러 제가 죽을 뻔한 적도 있었지만, 부모님은 오빠를 그냥 두셨어요. 오빠가 저와 모든 가족의 삶을 좌지우지하는 것을 두고 보기만 했죠. 장애에 대한 두려움과 죄책감, 동정심에서 비롯된 것이 분명해요.

## 부모와의 애착 형성

아동의 발달과 의미 있는 어른과의 애착 형성은 관련이 깊다. 이는 아이가 자존감을 높이고 다른 사람과 건강한 관계를 맺는 데 중요하다.

장애 가족의 아이들은 성장하면서 애착이 잘 형성되지 않을 수 있다. 동생에게 장애가 있는 경우 처음에는 어머니와 안정된 애착 관계를 맺지만, 동생이 태어난 뒤로는 어머니가 대부분의 시간과 에너지를 동생에게 쏟는 바람에 자기가 버려졌다는 느낌을 받을 수 있다.

타라는 어릴 때 자신도 어머니와 함께 있기를 간절히 원했다고 했다.

밤마다 어머니가 옆방에서 남동생에게 책을 읽어주는 소리를 들었어요. 동생이 숨을 잘 쉴 수 있도록 도와주는 기계가 돌아가는 소리, 동생이 숨을 쉴 때마다 규칙적으로 나는 소리도 들렸어요. 어머니는 제게 동생 방에 들어오지 못하게 했어요. 지금 생각해보니 기계에 의존하는 동생의 모습을 보여주고 싶지 않았던 것 같아요. 하지만 저는 밤마다 작은 공을 누르면서 한없이 울었어요. 제가 세상에서 사라져버렸으면 좋겠다고 생각했죠. 어머니가 저한테도 책을 읽어주었으면 좋겠다고, 제가 좀 더 특별한 존재가 되어서 어머니 품에 꼭 안기고 싶다고, 어머니 곁에 있고 싶다고 생각하면서 울었어요.

손아래 형제라고 해도, 어머니는 여전히 장애가 있는 아이를 더 많이 돌볼 것이므로 비장애 형제는 관계에 영향을 받는다. 지적장애가 있는 두 딸을 둔 한 어머니는 세월이 흐른 후 비장애 막내딸에게 언니들을 낳고서 자존감이 얼마나 낮았는지 털어놓았다. 그리고 "엄마는 네 도움이 많이 필요했어. 하지만 네게 관심을 쏟을 수는 없었어."라고 말했다.

장애아를 둔 부모는 '도대체 내 인생에 무슨 일이 일어난 거지?'

하며 죄책감과 슬픔, 분노와 같은 복잡한 감정에 휩싸이면서 장애 자녀에게 한층 더 얽매이게 된다. 그래서 한창 안정감을 형성해야 할 다른 자녀에게는 애정을 쏟지 못한다. 그러면 아이는 안정감을 형성하지 못한 채 두려움과 걱정을 키우게 된다.

아이들은 자기를 돌봐주는 양육자를 의지할 수 있다는 믿음이 있을 때 안정감을 갖는다. 아이들은 화를 내며 엄마가 싫다고 소리 지르는 등의 행동을 할 때도 있지만, 둘 사이의 관계가 굳건하다는 것을 잘 알고 있다. 하지만 비장애 형제들은 자신이 장애 형제보다 덜 중요하다고 느끼며, 그런 반항적인 행동을 해도 될 만큼 어머니와의 관계가 굳건하지 않다고 생각한다.

안정감 있는 아이는 자신이 어머니에게 대들더라도 어머니가 손쉽게 대응할 수 있을 만큼 강하다고 생각한다. 하지만 비장애 형제의 눈에는 어머니가 약해 보인다. 어머니가 날마다 장애 형제를 돌보느라 우울해하거나 스트레스를 받기 때문이다.

### 관심을 끌기 위한 행동

비장애 형제들은 '장애'가 사람들의 관심을 불러일으킨다고 생각한다. 장애 형제는 가족뿐만 아니라 다른 사람들에게도 특별 대우를 받는 것처럼 보이기 때문이다. 지나는 이렇게 말한다.

언니는 항상 저보다 좋은 선물을 받았어요. 크리스마스에도 언니는 눈을 깜박거리는 예쁜 인형을 받았죠, 저는 받지 못했고요. 지금 생각하면 아무것도 아닌 일들이 예닐곱 살이던 제게는 큰 의미였어요. 그런 사소한 일들로 자주 마음에 상처를 받았고 어른들은 불공평하다고 생각했어요.

언젠가 부모님에게 "나도 귀가 안 들렸으면 좋겠어요."라고 따지듯이 말한 적이 있어요. 저는 진심으로 그렇게 되길 바랐어요. 언니가 들을 수 없기 때문에 좋은 선물을 받는 거라고 생각했어요. 저도 귀가 안 들리면 사람들이 좋은 선물을 줄 거라고 생각했죠. 시간이 흘러 어른이 되자, 더 이상 언니에게 화가 나지 않았어요. 이제는 제 인생이 훨씬 좋다는 걸 알거든요. 하지만 어렸을 때는 정말 이해하기 힘들었어요.

레니의 남동생은 휠체어를 타고 다녀야 했다.

사람들은 동생이 탄 휠체어에 많은 관심을 보였어요. 어느 날 가족과 함께 축구 경기장에 갔는데, 처음 보는 사람들이 휠체어를 탄 동생에게 다가와서 막대사탕을 줬어요. 옆에서 보면서 "왜 나는 저걸 받지 못할까?" 하는 생각이 들었어요.

저는 매우 조용하고 부끄러움을 잘 타서 앞에 나서지는 못했지만, 가족과 친척, 이웃 등 모든 사람들에게 관심받고 싶었어요. 동생에게는 있지만, 저는 가질 수 없는 무언가를 저도 항상 원했어요.

레니는 사람들에게 자기는 장애가 없다는 것을 알려주고 싶었고, 동시에 동생이 받는 특별한 관심을 끌기 위해 동생처럼 되기 원하는 마음이 있어 갈등을 겪었다.

또 어떤 아이들은 관심을 끌기 위해 문제행동을 한다. 빅토리아는 부모님에게 관심을 받고 싶어서 끊임없이 문제를 일으켰다.

저는 어릴 때부터 부모님에게 의지하지 않고 뭐든 스스로 하려고 노력했어요. 하지만 부모님의 보살핌이 필요할 때는 공격적인 행동을 해서 관심을 끌었죠. 어떤 심리학자가 "아이들은 벌을 받는 것보다 칭찬을 받고 싶어합니다. 하지만 무관심의 대상이 되기보다는 벌을 받기 원하죠."라고 말했어요. 그때 제 행동도 그 이유였는지 모르겠습니다.

자기 자신도 스트레스에 시달리는 부모들은 아이들의 문제행동이 스트레스에서 비롯된다는 것을 이해하지 못한다. 물론 모든 아이들이 관심을 받기 위해 문제를 일으키는 것은 아니다. 어떤 행동은 괴로움을 나타내는 신호일 수도 있다.

## 완벽해야 한다는 압박감

많은 아이들이 관심을 얻기 위해서는 성공해야만 한다는 부담을 느낀다고 말한다. 장애 형제가 있는 레니도 마찬가지다.

부모님은 동생에게 많은 에너지를 쏟았기 때문에 다른 사람을 위해 쓸 에너지가 없었어요. 하지만 제가 학교에서 좋은 성적을 받으면 부모님의 관심을 받을 수 있었죠. 부모님은 훌륭한 성적표를 보고 항상 칭찬하셨기 때문에 저는 좋은 성적을 받기 위해 최선을 다했어요. 하지만 평소에는 부모님이 동생에게만 모든 에너지를 쏟으셨죠. 그래서 저는 제게 만족할 수 없었어요.

비장애 형제들은 장애 형제를 보살피는 부모님을 위해 뭐든 잘하고 싶다는 마음을 갖고, 자신의 능력을 최대한 발휘해야 한다고 생각한다. 그리고 부모나 친척의 기대를 만족시키지 못하거나 사람들이 자신한테 실망할까 봐 두려워한다. 이들은 한 번이라도 뭔가 일이 잘못되면 자기 자신을 가치 없게 생각하기 쉽다. 심지어 훌륭하게 잘해냈을 때에도 종종 자신을 가치 없다고 느끼곤 한다.

타라는 항상 완벽해야 한다는 압박감에 시달렸다.

저는 네 살 때부터 춤을 배우면서 언제나 최선을 다했어요. 항상 최고가 되고 싶었죠. 10대 초반에 무용대회를 앞두고 부상을 입는 바람에 춤을 출 수 없었는데, 죄책감을 느끼면서 어떻게 해서든지 대회에 나가려고 했어요. 결국엔 대회에 참가했고, 그 후 등과 무릎에 평생 통증을 달고 살게 됐죠. 저는 이렇게 가족을 위해 내가 할 수 있는 한 최선을 다하고 성공하겠다고 결심했지만, 항상 동생에게 질투를 느꼈어요. 부모님은 제가 이루어내는 일을 보면서 앞으로 더 잘하기만 기대했지만, 동생이 해낸 일을 보면서는 그 일 자체로 기뻐하고 진심으로 만족하셨어요. 그래서 저는 잘할 수 있다는 자신감을 잃었어요. 20대 후반까지 이런 생각을 하며 끊임없이 노력해야 했어요.

어떤 부모들은 부담을 주지 않으면서 비장애 형제가 해낸 일을 보며 기뻐한다. 반면에 어떤 부모들은 아이가 이루어낸 일들 때문에 장애 형제가 해낸 일이 보잘것없는 것으로 보일까 봐 비장애 형제가 훌륭하게 한 일에 대한 칭찬을 아낀다. 또 비장애 형제가 스스로 기대치를 높였다가 실망할까 봐 아이가 지닌 성공하고자 하는 열망을 잠재우려 한다. 빅토리아는 가족들이 자기에게 잘할 수 있다는 용기를 북돋아주지 않았다고 이야기한다.

부모님은 제가 똑똑한 아이라 여기지 않았고 성공하리라는 기대도 하지 않았어요. 남동생에게 너무 많이 실망해서 제게 또다시 실망하고 싶지 않았을 거예요. 아니면 제가 실망에 빠져 고통스러워하는 걸 바라지 않았기 때문일지도 몰라요.


## 이건 공평하지 않아!

비장애 형제들은 장애 형제가 옳지 않은 행동을 해도 아무런 책임을 지지 않는 것을 자주 본다. 반면에 자신은 장애 자녀를 돌보는 부모님을 돕거나 과도한 책임을 떠맡아야 한다. 왜 그래야 하는지 어른들은 쉽게 이해하지만 아이들은 이해하기가 어렵다.

부모들은 장애 자녀와 비장애 자녀를 공평하게 대하기 어렵다. 부모들은 자신이 장애 자녀가 해서는 안 될 행동을 해도 그냥 둔다는 것을 알고 있다. 또 장애 자녀가 해야 할 일에 어느 정도까지 도움을 주어야 적절한지 그 제한선을 알기 힘들어한다.

레이첼의 어머니는 레이첼이 성인이 되었을 때 그에게 이런 어려움에 대해 솔직히 이야기했다.

내가 언니들의 잘못을 지적하지 않아서 네가 몹시 화가 난다는 걸 알고 있어. 잘못한 일에 대해 지적했을 때, 그 사람이 배울 수 있다면 매우 바람직한 일이야. 하지만 그 일을 통해 배우지 못하고, 계속 반복해서 이야기해도 깨달을 수 없다면 바람직하지 않다고 생각한다. 나는 네 언니들이 잘못을 저질러도 그냥 놔두어야 했어. 계속 고치려고만 하면 언니들의 삶은 부정적인 말과 행동으로만 가득할 거야. 나는 그걸 바라지 않았단다.

보통의 형제들처럼 나와 언니도 가끔 몸싸움을 했다. 언니는 힘이 굉장히 세서 한쪽 팔로 나를 때리곤 했다. 힘이 약한 나에겐 너무 불공평한 일이었다.

세상을 떠난 언니가 있는 지나는 언니와 맞서 싸울 수 없어서 느꼈던 좌절감에 대해 이야기한다.

언니는 제게 모욕적인 말을 하고, 제가 반박하려고 하면 눈을 감아 버렸어요. 언니가 눈을 감으면 전 아무것도 할 수 없었죠. 언니는 자기가 원할 때는 언제든지 제게 상처를 줄 수 있었지만, 저는 할 수 없었죠. 이런 일들이 반복되면서 깊은 좌절감을 느꼈어요.

비장애 형제들은 장애 형제를 버릇없게 만드는 부모님의 행동을 보면서 느낀 좌절감에 대해 이야기한다. 부모님이 보이는 이해할 수 없는 행동 때문에 비장애 형제의 눈에 삶이 불공평하게 보일지도 모른다. 어른이 되면 장애인의 욕구를 더 잘 이해할 수 있고, 관심이 사랑에 비례하지는 않는다는 걸 알 수 있다. 하지만 어린아이들은 이를 불공평하다고 생각하며 분노를 느낀다. 그리고 분노를 다스리는 방법을 잘 알지 못한다.

**3**

# 말하지 못하는 감정들

"저는 다른 사람들에게 무리한 요구를 받았을 때조차 친절했어요.
제 감정을 드러내면 혹시라도 누군가 상처를 받을까 봐
조바심을 내고 죄책감에 시달렸어요.
그래서 감정을 누르고 절대 화를 내지 않았어요."— 타라

비장애 형제는 자신이 장애 형제에 대해 느끼는 감정을 다른 사람에게 이야기하면 안 된다고 생각한다. 하지만 분노, 당황스러움, 두려움, 죄책감 같은 감정들은 표현하지 않으면 점점 쌓여서 불안과 수치심, 낮은 자존감, 우울증을 일으킬 수 있다. 또한 마음에 쌓인 감정들 때문에 문제행동이 나타날 수도 있다.

## 분노

어렸을 때 나는 부모님이 자기 마음대로 하는 언니를 특별하게 대하는 것과 다른 사람들이 우리를 빤히 쳐다보는 것에 대한 분노를 느꼈다. 하지만 분노는 마음속에 숨겨져 있었다. 내 상처를 바라

보며 고스란히 마음에 담아두었다. 그러다 시간이 지나면서 나 자신에 대해 점점 견디기 어려워졌다. 나는 자신감을 잃었고 내 부족함을 느끼며 좌절했다.

아이들이 자신의 분노와 좌절감을 드러내기 어려워하는 데는 몇 가지 이유가 있다. 만약 누군가에게 미안함을 느낀다면 그 사람에게 화내기 어려울 것이다.

아이들은 장애 형제에 대해 슬픔을 느낄 뿐 아니라 부모에게 미안함을 느끼고 부모를 위해 옳은 일을 하고 싶어 한다. 이미 충분히 스트레스를 받고 있는 부모한테 화를 낸다는 것은 어려운 일이다. 성인이 된 비장애 형제들은 여전히 화내는 것이 어렵고, 화난 감정을 표현하고 조절하는 법을 배우고 싶어한다.

스튜어트 실버스타인은 《내가 어때서? : 발달장애 형제와 함께 성장하기》라는 책에서 '거부감'에 대해 이렇게 이야기한다.

비장애 형제들이 쓴 글을 읽어보면 자기감정을 거부하는 경향을 엿볼 수 있다. 이들은 긍정적인 감정을 갖고 생활해야 한다고 생각한다. 아이들은 장애 형제가 얼마나 가족을 더 친밀하게 해주는지, 얼마나 가족에게 웃음을 주는지, 얼마나 보살펴주고 싶은 마음이 들게 하는지 이야기한다. 이런 모습만 본 사람들은 비장애 형제의 어두운 감정에 대해 거의 인식하지 못한다. 내가 알고 있는 상처, 좌절, 분노는 어디 있는가? 비장애 형제들은 자기가 분노를 느낀다고 생각하지 않는다. 그런 감정은 이기적이라는 것을 암시한다고 생각한다. 하지만 그러한 감정을 제대로 인식하지 못하면 거부감만 커질 뿐이다.

처음에 나는 거부감이 너무 심해서 누군가 내 동생 마크가 내 인생에 어떤 영향을 끼쳤냐고 물어보면, 자랑스럽게 "마크는 항상 제 곁에 있었고 별로 특별한 점도 느끼지 못했어요. 아무런 영향도 안 끼친 거죠."라고 큰 소리로 말했다. 그러고 나서 내가 동생 덕분에 얼마나 감수성이 풍부해졌는지 이야기했다. 어렸을 때 나는 이렇게 말하는 게 다른 사람들이 듣기에 좋다고 생각했다. 어쨌든 내 감정을 솔직하게 표현하는 것은 감당하기 어려운 일이었다.

거부감이 있으면 감정을 솔직히 드러내지 못하고, 자신의 상황을 마주하는 데 에너지를 쏟지 못한다. 결국 중요한 상황에서 자신의 판단을 믿지 못하고 불안, 낮은 자존감, 우울증을 겪고 무기력함에 빠지고 만다.

레이첼은 가족에게 부정적인 감정에 대해 이야기하지 못하고 오랜 기간 고립감을 느낀 이유를 이제야 이해하게 되었다.

부모님에게 저를 방관하고 있다는 말을 하는 건 너무 어려운 일이에요. 마음속으로는 그게 사실이라고 생각하지만, 저까지 짐을 지워드리고 싶지 않았어요. 행복한 일이나 긍정적인 감정을 표현하는 건 좋지만 부정적인 것은 표현하면 안 된다고 생각했어요. 저는 중학생 때 '내 이름은 레이첼, 나는 언제나 행복해요.'라는 제목의 시를 썼어요. 그 시는 사람들이 제가 행복하다고 여기고 제게 모든 문제를 털어놓지만, 저는 '행복한 웃음'이라는 가면을 쓰고 제 문제를 꺼내놓지 않는다는 내용이었어요.

레니는 비슷한 감정을 다음과 같이 이야기한다.

부모님은 장애 자녀를 삶의 한 부분으로 여기고 모든 생활을 함께합니다. 두 분은 서로 이야기를 나눌 기회가 있어요. 하지만 비장애 형제가 혼자일 경우에는 가족 중에 함께 이야기할 사람이 없습니다. 저는 의식적으로 제 감정을 감추느라 힘들었어요. 항상 착한 아이가 되려고 노력했죠. 주변에서 일어나는 일에 엄청 영향을 받고 있었지만, 아무렇지도 않은 것처럼 보이려고 했어요. 그때 저는 청소년이었기 때문에 제 감정을 충분히 표현할 수 있었지만 자기감정을 표현한다는 게 너무 어려웠어요. 이야기를 하다가 갑자기 울어서 상처받기 쉬운 나약한 아이라고 비춰지는 게 싫었어요.

지나는 여섯 형제 중 하나로, 14개월 먼저 태어난 언니에게 청각장애가 있었다. 지나에게는 어린 동생들이 있었지만 자신의 감정에 대해 지금까지 아무한테도 이야기하지 않았다.

저는 언니에 대해 부정적인 생각을 많이 했지만 아무한테도 말할 수 없었어요. 오랫동안 생각한 끝에 제 감정을 표현하기 어렵다는 결론을 내렸어요. 저는 언니에 대한 감정을 숨겼어요. 가끔씩 몹시 화를 내긴 했지만, 평소에는 화를 내거나 좌절감을 드러낼 수 없었어요. 어른이 된 후에도 화내는 법을 알기까지 오랜 시간이 걸렸습니다. 저는 점점 내성적으로 변했어요. 언니가 말을 할 때마다 사람들이 쳐다봤고, 언니와 함께 있으면 항상 다른 사람들이 관심을 보였어요. 주변의 모든 사람들이 우리 가족이 하는 일을 쳐다봤기 때문에 저는 언니가 없을 때면 혼자 생각에 잠기곤 했고 점점 내면으로 파고들었어요.

저는 어릴 때부터 우리를 쳐다보는 다른 사람들에게 반응하지 않고 제 감정을 얼굴에 드러내지 말아야 한다는 걸 알았어요. 이런 생각을 하면서 제 감정을 통제할 수 있었죠. 원하기만 하면 언제든지 가면을 쓸 수 있었어요. 다른 사람들은 자기가 무엇을 생각하고 느끼는지를 알고 그것을 표현할 수 있었지만, 저는 그렇게 할 수 없었어요.

타라도 소외감을 느꼈다.

저는 가끔 집에서 외톨이라고 느꼈어요. 어머니는 동생을 위험한 세상에서 보호하느라 여념이 없었고, 저에 대한 부모님의 양육방식이 달라서 더 혼란스러웠죠. 저는 결국 열두 살에 폭식증에 걸렸고, 열네 살에는 거식증으로 고생했고, 열아홉 살에는 우울증에 걸렸어요. 분노, 상처, 소외감, 외로움의 감정을 제 자신에게 모두 쏟아냈던 거예요. 스물여덟 살이 되어서야 비로소 그걸 깨달았습니다. 지금 생각해보면 정말 긴 여정이었어요.

캘리는 섭식장애와 우울증에 빠져들었던 경험에 대해 말했다.

저는 소외된 채 자랐어요. 제게는 다섯 살 많은 언니와 심한 간질을 동반한 지적장애가 있는 세 살 많은 오빠가 있어요. 어릴 때 오빠는 일 년에 여러 달을 병원에서 지내야 했기 때문에 오빠와 어머니는 오랫동안 집을 떠나 있곤 했어요.

그래서 저는 항상 완벽한 아이가 되어야 했고, 어떤 문제도 일으켜서는 안 된다고 생각했어요. 가족들은 모두 제가 대학에 진학해서 성공한 인생을 살기를 기대했어요. 언니는 청소년기에 방황을 하면서 부모님에게 반항했지만 저는 언니처럼 행동하지 않았어요. 하지만 제 스스로는 잘하고 있다고 만족하지 못했어요.

저는 완벽해야 한다는 압박감뿐만 아니라 부모님의 관심을 받지 못한다고 느끼며 자랐어요. 오빠가 열여섯 살에 집을 떠나 특수학교에 다닐 때까지 제 인생은 어딘가에 묶여 있었던 것 같았어요. 오빠가 특수학교를 다니기 시작한 때부터 갑자기 제 삶이 다시 시작되었죠. 부모님의 관심을 열세 살이 되어서야 받게 된 거예요. 저는 더 어렸을 때 부모님의 관심이 필요했는데 말이죠.

어릴 때는 끊임없이 오빠가 사라졌으면 좋겠다고 생각했고, 가족들에게 엄청난 분노를 품었어요. 열다섯 살에는 신경성 식욕부진이라는 섭식장애와 심한 우울증이 나타났어요. 장애가 있는 오빠와 함께 지내면서 갖게 된 감정 때문에 이런 증상이 나타나게 되었다는 건 의심할 필요가 없을 거예요.


섭식장애를 일으키는 요인은 다양하다. 타라와 캘리의 경우에는 감정을 안으로 삭이고, 부모에게 애정을 받지 못한 데다 자기 몸을 돌보지 않은 데서 비롯된 것으로 보인다. 비장애 형제들은 자기가 통제할 수 없는 환경에서 자라면서 섭식장애가 생기기도 한다. 또 완벽해야 한다는 압박감이 섭식장애와 관련이 있을 수도 있다.

비장애 형제들의 대부분은 부모에 대한 걱정 때문에 감정을 표현하지 못한다. 마흔 살인 줄리는 자신이 겪은 것은 부모님의 경험과는 비교도 할 수 없다고 이야기한다.

저는 화가 나도 억누르면서 참았어요. 특히 어머니가 짊어진 짐이 너무 크다고 생각했기 때문에 어머니에게 화를 내고 싶지 않았어요. 그래서 화를 낸다는 것은 생각도 하지 못했죠. 이 문제에는 뾰족한 답이 없을 것 같아요.

조시는 성인이 되어서야 감정에 솔직해졌다.

저는 지난 24년 동안 부모님을 기쁘게 해드려야 한다고 생각하며 살았어요. 부모님에 대해 부정적으로 생각하면 죄책감을 느꼈기 때문에 화가 나면 혼자 있을 때 소리를 지르곤 했어요. '부모님은 해결해야 할 문제가 많은데 어떻게 내가 두 분의 마음을 아프게 하는 말을 할 수 있을까?' 하는 생각이 들었죠. 친구들이 자기 어머니에 대해 불평할 때 저는 한마디도 하지 않았어요. 저는 부모님에 대해 안 좋은 이야기를 할 때마다 "하지만 우리 부모님은 굉장히 좋은 분들이고 나와 친구처럼 지내셔. 이보다 더 좋은 분들은 없을 거야."라고 덧붙이곤 했어요. 사실이긴 했지만, 부모님의 긍정적인 면을 말하지 않고는 부정적인 면을 이야기할 수 없어서였죠.
마침내 저는 어머니와 아버지에 대한 감정에 솔직해졌습니다. 지금은 온 마음을 다해 누군가를 사랑하면서도 가끔씩은 실망을 하거나 화낼 수 있다는 것을 깨닫게 되었어요. 이런 깨달음이 제게 얼마나 위안이 되는지 몰라요!

레이첼에게 결혼은 이해와 변화의 촉매제가 되었다.

저는 결혼하고서 제가 안고 있는 문제를 해결할 수 있었어요. 결혼하기 전에는 사람들과의 관계에서 문제가 생기면 그 상황을 회피했어요. 하지만 남편과의 관계에서는 그렇게 하기가 쉽지 않았어요. 저는 남편과 문제가 생겼을 때 합리적으로 해결할 수 없었고, 그로 인해 남편에 대한 분노의 감정을 가득 쌓아두게 된다는 것을 깨달았어요. 제 경우에는 상담이 많은 도움이 되었어요.

다른 사람에게, 특히 빤히 쳐다보거나 놀리는 사람들에게 화가 나는 건 당연한 일이다. 나는 어릴 때 종종 우리를 쳐다보는 사람들에게 혀를 내밀어주고 싶어했다. 실제로 그렇게 했는지는 확실하지 않지만 말이다. 하지만 다른 사람에게 그보다 더 심하게 대놓고 화를 내지는 못하고 감추어야 했다.
레니도 비슷한 경험이 있다.

남동생과 손을 잡고 길을 가는데 우리를 피해 가려고 건너편으로 길을 건너는 사람들이 있었어요. 저는 그 사람들을 향해 혀를 내밀었죠. 한 사람이 그걸 보고 제게 똑같이 했어요. 부모님은 제가 잘못했다고 하셨지만 부모님도 화가 나셨을 거예요.

부모에 대한 걱정이 분노를 표현하지 못하는 중요한 요인이라는 것이 여기서도 드러난다.


## 우울

비장애 형제들은 살면서 우울증을 겪은 적이 있다고 이야기한다. 우울증은 분노가 표출되지 않거나 다른 감정들이 억눌려 있을 때 종종 나타난다. 우울증의 정의 중 하나가 '내면으로 향하는 분노'인 것을 보면, 형제들이 우울증과 낮은 자존감을 경험하는 것은 놀랄 일이 아니다. 우울증은 다른 사람의 눈에 잘 띄지 않는다. 또한 어린 형제들은 우울함을 느껴도 자기 문제는 다른 문제들에 비해 사소하다고 느끼기 때문에 가족들에게 말하기를 꺼린다. 다른 사람들에게 가족의 실제 삶을 숨기려 하는 아이라면, 가족이 아닌 다른 사람들에게도 말할 수 없을 것이다. 따라서 이런 경우 아이들은 무기력해진다.

사람은 누구나 감정의 기복이 있다. 하지만 비장애 형제들은 지극히 정상적인 감정의 침체를 거부해야 한다는 압박감을 느낀다. 끊임없이 완벽해지려 하고 부정적인 감정을 감추려고 하는 것이 아이들에게는 큰 영향을 끼친다.

레이첼은 우울증의 근본 원인을 알게 되었다.

부모님과 저는 매우 화가 나거나 마음에 상처를 받았을 때 그 감정을 어떻게 해야 하는지 몰랐어요. 특히 장애가 있는 언니에 대한 감정을 해결하지 못했어요. 온갖 복잡한 감정이 제게 큰 영향을 끼쳐, 저는 항우울증 약을 먹으면서 몇 년 동안 상담과 집단치료를 받았어요.

타라의 분노는 우울증으로 이어졌다.

저는 그때 굉장히 화가 나 있었어요. 제 삶을 이렇게 만든 세상이 원망스러웠고, 남동생의 장애와 건강문제를 생각하면 화가 났어요. 상황에 잘 대처하지 못하고, 부모님에게 완벽한 딸이 되지도 못하고, 다른 사람들이 더 편하고 나은 삶을 누리도록 돕지 못하는 제 자신에게 화가 났어요.

비장애 형제들은 다양한 시기에 위기의 순간을 맞는다. 나처럼 시시때때로 힘들고 혼란스러워하는 청소년기에 특히 어려움을 겪는 경우가 많다. 장애 형제와 관련된 모든 문제와 관련해 그들이 느끼는 압박감은 엄청날 수 있다. 뇌병변장애인 언니가 있는 열일곱 살인 베라는 우울증과 씨름한 경험을 이렇게 이야기한다.

저는 여러 가지 이유로 우울증에 시달렸어요. 성장하면서 스트레스를 많이 받았지만, 그런 감정에 대해 전혀 이야기하지 않았어요. 얼마 전에는 우울증이 심해졌어요. 이건 제가 일상생활에서 해결해야 할 문제인 것 같아요. 저는 불안하고, 두렵고, 감정 기복이 심하고, 위축되곤 했어요. 너무 두려웠지만 곧 괜찮아질 거라고 생각했어요. 점점 위축되어가는 저를 위해 다시 삶을 추스르고 계획을 세우고 직장에 다니면서 공부했어요. 지금은 훨씬 즐거운 마음으로 살고 있고, 사랑하고 존경하는 남자친구와 함께 좋은 관계를 맺으며 생활하고 있어요. 하지만 여전히 잠을 이룰 수 없는 날이 있어요. 불면증에 시달릴 때면 마치 제 옆에 블랙홀이 있는 것 같은 느낌이 들어요.

장애 형제 외에 다른 형제가 없는 아이의 경우, 이런 어려움이 심해질 수 있다. 대부분의 가정에서 형제는 처음 사회적 관계를 맺는 대상이 된다. 아이들은 형제를 통해 주고받는 법, 나누는 법, 의지하는 법을 배운다. 가족 중에 비장애 형제가 한 명 이상 있다면 이런 사회성을 배울 또 다른 기회가 많다. 또 자기감정을 마음에 담아두지 않고 함께 나눌 기회가 많다. 하지만 혼자인 경우 고립감과 자기에 대한 회의는 더욱 커질 수 있다.

레노아는 "왜 이런 일이 우리 오빠에게 생긴 거야?"라는 질문을 할 때 형제들 사이에 공감대가 생긴다고 강조한다. 하지만 동시에 그 질문에 대한 정답은 없으며 아이들의 불안과 두려움을 해소해줄 길은 없다는 것 또한 알아야 한다고 말한다.

제 자신에게 끊임없이 던지는 "왜?"라는 질문은 더는 의미가 없었습니다. 저의 에너지를 긍정적인 면에 쏟아붓자고 다짐했죠. 하지만 항상 마음속 깊은 곳에서 들려오는 작은 목소리가 하늘을 향해 분노를 표현하고 싶은 제 마음을 닫아버리곤 했습니다.

# 당혹감

비장애 형제들은 나이가 들면서 당혹감을 느낀다. 유치원생들은 장애 형제를 있는 그대로 받아들이기 때문에 어떤 불편함도 느끼지 않는다. 하지만 학교에 들어갈 때가 되면 다른 사람의 반응을 의식하기 시작하면서 당황스러움을 느끼게 된다.

빅토리아는 같은 반 친구가 지적장애인 다른 친구를 놀리는 것을 보았다.

친구들이 지적장애가 있는 친구를 놀리는 걸 본 뒤로 저는 남동생이 발달지체라는 사실에 수치심을 느꼈어요. 사람들이 저를 놀릴까 봐 아무도 동생에 대해 모르기를 바랐어요. 그 당시 저는 제 자신을 거부하고 있었어요. 저는 안경을 쓰고 통통한 데다 공부를 잘했어요. 모두 어린 나이에는 친구들에게 호감을 얻기 어려운 특징들이죠. 거기에 장애가 있는 남동생까지 더해지는 건 정말 싫었어요.

나도 어릴 때 자주 당황스러운 감정을 느꼈고, 오랜 시간이 지난 지금도 그렇다. 언니와 내가 어디에 가든지 사람들이 빤히 쳐다보았다. 한편으로는 언니를 보호해야 한다고 생각했고 언니가 어떻게 느낄지 걱정스러웠다. 하지만 무엇보다도 나는 무척 당황스러웠다. 사람들이 나에게도 언니처럼 장애가 있다고 여길까 봐 두려웠다. 나는 사람들에게 나는 괜찮다고 소리 지르고 싶었다. 항상 사람들이 내게 판정을 내리고 있다고 느꼈다.

10대에는 불확실성으로 가득했다. 나는 청소년기를 대부분 정체성을 찾는 데 보냈다. 마치 여러 방향에서 나를 잡아당기고 있는 것 같았다. 나는 정체성을 확립하려고 하는 나에게 언니가 역할 모델이 되어줄 수 없다는 사실을 잘 알았다. 나와 언니의 삶을 비교할 때에는 엄청난 죄책감과 슬픔에 시달렸다. 내 자의식은 완전히 억눌린 듯했다. 내 주변에는 감정과 생각을 나눌 사람이 없었다. 비장애 형제들은 특히 청소년기에 심한 당혹감을 느꼈다고 이야기한다. 어떤 사람들은 장애 형제와 같이 있는 모습을 다른 사람들에게 절대 보이고 싶지 않았다고 한다.

나는 친구들이 우리 집에 놀러 와 저녁을 먹을 때 마음이 불편했다. 아무렇지 않은 듯 행동하려고 했지만, 마음속으로는 당혹함을 심하게 느꼈다. 식사할 때 언니는 항상 음식과 전쟁을 치러야 했다. 언니는 한입에 들어갈 만큼의 잘게 부순 음식물을 그 위에 들어오는 음식물로 밀어 넣어서 먹어야만 했다. 언니는 트림을 하기도 하고 무척 큰 소리로 웃었다. 어머니가 아무리 노력해도 언니는 항상 음식물을 흘렸다.

나는 남자친구를 집에 데려오는 것이 끔찍하게 싫었다. 남자친구가 우리 언니를 보면 불쾌함을 느끼고, 나에게 관심을 갖지 않을 거라고 확신했다. 나는 최근 20대 초반에 알게 된 오랜 남자친구에게 이런 이야기를 했다. 그는 언니의 행동에 조금도 불쾌함을 느끼지 않았지만 내가 그것에 지나치게 신경 쓰고 있다는 걸 알 수 있었다고 했다. 그는 왜 그러는지 도저히 이해할 수 없었다고 한다.

나는 대학을 졸업하자마자 친구와 함께 아파트로 이사했다. 나 혼자서 생활을 잘해 나갈 수 있을지 확인하기 위해 멀리 떠날 필요가 있었기 때문이다. 오랫동안은 아니었지만, 잠시 떨어져 나만의 공간을 갖는 것이 중요했다.

나는 스무 살 때쯤 내 힘으로 언니를 위해 무언가 좋은 일을 해야 겠다고 생각했다. 그래서 언니와 뮤지컬 공연을 보러 갔다. 언니는 평소에 내는 거친 숨소리를 냈고, 나는 공연 내내 언니의 팔을 잡아 움직이지 못하게 하는 등 사람들이 언니에게 주목하지 못하도록 해야 했다. 나는 외출한 것을 후회했고, 언니가 자유롭게 공연을 즐기 도록 내버려두지 못한 것 때문에 심한 죄책감을 느꼈다.

낸스도 다른 사람들처럼 친구들을 집에 데려오기 싫어했다고 한다.

지금 생각해보면 남동생을 부끄러워하지 않았고 친구들 대부분 이 동생에 대해 알고 있었지만, 친구들을 집에 데리고 오지 않았 어요. 그 대신 친구네 집에 가서 놀려고 했어요. 우리 집에 올 수 있는 사람은 가장 믿을 수 있는 몇몇 친구들뿐이었어요.

지나는 다른 사람들이 자기에게 무슨 문제가 있다고 생각할까 봐 두렵고 불쾌했다.

언젠가 가게에서 언니가 어머니에게 말을 하려고 하는데 목소리 를 조절할 수 없었던 적이 있어요. 일반적으로 청각장애아들은 말하는 방법을 배울 때 거울을 보고 목구멍에서 나오는 소리를 느낀 다음에 입으로 단어를 정확하게 말하려고 한다고 해요.

언니는 '멈(mum, 엄마)'이라고 불렀어요. 언니의 입술 모양을 봤는

데, 언니는 매우 큰 소리로 '범(bum, 엉덩이 또는 건달), 범' 하고 소리를 질렀고, 사람들은 언니를 매우 버릇없는 아이로 바라보았어요. 언니는 겉으로 보기에는 아무 문제가 없어 보였기 때문에 아무도 언니에게 장애가 있다는 사실을 알지 못했어요. 사람들에게 "언니는 청각장애가 있어요. 언니는 지금 자기가 뭐라고 말하는지 모르고 있어요."라고 말해주고 싶었어요.

저는 항상 언니의 일로 사람들에게 양해를 구해야 했고, 언니가 사람들의 말에 왜 반응하지 않는지 설명해야 했어요.

사람들은 언니의 행동을 이해할 수 없을 때면 항상 뚫어지게 쳐다봤어요. 저는 언니를 대신해서 설명해주는 게 중요하다는 생각을 했지만, 언니는 계속 큰 소리로 말했고 사람들은 줄곧 우리를 쳐다보았어요. 저는 "나는 아니에요. 수어를 하지만 청각장애인이 아니에요. 나는 저렇게 이야기하지 않아요."라고 말하고 싶었어요. 저는 수어를 하지만 말도 할 수 있다는 것을 알려주고 싶었어요. 사람들에게 나는 괜찮고, 장애가 없다는 사실을 알려주고 싶었기 때문이에요. 하지만 그것 때문만은 아니에요.

어느 날 언니와 내가 미용실에 가서 수어로 대화를 했어요. 미용실에서 일하는 직원들은 우리가 둘 다 청각장애인인 줄 알고 우리에 대해 이야기하기 시작했어요. 저는 너무 당황해서 어떻게 해야 할지 몰랐어요. 뭐라고 한마디 해야 했지만 아무 말도 하지 못하고 듣고 있을 수밖에 없었어요. 그들은 우리에 대한 이야기뿐 아니라 자기들의 아주 사적인 이야기까지 말했어요. 미용실을 나올 때 저는 고맙다는 인사를 하고, 좋은 하루를 보내라고 말했어요. 그들 중 한 사람이 "혹시 들을 수 있나요?"라고 물어서 그렇다고 했더니 매우 당황스러워하더군요. 어느 정도는 그 상황을 즐기기도 했지만 한편으로는 미안한 마음도 있어죠.


## 두려움

비장애 형제들이 경험하는 또 다른 감정은 두려움이다. 아이들은 자기에게도 장애가 나타날까 봐 두려워하기도 하지만 또 다른 두려움도 있다.

장애아가 심한 문제행동을 할 때 형제들은 자신의 안위 문제로 걱정한다. 자폐인 오빠가 폭발할 때마다 방에 들어가 문을 잠그고 있는 어린아이를 생각해보라. 아이는 오빠가 자기를 해치거나 물건을 부술까 봐, 그렇지 않다면 적어도 어머니가 화낼까 봐 두려워한다. 결국 아이는 불안한 상황에 처했을 때 움츠러들고 회피하게 되며, 다른 일에서도 문제가 생겼을 때 회피하곤 한다.

한 여성은 어렸을 때 오빠가 엄청나게 공격적인 행동을 해서 오빠와 같이 있을 때 공포를 느끼지 않은 적이 없다고 한다. 장애아가 심하게 과격한 행동을 하면 작고 어린아이들은 불안해한다. 그리고 일상생활에서 날마다 이런 불안을 느끼면 불안이 쉽게 해결할 수 없는 문제가 된다.

어떤 아이들은 부모가 자기를 보호해주지 않았을 뿐 아니라, 불안해하는 것을 대수롭지 않게 여기고 도리어 자기 탓이라고 몰아세웠다고 이야기했다. 어떤 부모의 경우에는 위험을 알아차리지 못할 만큼 그 상황에 대한 거부가 강해서, 장애아와 비장애 자녀를 위험

에 빠뜨리기도 한다. 또 어떤 아이들은 장애 형제에게 신체적으로
상처를 입힐 수도 있는데, 이런 경우 죄책감은 더 커진다. 따라서
자기감정을 잘 조절하는 방법을 더 배워야 한다.

부모들은 장애 자녀가 청소년이 되어 몸집이 커지고 힘이 세지면
두려움을 느낀다. 그런데 두려운 감정을 느끼는 것에 대해 죄의식
을 가지며, 다른 사람들에게 마음을 털어놓기 어려워한다.

비장애 형제들은 자신의 안위와 관련한 두려움에 더해, 장애 형
제의 안위를 걱정하는 동시에 그들을 도울 수 없다는 무력감을 느
낀다. 레니는 남동생이 죽을지도 모른다는 것에 대한 두려움을 이
야기한다.

남동생은 일 년에 몇 차례씩 병원 응급실에 실려가 심폐소생술을
해야 했어요. 저는 동생의 생사를 확인하지 못한 채 무작정 기다
려야 했죠. 가족들 모두 걱정이 많아서 저를 안심시키고 기운을
북돋아줄 여력이 없었어요. 저는 두려움이나 불안에 대해 이야기
할 기회가 없었어요. 제가 느끼는 많은 감정을 표현하지 않고 스
스로 다스리려고 노력했어요. 하지만 무력감을 느꼈죠. 저는 아주
어린 나이에 갑자기 제가 할 수 있는 일이 아무것도 없다는 생각
에 휩싸였어요.
남편은 처음 만났을 때 제가 무척 비관적으로 보였대요. 어떤 일
에서 두 가지 결과가 나올 가능성이 있을 때, 저는 항상 가장 나쁜
방향으로 예상했어요. 안 좋은 일이 전에도 일어났는데 또다시
일어나지 않겠냐는 것이었죠. 어린 시절에 장애가 있는 남동생과
함께 자란 경험은 다른 경우에도 제게 나쁜 영향을 끼쳤어요.

어떤 형제들은 아주 어린 나이에 삶이 쉽게 망가질 수 있다는 걸 알았다고 말한다. 이런 아이들은 일이 잘못될 수도 있다는 것을 누구보다 잘 알고 있으며, 매사에 낙관적으로 생각하지 못한다. 평생 두려움과 불안을 느낄 수도 있는데, 그런 감정에 대해 이야기하지 않으면 계속해서 불안이 더 심해진다.


## 죄책감

나는 어린 시절에 화가 나거나 부모님을 화나게 할 때, 또는 혼자서 즐거운 시간을 보낼 때 죄책감을 느꼈다. 언니가 부모님의 관심이 더 필요하다는 사실을 알기 때문에, 부모님의 관심을 받고 싶을 때에도 죄책감을 느꼈다. 그리고 언니 때문에 당황스러울 때도 죄책감을 느꼈다.

나는 친구 집에 놀러 갈 수도 있고, 운동이나 발레를 할 수도 있었다. 어릴 때 친구 생일잔치에 언니가 함께 갈 수 없어서 가는 길에 울었던 기억이 난다. 나만 즐겁게 지내는 게 정말 힘들었다. 나 혼자 너무 많은 것을 가진 것에 대해 죄책감을 느끼곤 했다. 나는 지금까지도 죄책감이 문제다.

다른 비장애 형제들도 자신은 기쁨을 누릴 자격이 없다고 생각했기 때문에 좋아하는 일을 즐길 수 없었다고 한다. 이들은 항상 다른 사람들의 고통을 느꼈고, 마음속으로 행복할 자격이 없다고 생각했다. 레이첼은 삶에서 많은 행복을 누리고 있다. 만족스러운 직장, 사랑하는 남편과 어린 아들이 있어서 행복하지만 여전히 죄책감과 싸우는 중이다.

저는 날마다 우울증, 죄책감, 분노, 슬픔과 씨름합니다. 약에 의존하고, 폭식을 하고 운동을 하지 않으면서 몸을 혹사 시켰어요. 왜냐하면 제 안에 있는 진심을 알기 때문이에요. 언니는 지적장애가 있는데, 나는 그렇지 않다는 사실이 끔찍해요. '내가 좋다고 느낀다면 좋은 것'이라는 생각을 조금이라도 받아들이기 위해 노력해야 해요.

미국의 소아과 의사인 스튜어트 실버스타인은 《내가 어때서?: 발달장애 형제와 함께 성장하기》라는 책에서 남동생의 그룹홈을 방문했을 때 느낀 자신의 양면성에 대해 썼다.

동생을 만나러 그룹홈에 가면 동생이 매우 제한적인 환경에서 생활하는 모습을 봐야 했다. 항상 다른 사람들에게 의지해야만 생활할 수 있는 동생의 현실을 마주해야 했다. 이런 동생을 뒤로 한채 내가 어떻게 내 삶을 즐길 수 있었겠는가! 동생의 현실에 대해 잊을 수 있다면 내가 원하는 만큼 기쁨을 누릴 수 있을 것이다.

비장애 형제, 그들 눈에는 항상 훨씬 고통이 심해 보이는 누군가가 보인다. 레니는 안 좋은 감정 없이 안정감을 느끼고, 죄책감 없이 불평할 수 있기를 간절히 바란다고 이야기한다.

제가 어떤 일에 대해 불평할 때마다 부모님은 "레니, 너는 건강해서 뛰어다닐 수 있지 않니? 항상 감사해라. 네가 지금 불평하는 일은 삶에서 아주 사소한 일이란다."라고 말하셨어요. 이런 말을 들을 때마다 죄책감을 느꼈어요.

저는 죄책감을 자주 느꼈고 지금도 느낍니다. 최근에 아들이 스물한 번째 생일을 맞이했어요. 생일을 며칠 앞두고 아들은 집에서 나가 따로 살게 되었는데, 저는 집을 떠난 아들을 매우 그리워했죠. 생일잔치를 하는 날, 고모가 "아들이 독립해서 집에 없으니까 기분이 어때?"라고 물어보셨어요. "저는 떠난 아들의 빈자리에 적응하는 게 굉장히 힘들어요."라고 대답했어요. 제 말을 듣고 있던 어머니는 "네가 그렇게 느끼면 안 돼! 내 아들은 세상을 떠났고, 나는 그 애가 스물한 살이 되는 모습을 보지도 못했어."라고 하셨어요.

그 말을 듣고 너무 화가 났죠. 제가 지금 어떻게 느끼고 있는지 말하고 싶었어요. 이 세상에는 어머니가 겪은 엄청난 상실감 말고도 수많은 상실감이 있다는 것을 이해해주길 바랐어요. 그리고 제 경험을 어머니가 겪은 일과 비교하지 말아 달라고 말하고 싶었어요.

하지만 저는 화가 나면서도 아들의 스물한 번째 생일을 즐기는 것에 대해 죄책감이 들었어요. 지금 생각하면 죄책감을 느낄 필요가 없었는데 말이죠. 요즘은 남편에게 제 생각을 털어놓지만, 어머니에게는 말하지 않아요. 어머니에게 말하는 건 참 어려운 일이에요.

죄책감은 평생 계속될 수 있다. 비장애 형제들은 집을 떠나 독립하고 싶은 마음과 집에 남아 가족을 도와주고 싶은 마음 사이에서 갈등할 수 있다. 이들은 집을 떠날 때 집에서 멀리 있는 대학을 다니거나, 결혼을 하거나, 여행을 하는 것과 같은 특별한 이유가 필요하다. 이유가 없으면 집을 떠나는 것에 대한 죄책감이 훨씬 커진다. 어떤 때는 가정에 대한 책임이 무거울 수도 있다. 하지만 형제들은 자신이 집에 있어야 하는 한편, 독립된 정체성을 확립하기도 해야 한다는 곤란한 상황에 처한다.

지적장애 오빠가 있는 엘리자는 자신이 느낀 죄책감에 대해 이렇게 말한다.

저는 오빠의 불행에 대해 끊임없이 생각하면서 행복한 상황을 즐기지 않았어요. 하지만 결국 제가 죄책감을 느낀다고 오빠의 기분이 더 좋아지는 건 아니라는 사실을 알게 되었죠. 지금 생각하면 너무나 당연한 일이지만 어릴 때부터 자리 잡은 생각을 떨쳐버리는 건 쉽지 않았어요.

저는 죄책감 때문에 오빠에 대한 책임감을 느꼈지만, 죄책감 때문에 도망가고 싶은 순간도 많았어요. 어린 마음에도 제가 오빠를 충분히 돕지 못할 것 같았기 때문이에요. 언제든지 "내겐 오빠를 도와줄 시간도 없고 힘도 없어. 나도 정말 힘들다고!" 이렇게 말하고 싶었지만 할 수 없었어요, 그러면 나쁜 동생이 되니까요.

비장애 형제들은 어릴 때 장애 형제가 생활에 필요한 가장 기본적인 일을 해내려 애쓰는 모습을 보면서 자신이 그것을 스스로 해냈을 때 죄책감을 느낀다. 레이첼은 지금도 좋은 것은 좋은 그대로 받아들이는 자세가 필요하다고 이야기한다. 완벽해야 할 필요성과 성공했을 때 뒤따라오는 죄책감 사이에 끊임없이 불협화음이 생길 수 있기 때문이다.

장애 형제가 시설에 가게 되면, 어린아이들은 그 형제가 부모님을 비난할 거라고 생각하기 쉽다. 결국엔 왜 그럴 수밖에 없었는지 이해하지만, 그렇다 하더라도 평생 죄책감에 시달릴 수 있다. 또한 장애 형제가 집을 떠났다는 사실에 안도감을 느낄 때 죄책감이 들기도 한다.

어떤 아이들은 죄책감을 없애려고 장애 형제를 돌보는 일을 돕기도 한다. 이는 좋은 일이고, 아이들은 이런 일을 하면서 가족에게 보탬이 되고 있다고 느낄 수 있다. 또 장애 형제를 돕는 것은 자아존중감 발달에도 좋다. 하지만 죄책감을 줄여보려고 장애 형제를 지나칠 정도로 돌보는 것은 좋지 않다. 이 경우에 아이들은 항상 자신의 욕구보다 다른 사람의 욕구를 우선으로 둘 수 있다. 특히 아이들이 '만족을 주는 사람'이 되려고 하는 것은 바람직하지 않다. 성인이 되어서도 이런 역할이 계속되어 다른 사람과 대등한 입장이 되기를 거부하고, 친밀한 관계를 맺지 못할 수 있다. 이들은 자신이 누군가를 돌보는 사람이라고 여긴다. 하지만 언제 돕는 일을 그만두어야 하는지 모르고, 자신의 욕구를 채우는 방법을 배우지 못해서 이따금씩 매우 지치게 된다. 결국 책임감 때문에 너무 힘이 들어서 성인이 되었을 때 집을 떠나고 싶어할 수 있다. 그렇게 되면 죄책감과 고립감은 한층 더 깊어진다.

# 슬픔, 하나의 과정

"저는 우리가 슬픔의 여정을 마칠 수 있을 거라고 생각하지 않아요.
날마다 롤러코스터를 타는 것 같은 느낌일 거고,
고통과 상실감은 항상 곁에 있을 거예요." — 캐롤라인

우리 사회에서는 장애를 이야기할 때 슬픔과 결부시키길 꺼린다. 슬픔과 연관짓기보다는 '다름'으로 나타내려고 한다. 하지만 장애 가족에게 장애는 상실감으로 다가오며, 상실감을 받아들이고 드러낸 뒤에야 비로소 장애에 대해 드러내놓고 이야기할 수 있다.

가족구성원은 장애를 마주하면서 '상실감'을 느낀다. 슬픔은 곧잘 잊혀지지만 실제로 가족들은 평생 슬픔을 안고 살아간다. 많은 가정이 슬픔의 조각들을 모아 새롭게 다듬어 다른 의미를 찾아내기도 한다. 가족들은 여전히 서로 사랑하고 서로를 바라보며 웃으며 살아간다. 하지만 장애 자녀에 대한 기대를 낮춰야 할 때마다 끊임없이 슬픔과 마주친다.

비장애 형제가 느끼는 슬픔은 다른 가족의 슬픔보다 알아차리기 어렵다. 그러므로 형제의 슬픔을 이해하기 위해서는 먼저 부모의

상실감을 살펴보는 게 도움이 될 것이다.


## 부모의 상실감

장애 자녀를 둔 부모에게 상실감은 엄청난 영향을 끼친다. 부모들은 자녀가 처음 장애 진단을 받았을 때 아이가 어떤 어려움을 겪을지, 아이와 가족에게 어떤 미래가 펼쳐질지 확실히 알지 못한다. 자녀의 미래에 대한 희망을 버리고, 자신이 그리던 아이에 대한 상을 잃고, 마음속으로 상상하던 가족의 미래를 잃고서 고통스러워한다. 안정감이나 삶을 개척해 나가는 데 필요한 통제력을 잃을 수도 있다. 특히 여성의 경우 대개 일자리, 경제력, 사회에서의 인간관계를 잃는다. 어떤 경우에는 부모가 장애 자녀에게 감정적으로 너무 빠져 있어서 배우자와 다른 자녀, 주변 사람들에게 마음의 문을 닫아 버리기도 한다.

부모의 자존감이 심하게 흔들리기도 하는데, 이는 다시 부모의 마음가짐과 삶에 영향을 준다. 부모들은 죄책감으로 괴로워하며, 아이의 고통을 덜어주기 위해 끊임없이 고민한다. 한 어머니는 의사로부터 장애의 원인이 임신 기간에 독감 예방주사를 맞은 것에 있을지도 모른다는 말을 들었다. 의사가 권해서 주사를 맞았지만, 유전자 검사를 통해 예방접종이 원인이 아니었다는 사실이 증명될 때까지 그 어머니는 오랫동안 죄책감을 느꼈다.

캐롤라인은 아들이 태어날 때까지 줄곧 해온 생각에 대해 이야기했다.

우리 아이는 장애를 안고 태어났어요. 저는 출산을 축하하는 가족과 친구들에게 둘러싸이는 대신 병원에서 오랜 시간 혼자 남아 있었죠. 주변 사람들은 제게 어떤 말을 건네야 할지 몰라서 멀리 떨어져 있었어요. 가족과 친구들에게 축하를 받고 기쁨을 함께하는 시간을 기대했는데, 누구에게도 축하받지 못했다는 상실감이 매우 컸어요. 위안과 확신이 필요했지만, 그 순간 아이에 대한 어떤 위로나 도움도 받지 못했죠.

슬픔의 단계에 초점을 맞춘 심리학 모델은 다양한 분야에서 받아들여지지만, 장애 가족의 상황에는 맞지 않는 것 같다. 장애로 인한 상실을 현실로 받아들이기는 힘든 일이다. 부모들의 상실감과 슬픔을 회복할 수 있도록 돕는 방법은 어디에도 없다. 부모들도 장애에 대해 말하는 것을 꺼리는데, 어떤 부모들은 자기감정을 표현하는 것조차 죄책감을 느낀다. 그래서 부모들의 슬픔은 매우 사적이고, 다른 사람들에게 보이고 싶지 않은 감정으로 남는다.

부모들은 너무 오랫동안 슬퍼하는 것에도 죄책감을 느낀다. 어떤 면에서 보면 아이를 거부하는 것 같기 때문이다. 부모들은 사회나 자기 자신에게서 자녀를 무조건 사랑해야 한다는 압력을 느낀다. 실제로 부모가 너무 슬퍼하면 "난 너를 100퍼센트 있는 그대로 사랑하지 않는단다. 나는 네가 달라졌으면 좋겠어."라고 말하는 것처럼 보인다.

슬픔은 하나의 과정이다. 만약 슬픔을 이해하고 경험하지 않는다면 괴로움과 상실감을 극복하기 힘들다. 그런 상황에서 사람들은 죽음을 택하는 경우도 있다. 장애아의 부모는 충격, 위축, 슬픔, 거부, 절망, 두려움, 화, 죄책감을 경험하는데, 이런 감정들을 밖으로 드러내지 않는다면 끊임없이 신체적·정서적인 문제로 고통을 겪게 된다.

슬픔의 일반적인 단계 중 하나는 퀴블러 로스가 이야기한 분노의 감정이다. 세상을 떠난 사람이나 세상, 또는 그 둘 모두에게 화를 낸다. 어떤 부모들은 장애 자녀에게 화를 내지 못한다. 아이가 신체적·정신적으로 너무 연약하면 그런 행동은 부당하다고 생각하기 때문이다. 그러면 화는 자신에게 향하고, 마음속에 도사리고 있는 죄책감이나 불안이 더 커지기 쉽다. 분노가 표출되지 않은 채 남아 있으면 슬픔을 해소할 수 없다. 어떤 경우에는 우울증 때문에 약에 의존하고, 장애 자녀나 다른 자녀에게 학대를 보이기도 한다. 또 어떤 경우에는 그런 상황 전체가 분노의 표적이 되어버린다. 대개의 경우는 그런대로 이해하고 넘어가지만, 공격성으로 인해 자신과 자녀들 모두에게 나쁜 영향을 끼치기도 한다.

부모들은 평생 자신과 아이들이 잃어버린 것을 생각할 때마다 슬픔을 느낀다. 특히 다른 자녀나 친구의 자녀들이 장애 자녀와 다르게 훌쩍 성장한 모습을 볼 때 슬픔을 느낀다. 많은 사람들은 이런 상황을 받아들일 수 있다고 생각하지만, 곧바로 자신들이 적절히 대처하지 못했던 것은 아닌지 고민하게 된다. 부모들 앞에 놓인 끝이 보이지 않는 과제와 자녀가 지닌 장애의 이해하기 힘든 특성에 대한 해결책을 찾기는 쉽지 않다.

캐롤라인은 괴로웠던 기억을 떠올린다.

저는 우리가 슬픔의 여정을 마칠 수 있을 거라고 생각하지 않아요. 날마다 롤러코스터를 타는 것 같은 느낌일 거고, 고통과 상실감은 항상 곁에 있을 거예요. 이 슬픔은 언제부터 시작되었고 언제 끝나게 될까요?

조이의 딸 샐리는 일반 유치원에 다녔지만, 졸업한 후 특수학교로 진학했다. 샐리와 유치원을 같이 다니던 많은 아이들은 언니 로즈가 다니는 학교로 진학했다.

우리는 로즈가 다니는 학교에서 하는 졸업 공연에 갔어요. 공연중에 샐리가 다니던 유치원에서 같은 반이던 아이들 몇 명을 보았죠. 문득 샐리가 이 학교에 다녔다면 친구들과 공연에서 노래하는 모습을 볼 수 있었을 거라는 생각이 들었어요. 이런 생각이 들자 슬픔에 휩싸였어요.

셋째 아이인 카트리나를 가졌을 때, 조이는 새로운 감정을 느꼈다고 한다. 샐리의 진단을 기다릴 때의 느낌이 다시 들었고, 샐리를 돌보던 초기에 겪은 어려움과 샐리가 다니던 유치원에서 다른 학부모들과 이야기하면서 힘들었던 일들이 생각나 엄청난 슬픔을 느꼈다. 샐리에게 친구가 없고, 샐리가 여동생처럼 발레나 다른 활동을 할 수 없다는 사실 때문에 마음이 아팠다. 조이는 카트리나에게 샐리의 장애에 대해 알려줘야 한다는 것과 몇 년 후에는 카트리나가 샐리의 성장을 따라잡게 될 것이라는 사실을 깨달았다.

부모님은 슬픔을 이해하고 받아들이는 것을 힘들어했다. 부모님은 자기감정을 쉽게 드러내지 않으며 자란 세대였기 때문에 묵묵히

해야 할 일을 할 뿐이었다. 어머니는 언니가 장애 진단을 받고서 몇 주 동안 언니를 유모차에 태우고 울면서 동네를 걸어 다녔다고 했다. 그리고 집에 돌아와서는 매일 밤 목욕을 하고 아버지가 직장에서 돌아오기를 기다렸다고 한다. 어느 날 어머니는 스스로에게 "이런 생활을 그만두어야 해. 이 상황을 잘 극복하고 삶을 계속해야 해."라고 말했다고 한다. 어머니는 더는 울면서 동네를 헤매고 다니지 않았다.

아버지는 날마다 직장에 나갔다. 일에 파묻히는 것 말고는 자신의 아픔을 표현할 수 있는 길이 없었다. 지금 생각하니 그런 아버지의 행동이 어머니에게 어떤 영향을 미쳤는지 궁금하다. 당시에는 부모님이 감정을 치유할 수 있도록 도와줄 상담이나 다른 지원이 전혀 없었다.

결혼생활에서 남성과 여성이 자신이 겪는 슬픔에 대처하는 방법은 다르다. 일반적으로 여성은 상실감을 표현하는 길을 쉽게 찾는다. 반면 남성은 강하고 감정을 절제해야 하며, 다른 사람들에게 감정을 드러내지 말아야 한다고 생각한다. 남성들은 울거나 연약한 모습을 보이기 싫어한다. 따라서 장애에 대해 이야기할 준비가 되기까지 남성이 여성보다 더 시간이 많이 걸린다.

조이는 남편이 장애 자녀에 대해 말할 수 있도록 애쓰면서 느낀 좌절감에 대해 이야기한다.

샐리는 가족 휴가 때 오랫동안 발작을 했어요. 결국 샐리는 헬리콥터를 타고 도시에 있는 큰 병원에 실려 갔어요. 우리는 별장에서 짐을 싸 병원으로 갔어요. 우리가 도착했을 때 샐리는 발작이 끝나서 괜찮은 상태였죠. 집으로 돌아와서는 남편과 휴가 기간에 일어난 일에 대해 이야기하고, 서로 껴안고 안도의 눈물을 흘리고 싶었어요.

저는 앞으로 별일 없을 거라는 것과 우리가 함께라면 살면서 겪게 될 어떤 일이든지 감당할 수 있다는 걸 확인하고 싶었어요. 하지만 남편은 혼자 생각할 시간을 갖고 싶어했어요. 잔디를 깎으면서 생각에 잠겼죠. 저는 전보다 훨씬 심한 외로움을 느끼면서 베란다에 앉아 혼자 울었어요. '남편이 아이에 대해 함께 이야기하지 않으면 이 모든 일을 나 혼자 어떻게 감당할 수 있을까!' 하는 생각만 들었어요.

지금 생각해보면 남편과 저는 우리가 처한 상황을 각자의 방법으로 해결하려 했던 것 같아요. 어느 정도 시간이 지난 뒤 이 모든 일에 대해 남편과 이야기를 나누었고, 그 후엔 관계가 더욱 돈독해졌어요. 저는 우리가 끝까지 함께하기 위해 나름의 여정을 계속해 나가야 한다는 사실을 받아들여야만 했습니다.

줄리는 아버지에 대해 이와 비슷한 이야기를 한다.

제 남동생은 여름에 태어났는데, 그때 아버지는 매일 아침마다 달리기나 자전거 타기 등 운동을 하셨대요. 또 밤마다 저랑 동생이 잠든 후에, 밖에 나와 앉아서 하늘을 바라보셨대요. 어머니는 아이로 인해 가족이 어떤 일을 겪게 될지 이야기를 나누고 싶으셨지만, 아버지는 늘 혼자 있고 싶어하셨대요. 그래서 어머니는 주위에 아무도 없는 듯한 외로움을 느끼셨다고 해요. 아버지가 아이에 대해 이야기하고 싶어하지 않아서 무척 화가 났지만, 밤에 혼자 밖에서 하늘을 볼 수 있게 내버려두셨대요.

아버지는 몇 개월 뒤에야 지난 몇 달 동안 일어난 일을 이야기할 준비가 되셨대요. 어머니는 만약 아버지에게 일찍 압력을 주었다면 절대 대화를 나눌 수 없었을 거라고 하세요. 어머니는 그 몇 개월이 아버지가 기대했던 삶과 현실 사이의 거리를 조정하고 받아들이는 자신만의 시간이었다는 것을 아셨던 거죠. 또 그것은 아버지가 앞으로 50년 동안 일어날 일을 받아들이고 기대했던 것을 얻지 못하는 상실감을 받아들이는 아버지만의 방법이었을 거예요.

저는 부모님이 장애 자녀가 태어난 사실을 서로 다르게 느꼈다고 생각해요. 그때 만약 누군가 우리 부모님을 도와주었다면 두 분은 훨씬 순조로운 결혼생활을 누렸을 거예요.


만일 조기 지원을 통해 부부가 서로 다른 욕구를 가지고 있다는 점을 이해시켜 주었다면 이 부부는 큰 도움을 받을 수 있었을 것이다.

스트레스와 슬픔 때문에 결혼생활에 문제가 생기기도 하지만, 모든 일을 부부가 함께 겪으면서 부부 관계가 더 돈독해질 수도 있다. 이는 건강한 부부 관계가 얼마나 중요한지를 여실히 보여준다. 고통, 실망, 기쁨을 함께하면서 서로 도우면 부부 사이에 평생 견고한 유대감을 형성할 수 있다. 부부는 서로가 온 마음과 힘을 다해 노력하고 있다고 믿는 게 중요하다.

# 형제가 안고 가는 슬픔

비장애 형제는 자신의 상실감을 이해하고 표현하는 게 부모보다 훨씬 어렵다. 형제는 이른 나이에 어른스러움을 지니고 많은 책임을 져야 하며, 그 과정에서 어린 시절을 잃게 된다.

장애 형제보다 나이가 많은 비장애 형제는 일상적인 가정생활을 할 수 있는 기회를 누린다. 부모나 다른 형제들과 함께 일상적인 활동을 하면서 동생이 태어나는 것을 기다리고 마음속으로 즐거운 상상도 한다. 하지만 장애 형제가 태어나는 동시에 이 모든 게 산산이 부서지게 된다. 아이들은 무슨 문제가 생겼다는 것을 알지만, 부모는 가능한 한 어린 자녀들에게 자세히 알려주지 않으려고 한다. 어떤 부모들은 자신이 슬픔에 깊이 빠져서 장애 자녀가 다른 자녀에게 끼칠 영향에 대해 전혀 신경을 못 쓴다.

장애 형제와 가족 모두가 괴로워하는 모습을 보며 상실감이 얼마나 클지 이해한다면, 비장애 형제가 어떻게 자기 자신의 일로 슬퍼할 수 있겠는가? 슬퍼하는 자신이 너무 이기적이라고 여겨질 것이다. 자신의 상실감을 장애 형제나 부모의 상실감과 어떻게 비교할 수 있겠는가?

낸스는 이렇게 말한다.

저는 제 문제에 대해 깊이 슬퍼한 적이 없어요. 장애가 있는 동생 때문에 우리가 겪는 일들을 안쓰럽게 바라보는 사람들의 눈길이 느껴지면 항상 경계했어요. 에실리가 얼마나 좋은 동생인지, 내가 에실리가 해내는 일들을 얼마나 자랑스러워하는지, 에실리가 없다면 내가 왜 지금 같은 사람이 될 수 없는지 끊임없이 이야기했어요. 그와 동시에 동생 생각을 하면 눈물이 났어요. 저처럼 삶을 자기 맘대로 할 수 없다는 것 때문에 동생이 깊은 좌절감을 느낀다는 걸 알 수 있었어요. 저는 어머니에게 에실리가 어릴 때 아프게 된 경위에 대해 절대 말을 꺼내지 않았어요. 그런 얘기를 꺼내면 어머니는 여전히 매우 화를 내시니까요.

장애 형제보다 어린 형제는 슬퍼할 수 있는 기회조차 적다. 이들은 성인이 될 때까지 형제의 장애로 인해 자기가 무엇을 잃었는지 제대로 알지 못한다. 하지만 형제에게 장애가 없었다면 어땠을지, 서로의 관계는 어땠을지 궁금할 수 있다. 여느 아이들처럼 비장애 형제가 있었다면 형제 관계가 어땠을지 궁금할 것이다.

조시는 이렇게 이야기한다.

장애 형제 말고는 형제가 없을 때 아이는 아픈 마음을 털어놓을 사람이 없어요. 부모님은 두 분이 함께 계셨고, 서로의 마음을 이해하셨지만 제 곁에는 아무도 없었어요. 장애가 있는 남동생뿐이었죠. 그래서 때로 슬프기도 했고 제 상황을 이해할 수 없었어요. 나이를 먹을수록 이런 감정은 더 심해지는 것 같아요. 남동생에게 전화를 걸어서 함께 이야기를 나누는 것이 어떤 기분인지 알 수만 있다면 제가 가진 모든 걸 주고 싶어요.

나는 가정을 이루고 나서야 어릴 때 내가 잃은 것이 무엇이었는지 알았다. 나는 내 아이들이 모든 감정을 서로 함께 나누는 것을 보았다. 화가 나서 1분 동안 같이 소리를 지르기도 하고, 팔짱을 끼고 옆에 앉아 있기도 했다. 나는 같이 놀 친구, 비밀을 털어놓을 상대, 잘못을 함께 저지를 공모자, 내 아이들의 생일을 함께 기뻐하고 축하해줄 언니, 과거를 공유할 사람, 미래를 함께 꿈꿀 사람이 없다는 상실감을 느끼기 시작했다.

다른 비장애 형제들도 중년이 되기 전까지는 슬픔을 인식하고 표현해야 한다는 필요를 느끼지 못한다. 레니는 이러한 어려움에 대해 이야기한다.

저는 성인이 될 때까지 아무에게도 언니에 대해 이야기하지 않았어요. 감정을 털어놓으면 울 게 뻔해서 정말 믿을 수 있는 몇몇 친구에게만 말했어요. 하지만 저는 제 상황에 대해 절대 슬퍼하지 않았어요. 감정을 드러내기 위한 어떤 일도 하지 않았던 거죠.

엘리자는 이렇게 이야기한다.

저는 동생이 세상을 떠난 후에도 종종 동생에 대해 생각하면 슬퍼집니다. 개인이 지닌 잠재력과 우리 가족의 일원으로서 누릴 수 있었을 모든 가능성이 동생이 죽음으로써 사라졌다고 느꼈기 때문이에요. 비장애 형제들은 가정의 문제를 인식한 때부터 가족의 도우미 역할을 해야 합니다. 우리 가족 가운데 비장애 아이들의 슬픔을 달래줄 시간이나 에너지가 남아 있는 사람은 아무도 없었어요. 그리고 저도 더는 부모님께 짐을 지우고 싶지 않습니다.

캐롤라인은 아버지의 슬픔에 대해 말한다. 캐롤라인의 아버지는 장애가 있는 여동생과 자랐고, 장애가 있는 손자를 봤다.

아버지는 어릴 때 장애 형제와 자라면서 있었던 일을 우리에게 말해주셨어요. 그런데 지금은 장애아의 할아버지가 되셨죠. 아버지는 제 아이들을 보시면서 처음으로 당신이 평범한 어린 시절을 보낼 수 없었다는 사실을 아시고 매우 슬퍼하셨어요.

비장애 형제들은 일상에서 순간순간 슬픔에 빠진다. 그들은 성장하면서 장애 형제는 자기와 같은 경험을 할 수 없을 것이라고 깨달으며 슬퍼한다. 어떤 사람은 결혼할 때 장애가 있는 동생이 신부 들러리를 설 수 있다면 어땠을까 생각하며 슬픔을 느낀다. 때때로 찾아오는 기념일과 성인식 같은 통과 의례는 슬픔을 불러일으킨다. 다른 사람들이 비장애 형제와 함께한 즐거웠던 일, 다투었던 일에 대해 말하는 것을 듣고, "과연 저 사람들은 자기들이 얼마나 행복한지 알까?" 하고 생각한다. 나는 10대에 오빠와 언니가 있는 한 친구를 질투한 적이 있다. 나에겐 매우 이상적인 가족처럼 보였기 때문에 그 친구의 오빠와 결혼해서 그 가족의 일원이 되는 상상도 해보았다.
조이는 로즈가 동생 샐리와 같은 학교에 다니지 못하게 되었다는 사실을 알고는 매우 슬퍼했다고 이야기한다.

로즈의 반에는 이제 막 학교에 들어온 동생이 있는 친구들이 많았어요. 우리는 두 아이가 같은 학교에 다닐 수 있게 되길 간절히 바랐지만, 샐리가 특수학교에 가게 되었죠. 로즈는 학교에서 친구와 친구의 동생이 함께 노는 모습을 보면서, 자기는 그럴 수 없다는 사실 때문에 울면서 매우 슬퍼했어요. 결국 우리는 로즈를 데리고 샐리가 다니는 학교에 두세 번 다녀왔고, 그 이후에 로즈의 기분이 좀 나아졌어요.

비장애 형제들은 성인이 되었을 때 슬픔과 죄책감을 극복하기 위한 상담이 필요하다. 많은 이들이 부모님에 대해 커다란 상실감을 느꼈음을 고백한다. 엘리자는 자기 미래에 관심을 쏟기 어려웠다고 한다.

제가 생각하기에 비장애 형제들은 혼자 슬퍼하는 것 같아요. 이제 그만 슬퍼해도 된다는 생각을 하지 못하고, 건강한 방법으로 슬픔을 극복하지 못해요. 예를 들면 자신의 꿈과 미래에 관심을 쏟으면서 슬픔을 이겨내지 못하는 것 같아요.

낸스는 많은 경험을 요약해서 말한다.

남동생의 장애와 남동생과 저의 관계에 대해 이야기하면 눈물이 납니다. 지금까지 그렇게 많은 이야기를 했는데도 말이에요. 그건 어릴 때 할 수 있었던 의미 있는 일들을 남동생 때문에 할 수 없었다는 박탈감을 느껴서가 아니에요. 가족에게 주어진 힘든 시간들을 저는 가족 중에서 맨 처음으로 받아들였어요. 슬픔을 느끼는 때는 엄청나게 많은 반면에 행복하고 성공적인 시간은 그에 비해 턱없이 적다는 것을 인정했죠. 하지만 제 안에는 절대 이해할 수 없는 많은 감정이 있는 것 같아요. 지금은 동생이 할 수 있는 일과 스스로 해낸 일을 보면서 자랑스럽고 즐겁게 느끼지만, 동생에 대한 이야기를 나눌 때면 거의 매번 눈물이 나요.

장애 형제가 세상을 떠나면 비장애 형제는 복잡한 감정에 휩싸인다. 이들은 엄청난 상실감을 느낄 수 있다. 형제의 죽음에 안도감을 느끼거나 안도하는 마음이 드는 것에 대해 죄책감을 느낄지도 모른다. 또한 장애 형제가 살아 있을 때 충분히 도와주지 못했다는 죄책감을 느끼기도 한다.

# 5

# 책임과 보살핌

> "저는 착한 아이라는 말이 싫었어요.
> 그 말에 따르는 무거운 책임을 지고 싶지 않았어요."
> ― 타라

비장애 형제들은 또래 아이들보다 일찍 어른스러워진다. 부모가 온통 장애 형제에게 관심을 쏟기 때문에 형제는 스스로를 돌보는 법을 터득한다. 게다가 이들도 장애 형제를 돌보는 데 많은 시간을 보낸다. 이 일이 조화롭게 이루어진다면 아이들에게 긍정적인 영향을 줄 수 있다. 비장애 형제들은 스스로 자기가 가족 모두에게 가치 있고 쓸모 있는 존재라고 느끼게 된다. 하지만 책임감이 지나치면 사회성과 독립성이 제대로 형성되지 못할 수도 있다.

## 일찍 어른이 되는 아이

어릴 때부터 장애 형제를 돌본 비장애 형제들은 무거운 책임감을 느낀다. 타라는 항상 책임감과 부담을 느꼈다.

주변 어른들은 저를 보고 나이에 비해 성숙하다고 했어요. 동생과 함께 놀아주고 어머니를 도와드리는 착한 아이라고 했죠. 하지만 저는 그 말이 너무 싫었어요. 저는 그냥 어린아이이고 싶었거든요. 하지만 누나로서 책임감을 갖고 동생을 보살펴야 했기 때문에 제 곁에는 친한 친구도 없었어요. 많은 사람들과 가까이 지내다 보면 제가 맡은 일을 해내기 어렵기 때문에 사람들이 다가오면 오히려 부담을 느꼈죠. 하지만 지금은 사회적·정서적 소외감을 감당하기가 너무 힘들어요.

낸스는 청소년기가 되면서 생각이 달라지기 시작했다.

저는 어렸을 때 저를 동생의 보호자로 생각하고, 동생을 잘 돌보는 착한 아이이자 부모님과 어른들에게 칭찬받는 아이로 자랐어요. 그런데 청소년기가 되면서 제가 생각해온 모든 것들이 커다란 짐으로 느껴졌어요. 제 곁에는 마음속 이야기를 털어놓을 사람도 없고, 다른 친구들처럼 일상을 함께하고 도움을 주고받을 수 있는 형제도 없었기 때문이에요.

비장애 형제에게 독립심을 제대로 키우기가 어려울 수도 있다. 메간은 모든 친구들이 자기보다 더 자유롭다는 것을 잘 알았다. 메간은 친구들과 할 수 있는 사회활동을 하지 못할 때 소외감을 느끼고 자신이 또래들과 다르다고 생각했지만 불평할 수 없었다.

다른 친구들은 주말에 무엇을 했는지, 어떤 영화를 보았는지에 대해 이야기했어요. 하지만 저는 방과 후에도, 휴일에도 오로지 남동생을 돌보는 데 힘써야 했어요. 친구들은 부모님에게 용돈을 받아서 무엇인가 할 수 있는 시간과 여유가 있었지만, 저는 그렇지 않았죠. 동생을 보살펴야 한다는 책임감 때문에 너무 힘들었어요.

비장애 형제들은 청소년기의 관심사인 유행, 음악, 이성 친구는 흔들리기 쉬운 장애 형제의 삶에 비하면 별것 아닌 것처럼 보인다. 소외감만 더 커질 것이라는 생각에 또래 친구들과 어울리는 게 자신에게는 걸맞지 않는 일이라고 느낄 수도 있다. 하지만 성인이 된 비장애 형제들은 과거를 돌아보며 아이다운 어린 시절을 지내지 못했다고 느낀다.

장애 형제 때문에 사회적인 관계를 제대로 맺지 못할 수도 있다. 장애 형제가 있는 프랜은 친구와 이야기를 나누고 싶었지만 그때마다 항상 책임감을 느꼈고 이 감정은 사회성이 발달하는 데 걸림돌이 되었다.

저는 친구들을 만나러 갈 때마다 어디든 동생을 데리고 가야 했어요. 친구들과 남자 친구나 요즘 인기 있는 가수에 대해 오랫동안 이야기를 나누고 싶었지만, 그런 시간은 길지 않았어요. 저는 남동생을 데리고 서둘러 집에 와야 했으니까요.

미시는 언니를 돌봐야만 하는 상황에 화가 났다. 미시가 원하는 것은 가족으로부터 독립된 삶이었다.

나이가 들수록 언니를 더 많이 돌봐야 했어요. 부모님은 가끔씩 두 분이 함께 외출도 하셨고, 그때마다 저를 집에 있게 하셨어요. 제가 언니에게 밥을 먹여주고 언니가 잠들 때까지 돌봐줄 수 있었기 때문이죠. 저는 그게 싫었어요. 언니와 둘이 집에 남고 싶지 않았어요. 하지만 가족의 행복을 위해 제가 즐기는 일을 하지 못하고 희생해야 했죠. 저는 지금도 친구들의 보호자 역할은 하지만, 친구들에게 도움을 받으려고 하지는 않아요.

릴리는 아홉 살이지만 오빠를 돌보는 역할을 한다.

오빠는 항상 밤에 깨요. 그리고 제 방에 들어와 침대로 뛰어들면서 함께 놀고 싶어해요. 그러면 저는 어머니가 잠에서 깨지 않게 조심하면서 오빠 방 침대로 데려가 이불을 덮어주고는 지금은 자야 한다고 하죠. 계속 놀고 싶어하는 오빠한테 소리를 질러야 할 때도 있어요. 그러면 기분이 너무 안 좋아요.

열여섯 살인 팀은 이렇게 덧붙인다.

제 동생은 일주일에 나흘 저녁은 조용히 지내요. 그 시간에 우리는 일상생활을 할 수 있어요. 하지만 동생이 무엇을 하는지 계속 지켜봐야 해요. 저는 동생이 제 주위를 돌아다니는 바람에 숙제를 하나도 못 한 적도 있어요. 남동생은 주변에 있는 것에 일일이 관심을 보였기 때문에 정말 지치고 힘들었어요. 저는 어디에서든 동생이 무엇을 하는지 한시도 눈을 떼지 않고 걱정스럽게 지켜봐야 했죠.

요즘 장애아들은 일반 학교에서 비장애 아이들과 함께 통합 교육을 받는 경우가 많아졌다. '통합'은 많은 점에서 장애아뿐 아니라 사회적으로도 의미가 있다. 하지만 '통합'이 비장애 형제들에게 끼치는 영향에 대해 살펴봐야 한다. 수잔은 장애 형제와 같은 학교에 다니는 동안 자신은 보호자 역할을 했다고 말했다.

저는 동생과 같은 학교에 다녔는데, 운동장에서 항상 동생 대신 싸웠어요. 부모님이 동생을 특수학교로 보냈을 때에야 자유로워졌죠. 이런 말을 할 때마다 죄책감을 느끼지만, 어깨를 짓누르던 무거운 짐이 없어진 것 같았어요.

비장애 형제가 더 어릴 경우 나이가 많고 몸집이 큰 장애 형제를 보살피는 일을 힘들어한다. 보통은 손위 형제가 어린 동생을 돌본다. 하지만 동생이 손위 형제를 돌보기도 하는데, 이는 쉬운 일이 아니다. 어린아이들은 손위 형제보다 자신이 능력이 뛰어나다는 점에 죄책감을 느끼지만, 이런 감정은 장애 형제보다 우월하다는 이중적 심리로 이어질 수 있다.
청각장애가 있는 언니를 둔 지나는 이렇게 말한다.

언니는 말을 할 수 없었기 때문에 저는 언니의 목소리가 되어 주었어요. 저 말고는 가족 중에 수어를 할 수 있는 사람이 없었기 때문에 제가 언니와 가족, 다른 사람들을 연결시켜주는 역할을 했어요. 제 역할이 컸죠. 사람들은 모두 "지나는 정말 착한 아이구나."라고 말했어요. 맞아요, 저는 늘 착한 아이였어요. 사람들은 모두 제가 '착한 아이'가 되길 원했고, 저는 그 기대에 부응하려고 노력했죠.

부모님은 제가 두 분을 잘 도와주기를 바라셨어요. 저는 부모님이 집에 안 계실 때면 언니의 보호자가 되었어요. 언니는 저보다 나이가 많았지만, 제가 어려운 일을 감당해야 하고 책임을 져야한다는 걸 알았어요. 하지만 마음 속으로는 끊임없이 "나는 어린 아이일 뿐이라고요."라고 되뇌곤 했죠.

언니는 저보다 키가 컸기 때문에 사람들은 뭐든 항상 언니에게 물었어요. 언니는 그 사람을 쳐다보고, 다시 저를 쳐다보았어요. 그러면 "언니는 귀로 들을 수 없어요. 언니가 하고 싶은 말을 제가 대신 해드릴게요."라고 말했어요.

어릴 때부터 그렇게 해왔기 때문에 그것이 제게는 자연스러운 일이었지만 사람들은 매우 놀라운 듯 쳐다보면서 "작은 아이가 동생인데, 언니를 정말 잘 돌봐주네요."라고 했어요. 그러면 "그래서요?"라고 되묻고 싶었지만 꾹 참았어요. 사람들의 반응을 좋게 받아들이려고 노력했어요. 그러지 않았다면 저는 심하게 화를 내고 말았을 거예요.

# 긍정적인 영향력

만약 비장애 형제가 원하는 것이 충족되고, 자기도 특별한 존재이고 자신의 감정도 중요하다는 것을 알게 되면 이들은 장애 형제와 관련된 일에 적극 참여해 많은 것을 얻을 수 있다. 장애 형제를 보살피는 일이 너무 부담스럽지 않고, 가족들이 이를 당연하게 여기기보다 그 가치를 높이 사준다면 아이들은 자존감과 성취감을 느낄 수 있다. 가족들은 어려운 일을 함께 겪고 문제를 극복했을 때 함께 축하하면서 좀 더 가까워질 수 있다. 비장애 형제들은 자기 형제가 어떤 일을 해냈을 때 자부심을 느끼며, 장애 형제를 돕거나 새로운 일을 가르쳐주는 데 참여한다는 사실에 만족감을 느낀다.

지나치지만 않다면 책임감은 아이들이 서로 상호작용하여 함께 노는 방법을 향상시킬 수 있도록 이끈다. 장애 형제를 보살펴 보지 않고는 도저히 일어날 수 없는 유대감이 형성될 것이다. 조시는 남동생과의 유대감에 대해 이야기한다.

남동생을 돌보면서 부모님과 동생을 더 잘 이해하게 된 것 같아요. 남동생과 함께 놀면서 유대감을 갖게 되었어요. 남동생을 돌봐야 한다는 책임감에서만 한 일은 아니에요. 가족 중에 동생과 함께 놀아주고, 오랫동안 안아줄 수 있는 사람은 저밖에 없어요. 동생은 저랑 놀이공원에 있는 자동차를 탈 때는 항상 앞자리에 앉아요. 저랑 타면 앞자리에 앉아서 웃으며 음악에 맞춰 차를 앞뒤로 부딪쳐요. 아마 부모님과는 이렇게 놀지 못할 거예요.

비장애 형제들은 장애 형제를 돌보는 일뿐 아니라 부모의 태도를 보면서 긍정적인 감정을 갖게 된다. 조시의 부모는 아이에게 자기만의 공간이 필요하다는 것과 조시가 자기감정을 표현해야 한다는 것을 아셨다고 한다.

저는 동생 때문에 '무조건적인 사랑'이라는 말의 참된 의미를 이해하게 되었어요. 동생 덕분에 괴로워하는 사람을 보면 가슴 아파하고, 다른 사람들을 섣불리 판단하지 않고, 동생을 비롯한 다른 사람들의 입장을 옹호하게 되었어요. 살면서 작은 일에도 항상 감사하게 되었죠.

스물네 살인 마크에게는 샘과 딘이라는 형이 있다. 샘에게는 장애가 없고, 딘은 뇌병변장애가 있다. 마크가 형을 긍정적으로 바라보게 된 것은 부모님의 태도에서 비롯되었다고 한다.

우리 삼 형제는 항상 공평한 대우를 받았어요. 딘 형은 우리보다 부모님의 관심을 좀 더 받았지만 우리는 이해할 수 있었어요. 딘 형은 가족 소풍을 갈 때마다 꼭 함께했고, 모든 사람들과 잘 어울렸어요. 샘 형과 저는 아주 어릴 때부터 테니스를 배웠고, 스카우트 활동을 비롯해서 다양한 여가활동을 했어요. 장애 형제가 있었지만, 우리가 하고 싶은 것은 모두 할 수 있었죠. 친구들과도 자주 어울렸고요. 그래서 우리는 하고 싶은 일은 무엇이든 할 수 있다는 자신감을 갖게 되었어요.
저는 딘 형이 당혹스럽지 않았어요. 오히려 자랑스러웠죠. 장애 형제가 있어서 주변에서 벌어지는 일들을 다른 시각으로 볼 수 있었으니까요. 하지만 종종 한 걸음 물러서서 제가 얼마나 행운 아인지에 대해 생각해요. 몇 년 동안 딘 형이 장애인 스카우트 단체에서 활동하는 것을 도와주면서 모든 활동을 함께했어요. 저는 부모님이 딘 형을 돌볼 때 곁에서 도와드리는 게 좋아요. 최근에는 제가 형을 돌보는 일주일 동안 부모님은 여행을 즐기실 수 있었어요. 앞으로도 저는 형 인생에서 큰 자리를 차지하게 될 테고, 상황은 바뀌지 않을 거예요. 이 시간들 덕분에 저는 더 나은 사람이 되겠죠.

어떤 부모들은 좋은 의도에서 다른 자녀에게 장애 자녀를 돌보는 역할을 맡기지 않으려고 한다. 하지만 이것은 아이들에게 긍정적인 영향을 줄 수 있는 기회조차 빼앗는 셈이다. 중요한 것은 아이가 가족 안에서 중요한 역할을 맡고 있다는 느낌과 무거운 책임감을 지고 있다는 생각 사이에서 균형을 맞춰주는 것이다.

비장애 형제들은 또래 아이들보다 훨씬 인정이 많고 남을 잘 도와주며 '다름'을 잘 참고 받아들인다. 그리고 나이에 비해 성숙하며, 삶에 대한 폭넓은 시야로 자신이 받은 축복을 확실하게 인지한다. 또한 무엇이 중요하고 무엇이 중요하지 않은지 알고 있으며, 자부심을 가지고 장애 형제를 돌봐야 한다고 생각한다. 조시는 이렇게 말한다.

저는 다른 사람들을 사랑하는 것과는 다른 방식으로 동생을 사랑했어요. 동생을 보호하고 보살피는 방식의 사랑이었죠. 저는 보통

때 마음이 느긋한 사람처럼 보였지만, 누군가 동생에게 해를 끼치려고 하면 완전히 다른 사람이 되었어요. 제 안에는 동생에 대해 뭐라 설명하기 힘든 열정이 있었고, 이 열정이 밖으로 드러나곤 했어요. 그럴 때마다 동생을 보호하려는 마음이 지나쳐서 다른 사람들이 보이는 불쾌한 반응을 그냥 넘기지 못하고 화를 냈죠.

이는 더 폭넓게 적용되어 비장애 형제들은 다른 사람이 원하는 것을 잘 알아차리고, 장애인을 잘 돕는다. 자신의 권리를 스스로 주장하기 힘든 장애인을 대신해 그들을 옹호하는 역할도 한다.

미시는 자신이 비장애 형제였기 때문에 친구들을 더 많이 도와줄 수 있었다고 말한다.

저는 언니를 도우면서 다른 사람을 배려하고, 다른 사람을 잘 이해할 수 있게 된 것 같아요. 친구들에게 이야기할 상대가 필요하거나 누군가 어깨에 기대어 울고 싶어할 때마다 항상 그 옆에 있어주었죠. 장애 형제를 도우면서 자연스럽게 몸에 밴 행동인 것 같아요.

비장애 형제들은 다른 사람의 감정을 잘 알아차린다. 그리고 장애에 대한 농담이나 신체에 대한 비웃음에는 매우 민감하다. 다른 사람에게 비웃음거리가 되는 느낌을 너무 잘 알기 때문에 다른 사람을 비웃지 않으려고 조심한다.

이러한 일들은 다른 세대에서도 일어날 수 있다. 우리 아이들의 경우 장애를 가진 이모가 있다는 사실이 삶에 많은 영향을 주었다.

우리 아이들은 다른 사람들의 감정에 예민하게 반응한다. 특히 괴롭힘을 당하거나 자신보다 덜 행복해 보이는 사람의 감정에 민감하다.

# 자유로운 미래에 대한 고민

"제가 장애 형제를 어디까지 도와줘야 하는지
어떻게 알 수 있을까요?
정말 알고 싶어요."— 엘리자

비장애 형제들이 어른이 되면 장애 형제에 대해 새로운 고민을 한다. '부모님이 세상을 떠나면 내가 보호자가 되어 돌봐야 할까? 오빠는 그룹홈에서 살게 될까? 언니의 재정과 의료 문제는 누가 관리해줄까? 오빠는 직장에 다닐 수 있을까? 내가 오빠나 언니를 위해 배우자를 찾아줘야 할까? 나는 자녀를 갖게 될까? 아이에게 장애가 있다면 어떡하지?'와 같은 질문의 답을 찾기 시작한다.

## 삶의 선택이 어려운 순간

정서적인 안정과 상관없이 모든 비장애 형제가 미래에 대한 선택을 하는 데 영향을 끼치는 문제가 있다. 20대 초반인 조시는 비장애 형제들의 걱정에 대해 이렇게 말한다.

제 주변의 가족들은 다음과 같은 고민을 해요. '앞으로 우리는 어떻게 살까? 5년, 10년, 15년 후에는 어디에 살고 싶어할까? 결혼은 할까? 자녀는 몇 명쯤 낳기 원할까? 부모님과 멀리 떨어진 곳에서 살까, 아니면 가까운 곳에서 살까?'
하지만 비장애 형제들은 이 모든 질문에 더해 이런 생각을 해요. '나는 어디에서 살고 싶을까? 우리 오빠에 대해 올바른 결정을 내렸다고 어떻게 확신할 수 있을까? 자녀를 낳아도 될까? 내 아이에게 장애가 있으면 어떡하나? 우리 오빠를 돌보면서 아이들을 키울 수 있을까? 내가 부모님을 떠나면 오빠한테도 멀리 떠나는 셈인데, 그럼 난 나쁜 사람이 되는 건가?' 저는 저의 미래를 고민하면서 오빠의 미래도 함께 걱정하고 계획을 세워야 했어요.

비장애 형제들은 이러한 걱정 때문에 삶의 선택을 내리기 어렵다. 게다가 부모님을 생각해야 한다는 부담감까지 느낀다. 어떤 경우에는 부모 동의 없이는 아무것도 결정하지 못한다. 형제는 결정을 내리는 데 자신감이 부족하고, 부모의 믿음이나 기대를 거스르지 못하면서 자란다. 부모가 자녀에게 스스로 결정할 수 있게 해도 어린 시절에 받은 영향은 쉽사리 사라지지 않을 것이다. 낸스는 이렇게 말한다.

저는 제 자신만 위할 수 없어요. 무슨 일이든 저 자신과 가족을 위해 최선을 다하려고 노력하죠. 비장애 형제라면 결정을 내릴 때 그 결정이 옳든 그르든 다른 사람을 염두에 두지 않을 수 없어요. 장애 형제와 함께 자라면서 항상 그렇게 해왔기 때문이죠. 버리기 힘든 습관인 것 같아요. 다른 비장애 형제들도 서로 큰 영향을 주고받는지 알 수 없지만, 지금까지 살면서 내린 중요한 결정을 되돌아보면 가족 모두가 무언가 결정할 때 장애가 있는 오빠에 대해 아주 많이 고려했던 것 같아요.

## 몸도, 마음도 독립이 어려운 삶

비장애 형제들은 가족을 돕는 삶과 독립적인 삶 사이에서 갈등한다. 장애 형제를 책임져야 한다고 생각하기 때문에 가족과 멀리 떨어진 곳으로 이사하기가 쉽지 않다. 살 곳을 쉽게 선택하기도 하지만 대부분 혼란스러워한다. 형제들은 집에서 멀리 떠날 기회가 생기면, 죄책감에 사로잡히고 이기적인 사람이 된다는 두려움을 느낀다. 친구들과 배우자에 대한 충실함과 자기 가족에 대한 충실함 사이에서 갈등하고, 이런 압박감 없이 자유롭게 이사를 다닐 수 있는 사람들을 보면서 좌절하곤 한다.

낸스는 직장 때문에 다른 주로 이사하기로 한 일에 대해 이야기한다.

멀리 이사하기로 한 건 괴로운 일이었어요. 오빠를 매주 또는 격주로 찾아갈 수 없었으니까요. 직장 일에 계획을 세울 때 이런 걸 염두에 두는 게 어리석어 보일 수도 있지만, 제 결정은 오빠와 부모님에게 영향을 끼쳐요. 제가 멀리 떠나면 부모님은 두 분이 오빠와 엄청난 시간의 짐을 함께 져야 하죠. 저를 위해서는 그렇게 해야 한다고 생각했지만 죄책감을 버릴 수 없었어요. 저는 휴일마다 제가 오빠를 만나러 집에 가거나 자원봉사자들이 오빠와 함께 시간을 보내도록 조정했어요.

비장애 형제들끼리는 이런 일을 하지 않아도 될 거예요. 사실 서로 만나지 않고 몇 달 동안 멀리 떨어져 있어도 괜찮죠. 하지만 저는 오빠를 그냥 떠나도 되는지 잘 알 수 없었고 죄책감을 느꼈어요.

## 다른 사람들과의 관계

비장애 형제들은 장애 형제를 받아들일 수 있는 배우자를 선택해야 한다고 생각하는 경우가 많다. 낸스는 이렇게 말한다.

저는 평생 함께할 배우자를 만날 때 매우 신중해야 한다고 생각했어요. 동생을 충분히 이해하고 존중해주면서 서로 좋은 관계로 지낼 수 있어야 하고, 부모님이 돌아가셨을 때 제가 동생을 책임지는 것에 대해서도 이해할 수 있어야 했죠. 제 상황이 남은 인생을 함께 보내고 싶은 사람을 찾는 데 걸림돌이 된다는 걸 알아요. 하지만 인성 좋은 배우자를 선택하는 데 도움을 주는 동생이 있어서 참 행운이라고 생각하려고 했죠. 저는 동생과 좋은 관계를 맺지 못하고 동생의 장애를 이해하지 못하는 사람과는 함께 살고 싶지 않았어요. 어쨌든 이런 기준은 그 사람이 함께 있고 싶은 사람인지, 이기적인 사람인지를 알려주는 지표가 되었어요.

비장애 형제들은 친구들을 대할 때도 장애 형제와 어떻게 관계

맺는지를 유심히 보았다고 이야기한다. 낸스는 이어 말한다.

> 저는 지금까지 살면서 친구를 사귈 때 동생을 하나의 기준으로
> 삼았어요. 항상 동생을 존중해주고 잘 받아주는 사람과 친구가
> 되었죠. 이전에 한 번도 장애인을 만난 적이 없거나 장애인을 원
> 래 조심스럽게 대하는 사람도 있겠지만, 제가 더 깊이 알고 가까
> 이 지내고 싶은 사람들은 장애에 대한 편견이 없고 동생에게 친
> 절한 사람들이었어요.

비장애 형제들은 친구가 집에 오는 것을 불편해하고 두려워하는
경우가 있다. 상대방에 대해 잘 알기 전까지는 장애 형제를 좀처럼
알리려고 하지 않는다. 친구가 자신을 나쁘게 평가하거나 혹은 완
전히 거부할까 봐 두렵기 때문이다.

## 부모 되기

비장애 형제들에게 자녀 문제를 결정하는 일은 매우 어려운 일이
다. 장애 자녀가 태어나도 어떤 어려운 상황이든지 잘 대처할 수 있
다고 생각하는 사람도 있지만, 아이에게 장애가 있을지도 모른다는
생각 때문에 두려워하는 사람들도 있다. 나는 후자의 경우로 서른
다섯 살에 첫아이를 임신하고 두려움으로 가득했다. 게다가 나이가
많았기 때문에 남편과 나는 아이의 장애 여부를 감별하는 양수검사
를 받았다. 양수검사는 특정한 문제만 파악할 수 있었고, 언니의 장
애는 유전이 아니었기 때문에 검사를 해도 장애 여부를 확실히 알
수 있는 것은 아니었다. 하지만 양수검사에서 중요한 유전 문제가

발견되지 않았을 때 확실히 안심할 수 있었다.

유전적 요인으로 장애를 갖게 되었을 경우, 형제들은 유전상담을 통해 유전적 위험도를 평가한다. 유전상담을 받는다고 해서 아이의 장애 여부를 확실히 알 수 있는 것은 아니지만, 유전상담을 받는 것이 아이를 갖는 결정을 하는 데 도움이 될 수 있다. 의사들이 최선의 조언을 해줄 수 있기 때문이다.

장애가 있는 언니와 함께 자란 마샤는 가정을 꾸리는 데 큰 부담감을 느끼지는 않았다.

지나가는 아이들을 보면 눈물이 났고, 제가 부모가 되는 것을 생각하면서 울고 또 울었어요. 장애가 있는 아이를 낳을지도 모른다는 두려움이 너무 커서 상담을 받았어요. 상담하는 가운데 언니에 대한 슬픈 감정을 대하면서 두려움을 극복할 수 있었어요. 그리고 두 명의 멋진 아들을 낳았죠.

레이첼도 이와 비슷한 어려움이 있었다.

임신은 우리 같은 비장애 형제들에게 매우 큰 문제 중 하나예요. 저는 열여섯 살 때부터 혼자서 마음속으로 '나는 아이를 원하지 않아.'라고 되뇌곤 했어요. 나이를 더 먹으면 진심으로 아이를 원할 거라고 생각했기 때문에 어릴 때부터 아이에 대한 마음을 깨끗이 비우려고 노력했던 거죠. 저는 남편이 아이를 원한다는 것을 알고, 아이 가질 마음의 준비를 하기 위해 8년 동안 상담을 받고 스스로 확신을 가지려고 노력했어요.

대부분의 사람들이 '무언가 잘못될' 가능성을 염두에 두지만, 비장애 형제들은 그 위험을 더 예민하게 느낀다. 전에도 무언가 잘못되었기 때문에 또다시 그런 일이 생길 수 있다고 생각하기 쉽다. 어떤 사람들은 그러한 두려움이 너무 커서 아예 자녀를 갖지 않기로 결심한다. 비장애 형제들은 장애 형제를 책임져야 한다는 것을 알기 때문에 자신의 자녀까지 책임질 수 없다고 생각한다. 그들에게 미래에 대한 걱정이 있다는 것은 분명하다. 비장애 형제들은 그 걱정을 무거운 짐으로 여기고 아무도 이해할 수 없다고 생각하기 쉽다. 조시는 이렇게 말한다.

아무도 제가 어떻게 느끼는지 알려고 하지 않았어요. 주변 사람들은 우리 부모님이 미래에 대해 고민을 많이 했을 거라고 생각했지만, 정작 저와 부모님은 미래에 대해 이야기를 나누지 못했어요. 동생은 스물두 살이지만 한 살 수준의 성장 상태에 머물러 있어요. 누군가 "조시, 문제들은 어떻게 해결하고 있어? 동생이 네게 어떤 영향을 주고 있니?"라고 물어봐 주었다면 좋았을 거예요. 하지만 아무도 저에게 묻지 않았어요. 동생이 항상 제게 긍정적인 영향을 끼친다고 짐작했기 때문일 거예요.

동생 덕분에 저는 친절하고, 다른 사람을 함부로 판단하지 않고, 책임감 있고, 사회정의에 대해 이해하고, 다른 사람의 입장을 잘 공감할 수 있었어요. 저의 이런 부분은 겉으로 잘 드러났기 때문에 모든 사람들이 알 수 있었지만, 저를 깊이 있게 알지는 못했죠. 사람들은 제 안에 있는 착한 딸 콤플렉스, 자신에 대한 지나친 기대, 미래에 대한 불안, 언젠가 갖게 될 자녀에 대한 걱정, 앞으로 꾸릴 가정에 동생이 미칠 영향에 대한 걱정, 동생과 부모님에게 도움이 필요할 때 일어날 일에 대한 걱정, 동생에게는 내가 유일한 형제라는 걱정 등은 알 수 없었어요.

## 장애 형제의 보호자가 된다는 것

비장애 형제들은 부모가 더는 장애가 있는 아이를 키울 수 없을 때, 자신이 그 일을 대신해야 한다는 것을 잘 알고 있다. 장애 형제가 사회적으로 지원하는 거주지에서 산다면 사회적 관계, 재정관리, 의료적인 돌봄 등 다른 도움을 확실하게 받을 수 있다. 하지만 어떤 사람들은 장애 형제를 자기 집에서 돌봐야 할지도 모른다. 따라서 비장애 형제는 보호자의 임무에 대해서도 잘 알고 있어야 한다. 법적인 보호자로서 장애 형제에 관한 문제를 결정해야 할 의무가 있기 때문이다.

형제 중에 다른 비장애 형제가 없으면 장애 형제에 대한 책임감은 훨씬 커질 수 있다. 어떤 이들은 성인이 되면 결혼이나 여행, 다른 책임을 핑계 삼아 비장애 형제로서 느끼는 압박감에서 벗어나고 싶어한다. 따라서 짧게라도 멀리 떠나 혼자 지내는 시간이 필요하다. 그동안 엄청난 책임감에 맞설 준비를 하게 된다.

하지만 장애 가족 안에서 어떤 형제들은 가족을 완전히 떠나기도 한다. 가족구성원이 멀리 떠나면 남아 있는 비장애 형제는 모든 책임을 홀로 떠안은 채 남는다. 그 때문에 분노를 느끼다가 마침내 가족이 붕괴되는 경우도 있다.

타라는 독립하려 했던 일 때문에 힘들었던 적이 있다.

저는 스물네 살에 가족을 떠났던 적이 있어요. 전에도 가끔 집을 떠났지만 그때마다 가사도우미를 두었죠. 제가 처한 환경에서 벗어나려고 다른 곳으로 도망갔지만 실패했어요. 도망친 것에 대해 죄책감을 심하게 느껴서 3년 동안 날마다 전화를 하고 두 달에 한 번씩 집에 갔어요. 그 때문에 큰 빚을 지고 완전히 지치고 말았죠.

미시는 자신의 미래를 두려워했다.

형제 중에 장애가 없는 아이는 저뿐이에요. 그래서 괴로웠어요. 이 상황에 대해 대화를 나눌 누군가가 있다면 어떨지 상상했어요. 부모님이 돌아가시면 어떤 일이 일어날지도 궁금했어요. 언니는 어떻게 될까? 우리와 함께 집에서 살게 될까? 언니가 그룹홈에 살게 되는 것도 힘들었지만, 제가 언니의 보호자가 된다는 것도 힘든 일이었어요.

줄리는 미래에 어떤 일이 일어날지 생각하는 것조차 피했다.

부모님이 돌아가시고 나서 제가 여동생을 책임져야 한다면, 현실도피자의 태도를 취할 것 같아요. 저는 제가 책임을 져야 하는 순간까지 그 문제에 대해 더는 생각하지 않을래요. 저와 오빠는 여동생과 관련된 많은 문제를 걱정하는 어머니를 보면서 불안했어요. 우리는 동생의 문제에 대해 함께 이야기를 나누지만, 곧 모든 걸 묻어 버리고 싶어해요. 가족이 모두 바쁘기 때문이죠. 부모님 대신 다른 형제가 여동생을 책임져야 하는 때가 되면 제가 많은 일을 감당해야 한다는 것은 짐작하고 있어요. 제가 여동생 집 청소도 해줘야 할 테고, 나이가 들면서 제 도움이 더 많이 필요해질 거예요.

엘리자는 자기가 가진 것을 얼마나 포기해야 할지 고민한다.

제 인생은 제 것이라고 생각하려고 합니다. 제가 제 시간을 즐기고 돈을 쓰고 기뻐하는 것에 죄책감을 느끼지 않으려고 노력하죠. 지적장애인 오빠는 누릴 수 없는 일들일지라도 말이에요. 제가 오빠에게 어느 정도까지 해주어야 할 의무가 있는지 어떻게 알 수 있을까요? 진심으로 알고 싶습니다.

줄곧 누군가의 돌봄이 필요한 동생이 있는 조시는 헌신에 대한 갈등을 이야기한다.

저만큼 동생을 사랑과 인내로 돌볼 수 있는 사람은 없을 거예요. 한편으로는 저와 미래의 가족을 돌봐야 한다고 생각하지만, 남편과 자녀 그리고 동생까지 있으면 감당하기 벅찰 것 같다는 생각이 들어요. 하지만 아무리 생각해봐도 무엇을 어떻게 해야 할지 잘 모르겠어요. 아직 무언가를 결정하지 않아도 된다는 것이 행복할 뿐이에요. 부모님은 30년 넘게 동생에 대한 책임을 회피하며 사셨고, 저도 그런 자유를 누릴 권리가 있다고 되새기지만 그런 생각을 하면 죄책감에 사로잡혀요. 만약 남은 인생 동안 동생을 매순간 돌보지 않겠다고 결정한다면 저는 나쁘고 이기적인 누나가 되겠죠? 무슨 일이 있어도 동생과 제가 아주 가까운 곳에서 살게 될 거라는 생각만은 확실해요.

비장애 형제들은 도움을 받을 수 있다면 장애 형제의 삶에 더 깊이 관여하고 싶어한다. 미래에 대한 준비가 되어 있다면 훨씬 도움이 될 것이다.

# 2장

## 장애 가족을 위한
## 공감과 지원

# 내 안의 감정을 표현하고
# 자유로워지기

성인이 된 비장애 형제들이 어떻게 하면 자신의 감정과 욕구를 이해하고 표현할 수 있을까? 그들은 가정 안팎에서 받을 수 있는 공감과 지원을 알아보는 과정을 통해 과거를 이해하고 미래를 좀 더 자신감 있게 바라볼 수 있을 것이다. 또한 어린 시절에 힘들었던 부분을 다시 바라봄으로써 그 경험을 통해 얻을 수 있었던 긍정적인 면들도 드러날 수 있다. 그리고 다른 비장애 형제들도 나와 같은 감정을 느끼고 있다는 사실을 알고 위안받을 수도 있다.

장애 형제가 있다는 사실에 대해 사람들은 다양하게 반응할 수 있으며, 어떠한 반응이든지 다 나름대로 이유가 있다는 것을 잊지 않기 바란다. 어려움을 겪는 사람은 자기 혼자만 그러한 경험을 하는 것이 아니고, 자신이 고민하는 문제에 도움을 받을 수 있다는 것을 아는 것만으로도 마음에 위안을 얻는다. 어려움을 경험한 사람들의 마음을 치유하고 극복하는 데 가장 좋은 방법은, 그들의 감정을 이해해주고 어떻게든 표현하도록 하는 것이다. 성인이 된 비장애 형제들이 상담을 통해 힘을 얻기 위해서는, 어린 시절의 경험이 자신에게 어떤 영향을 끼쳤는지 이해하고 지금 자신에게 무엇이 필요한지 아는 게 중요하다. 다음과 같은 질문을 한번 해보자. 여러분의 감정은 여러분이 하는 행동에 어떤 영향을 끼쳐 왔는가? 가족과의 관계나 다른 사람들과의 관계에서 그런 감정은 어떤 의미를 갖는가? 그리고 그 관계들은 미래에 어떤 영향을 끼칠 것인가?

이 책에서 이야기하는 것들은 자신에게 맞게 적용하면 된다. 현재 긍정적인 경험을 하고 있다면 여기 제시된 모든 것을 적용할 필요는 없다. 하지만 이 책에서 제시한 방법들을 읽어보면 좀 더 성숙한 삶을 누리는 데 도움이 될 것이다.


## 어린 시절의 감정 이해하기

어렸을 때 어떤 감정을 느꼈는지 생각해보면 지금 내가 어떻게 생각하고 행동하는지, 살면서 여전히 어린 시절과 비슷하게 행동하고 있지는 않은지 알게 된다. 파괴적인 행동으로 감정을 드러내는가? 위축되어 있는가? '사람들에게 만족을 주는 사람'이 되었는가? 무슨 일이든 완벽하고자 하는가? 모든 사람에게 지나칠 정도로 책임감을 느끼는가? 살면서 행복을 느낄 때 죄책감이 들거나 자기를 파괴하는 행동을 하는가? 어린 시절에 장애 형제와 함께 자라면서 문제행동을 했던 일을 생각할 때 죄책감을 느끼는가?

이러한 질문에 대해 생각할 때, 방어적인 태도가 어린 시절의 고통을 인식하지 못하도록 방해한다는 사실에 놀랄 필요는 없다. 어릴 때의 경험이 어떤 영향을 끼쳤는지 아는 것이 쉬운 일은 아니다. 부모님이나 다른 사람을 비난한다는 느낌이 들 수 있고, 그러면 죄책감이 더 심해지기 때문이다. 타라의 말처럼 그 과정은 더디고 고통스러울 수 있다.

저는 아동 건강에 대한 전문가로서 어린 비장애 형제들에게 관심을 갖고 몇몇 지원 프로그램 개발을 추진했어요. 프로그램 개발을 시작한 지 6개월이 지났을 때 어떤 비장애 형제가 쓴 책을 읽게 되었고, 말 그대로 제 마음은 무너져 내렸어요. 그 이야기를 읽고 어린 시절 제가 느꼈던 두려움, 걱정, 슬픔에 대해 이해할 수 있었어요. 매우 고통스러운 회복이 시작되는 순간이었죠.

나도 타라처럼 형제 문제에 대한 책을 처음 읽었을 때 말로 표현할 수 없을 정도로 마음이 요동쳤다. 내 마음속에 도사리고 있던 어떤 기억들과 말들이 깨어나는 듯하면서 지금까지 지고 있던 짐이 점점 가벼워지는 것 같았다. 더 나아가 내 경험과 감정을 이해했을 뿐 아니라 다른 사람들도 나와 비슷한 경험을 했다는 사실에 크나큰 위안을 얻었다. 또한 형제 문제가 독립적인 하나의 연구 분야가 될 수 있다는 사실을 깨달았고 그것은 내게 큰 자극이 되었다.

비장애 형제들 중 어떤 이들은 누군가와 친밀한 관계를 맺는 것이 형제와 관련한 문제들을 돌아보는 데 촉매가 되었다고 한다. 또 어떤 여성은 치료와 상담을 받는 과정에서 자신이 그동안 남편에게 화내지 못한 가장 큰 이유가 어린 시절에 부정적인 감정을 전혀 드러낼 수 없었기 때문이었다는 것을 알게 되었다. 그녀는 진심으로 사랑하는 사람에게도 화를 낼 수 있다는 것을 알게 되었다. 또 자신이 스스로 소중한 사람이 될 가치가 없다고 생각해왔다는 것도 깨닫게 되었다.

나 역시 부정적인 감정을 표현하기 어려워하고, 완벽해야 한다는 압박감과 다른 사람을 실망시키는 것에 대한 두려움을 갖고 있었다.

나에 대해 이해하는 다음 단계는 슬픔을 인식하는 것이었다. 나는 치료를 받는 동안 언니에게 편지를 썼다. 컴퓨터 앞에 앉아 텅 빈 화면에 글을 쓰는데 눈물이 그칠 줄을 몰랐다. 나는 언니를 생각하면서, 나를 생각하면서, 부모님을 생각하면서 울었다. 지금까지 나는 슬픔을 제대로 인식하지 못했다. 그동안 내면에 있는 슬픔을 숨겨왔고, 숨겨온 감정이 슬픔이었다는 것을 인식하는 데 오랜 시간이 걸렸다. 내가 인식하지 못했던 슬픔은 아무에게도 이야기하지 못한 슬픔이었다. 나는 다른 사람의 글을 읽으면서, 그리고 다른 사람들과 대화를 나누면서 마침내 나의 슬픔을 이해할 수 있었다.

사람들은 어렸을 때 힘든 시기를 보내면 두려움과 낮은 자존감을 느낀다. 하지만 성인이 되었을 때 이러한 감정 때문에 심각한 자기 연민과 질책에 빠져들지는 않는다. 어린 시절 힘들었던 경험을 되짚어보고 그 당시의 고통스러웠던 감정을 이해하는 시간이 필요한데, 이것이 치유 과정의 시작이다. 과거를 되새기거나 독서 등의 치료활동을 통해 진실한 감정과 마주하는 일은 무척이나 괴롭겠지만 길게 볼 때 엄청난 자유를 얻게 된다. 고통이 완전히 사라지지는 않겠지만 슬픔, 분노, 죄책감과 같은 감정을 떠올려 보면 그 감정을 인식하고 다스리는 데 도움이 될 수 있다.

## 자신의 감정 파악하기

다음 질문들은 어린 시절의 경험을 떠올리는 단서가 될 수 있다. 그리고 여러분이 어떤 감정을 느꼈으며 왜 그렇게 느꼈는지 이해하는 데 도움을 줄 것이다.

- 형제의 장애를 어떻게 알게 되었습니까?
- 장애 형제가 가족 관계에 미친 영향은 무엇입니까?
- 장애 형제가 부모님의 결혼생활에 미친 영향은 무엇입니까?
- 부모님은 서로 도우십니까?
- 부모님이 우울해하거나 화를 내셨습니까?
- 장애 형제와 여러분 자신에 대해 어떤 감정을 느꼈습니까? 좋은 감정입니까, 좋지 않은 감정입니까?
- 부정적인 태도나 감정에 대해 생각하고 그 감정을 기록할 때 어떤 기분이 듭니까?
- 여러분이 감당해야 할 책임에 대해 어떤 느낌이 듭니까?
- 여러분이 장애 형제에게 주는 도움에 대해 알고 있습니까?
- 여러분은 '착한 아이'가 되려고 했습니까, 완벽하거나 성공하려고 했습니까?
- 힘든 일이 있을 때 위축된 채 회피했습니까, 나쁜 행동을 했습니까?
- 학교생활은 어떠했습니까?
- 가족들과 열린 마음으로 대화했습니까?
- 가정에서 여러분의 감정에 대해 이야기할 수 없었다면 다른 사람에게 이야기할 수 있었습니까?
- 부모님이나 다른 사람들은 여러분이 어떻게 행동하고 느껴야 하는지에 대해 알려주었습니까?
- 장애 형제에 대해 어떤 두려움이 있었습니까? 예를 들어 형제의 생존에 대해 걱정했습니까?

- 개인생활을 즐길 수 있는 시간이 있었습니까?
- 장애 형제가 여러분을 해치거나 물건을 망가뜨릴까 봐 두려워했습니까?
- 부모님이 장애 형제를 '버릇없는 아이'로 만든다고 생각했습니까?
- 가정에서 공평하다고 느꼈습니까?
- 살면서 죄책감을 느낍니까?
- 장애 형제가 교육과 여가활동에 어떤 영향을 끼쳤습니까?
- 장애 형제가 사회생활과 사회관계에 어떤 영향을 끼쳤습니까?
- 장애 형제와 함께 자라면서 당황스러움을 느꼈습니까?
- 다른 사람들이 장애 형제를 괴롭힐 때 어떻게 했습니까?
- 장애 형제의 보호자로서 갖는 임무 등을 논의할 때 참여한 적이 있습니까?
- 장애 형제의 미래와 자신의 책임을 생각하면 불안합니까?
- 장애 형제가 자신의 미래 계획에 어떤 영향을 끼쳤습니까?
- 장애 형제에 대해 친구와 가족에게 말할 수 있습니까?
- 장애 형제와 함께 자라는 다른 사람들을 알고 있습니까?
- 형제의 장애를 다른 사람들에게 어떻게 설명합니까?
- 현재 가족의 일원이라는 것에 대해 어떤 느낌이 듭니까?

조시가 자신에 대해 이해하게 된 과정은 나의 경험과 비슷했다.

3년 전에 만약 누군가가 우리 가족과 남동생에게 부정적인 감정
이 있는지 제게 물어보았다면 당황했을 거예요. 그때에는 이러한
감정에 대해 전혀 생각해보지 않았고 제가 해야 할 일을 하면서
생활하고 있었거든요. 모든 일을 '착한 딸'과 '착한 누나'가 할 만
한 일을 기준으로 결정했지만 항상 내 삶이 완전하지 않다는 느
낌이 들었어요. 솔직하지 않고 위선적인 것 같았어요. 저는 많은

문제와 감정을 마음속 깊이 묻어두었어요. 마음속 감정을 끄집어내면 누군가와 다투거나 마음이 불편해지거나 상처받곤 했어요. 저는 이 모든 상황이 너무 힘들었기 때문에 회피하려 했어요.

하지만 남편을 만나면서 상황이 바뀌기 시작했죠. 내면 깊숙이 억눌러두었던 걱정, 생각, 감정들을 알게 되었고, 남편의 도움으로 남편에게 털어놓기 시작했어요. 그동안 감춰온 끔찍한 감정들, 죄책감, 화, 슬픔에 대해 이야기하고 어느 누구에게도 말할 수 없었던 일들을 털어놓게 되었어요.

저는 남편에게 이야기한 후에 비장애 형제들의 문제를 찾아보기 시작했어요. 다른 형제와 연락을 주고받으면서 내 일부분을 찾은 것 같은 느낌이 들었고 많은 도움을 받게 되었어요. 다른 사람을 실망시킬까 봐, 다른 사람에게 상처를 줄까 봐 오랫동안 묻어두었던 '진짜' 나를 찾기 위해 노력했지만 쉽지 않은 일이었어요. 지난 18개월 동안 동생과 가족을 생각하면서 지금까지 살아오며 운 것보다 훨씬 많이 울었어요. 묻어두었던 모든 감정이 드러나면서 감정 기복이 매우 심해졌어요. 스물다섯 살 성인의 감정을 느끼면서 동시에 세 살 어린아이의 감정을 느끼기도 하고, 이 모든 것이 뒤섞인 감정을 이야기하고, 인식하고, 받아들여야 했어요.

그런 과정을 겪으며 저는 많이 괴롭고 복잡한 감정을 느꼈지만 그 결과는 놀라웠어요. 진정한 나를 찾는 길 위에 서게 되었죠. 죄책감, 만성적인 슬픔, 동생을 잃었다는 상실감, 동생에 대한 말로 표현할 수 없는 깊은 사랑의 마음을 어떻게 다스려야 하는지 배울 수 있었어요.

# 현재의 욕구 파악하기

비장애 형제들 모두 자기만의 경험과 욕구가 있다. 욕구를 이해하기 위한 여정의 첫 번째 단계는 생활상이나 정서적인 면 모두에서 무엇을 원하고 있는지 아는 것이다. 어떤 사람들은 정서적으로 충분히 도움을 받고 있다고 느끼기 때문에 장애 형제를 보살피는 데 필요한 도움만 받으면 된다. 하지만 어떤 형제들은 정서적 도움을 거의 받지 못하고 자라며, 또 어떤 형제들은 거부감과 부담감으로 장애 형제를 비롯해 가족 모두와 완전히 떨어져 살기도 한다. 이런 형제들은 자신의 감정과 태도를 이해하고 편안하게 이야기하는 법을 배워야 한다.

어린 시절을 되돌아보며 당시에 느낀 감정과 태도를 떠올려보라는 것이 자신을 질책하라는 의미는 아니다. 사실 어린 시절의 감정과 태도를 잘 이해하면 살아가면서 자기 자신과 다른 사람을 좀 더 쉽게 용서할 수 있다. 장애 형제에 대해 긍정적으로 생각했더라도, 늘 곁에서 떠나지 않는 슬픔이 성장하는 데 방해가 되었을 것이다. 어렸을 때 장애 형제를 보살피고 그들과 함께 자라면서 감동을 느꼈을지라도 여전히 해결해야 할 감정이 남아 있다. 비장애 형제들은 평생 장애 형제와 좋은 관계를 맺는다. 하지만 장애 형제를 돌봐야 한다는 책임감과 나이 든 부모님과 그룹홈에 있는 형제에 관한 현실적인 문제가 감정을 휘저어놓을 수 있다. 어린 시절에 가족 관계에 문제가 있었고 가족들 간에 의사소통이 원활히 이루어지지 않았다면, 성인이 되었을 때 이런 문제들이 더 복잡해질 수 있다.

나는 여러 해 동안 많은 치료사를 찾아 헤맸고, 치료를 받는 동

안 힘든 시간을 보냈다. 공황에서 벗어났을 때 깊게 심호흡을 하거
나 혼잣말로 긍정적인 생각을 중얼거리도록 하는 행동주의적 방법
으로 치료를 받았지만, 별로 나아지는 것 같지 않아서 늘 기분이 안
좋았다. 나 자신에게 실망했으며, 치료사까지 실의에 빠뜨리는 것
같았다. 나는 완전히 무력감에 빠졌다.

사람의 생각이나 행동을 변화시키는 방법에 초점을 둔 인지행동
치료로 도움을 받는 형제들도 있다. 이런 접근방식도 만약 우리 가
족의 상황을 염두에 두고 진행되었다면 나에게도 효과가 있었을 것
이다. 하지만 나는 치료과정에서 우리 가족의 경험에 대해 이야기
를 나눈 적이 없다. 내가 만난 치료사들은 비장애 형제와 가족이 겪
는 문제를 이해하지 못했고 그런 부적절한 치료방식 때문에 나는
불편함을 느끼고 많은 돈을 허비해야 했다.

지금 와서 돌이켜보면 그 당시 내겐 특별한 치료가 필요한 게 아
니었다. 정말 필요했던 것은 슬픔, 죄책감, 분노와 같은 감정을 스
스로 이해하고, 내가 누구인지 받아들이고, 같은 상황에 있는 다른
사람들의 도움을 받는 방법을 아는 것이었다. 내가 느낀 감정에 대
해 이해하고 나자, 나는 내 감정을 표현해야 할 필요를 느꼈다.

모든 형제들이 치료사에게 집중적인 치료를 받을 필요는 없다.
그들에게 필요한 것은 특별한 상황에 대해 인식하고 이해하도록 도
와주는 것이다. 이런 도움은 어릴 때 받는 것이 가장 좋으며, 그래
야 장기적인 문제들이 생길 확률이 적다. 그러나 사고방식이 이미
굳어지고 우울이나 불안과 같은 정서적 문제가 심각하다면 좀 더
집중적인 치료가 필요하다. 치료를 받는 동안 지치고 두려울 수도
있지만, 그 과정을 거쳐야 좀 더 긍정적인 미래를 맞이할 수 있다.

## 비장애 형제들이 겪는 어려움

이제 성인이 된 비장애 형제가 겪는 특별한 어려움과 이를 극복하기 위한 방법을 소개하겠다. 여기 소개된 사례들을 보면서 자신에게 필요한 것이 무엇인지 깨닫고, 어떻게 하면 그것을 충족시킬 수 있는지 알 수 있을 것이다.

### 화

화는 비장애 형제가 흔히 겪는 감정이다. 화는 일상적으로 느끼는 감정이지만 어떻게 다루어야 할지 알면 살아가는 데 도움이 될 것이다. 레노아는 치료사의 도움으로, 화를 건강하게 다스리기 위해서는 그 감정을 이해하고 받아들여야 한다는 것을 알게 되었다.

부모님은 질책과 무언의 압력으로 저에게 분노를 억누르게 하셨어요. 제가 오빠에게 화를 내려고 할 때마다 부모님은 "레노아, 오빠에게 화내지 마라! 오빠가 일부러 그러는 게 아니잖니? 오빠는 장애가 있기 때문에 어쩔 수 없이 그렇게 행동하는 거야."라고 하셨죠. 제가 저녁식사를 하면서 학교에서 있었던 일을 이야기할 때, 오빠가 자기에게 관심이 집중되지 않는 것을 참지 못하고 저를 때리는 바람에 저는 부모님과 대화를 할 수 없었어요.

하지만 저는 오빠가 저를 때릴 때 자기가 무슨 일을 하고 있는지 잘 알고 있다고 생각해요. 분명히 오빠는 그 상황에서 저를 때리지 않을 수 있었거든요. 오빠는 저를 때리면 부모님의 관심을 받을 수 있다는 걸 잘 알았기 때문에 저를 때리곤 했어요. 제게 일부러 상처를 준 거죠. 오빠가 저를 죽일까 봐 두려울 때도 있었지만, 저는 화낼 수 없었어요.

몇 년 동안 마음속에 화난 감정을 묻어두어야 했고, 화가 심하게 나더라도 다른 사람들에게 화난 모습을 보이지 않으려고 노력했어요. 상담을 받으면서 제 이야기를 듣던 치료사가 "가정에서의 상황이 아주 끔찍했군요. 물론 화가 났을 겁니다. 당신은 화낼 권리가 있어요. 어떤 일에든지요."라고 한 말을 이해하기까지 저는 내내 제 감정을 숨겨왔어요.

치료사는 주변에 있는 모든 사람들에게 화를 낼 수는 없지만 제가 화내는 모습을 스스로 받아들이는 것이 치료의 시작이라고 했어요. 화를 내는 것은 참을 수 없는 상황에 대한 매우 자연스럽고 합리적인 반응이라고 했어요. 또 매우 현명하고 솔직한 방법이라고 덧붙였죠.

비장애 형제들은 얼마든지 화낼 권리가 있어요. 아이들은 화를 내는 것이 합리적이고 건강하게 반응하는 거라는 걸 알아야 해요. 장애 형제와 가족들에게 받은 상처를 치유하는 과정에서는 이것이 아주 중요해요.


## 죄책감

죄책감은 사람의 성장과 발달을 크게 방해할 수 있다. 진정한 행복을 느끼는 것을 편치 않아 하거나 충분히 훌륭하지 못하다는 죄책감을 느끼면 자기 파괴적이거나 폭력적이 될 수 있다. 레이첼은 자기가 평온할 때 불편한 감정을 느끼는 것이 자기 몸을 혹사시키는 섭식장애와 관련이 있다는 것을 알게 되었다. 지금도 가끔 섭식문제로 괴로워하지만, 새로운 차원으로 이해하게 되면서 죄책감 없이 진정한 행복을 느끼기 시작했다.

만약 죄책감을 이해하고 받아들일 수 있다면 좀 더 쉽게 해소할 수 있을 것이다. 그러기 위해서는 자신에게 너그러워져야 하고, "이런 생각을 하다니 나는 나쁜 사람이야."라는 생각을 하지 말아야 한다. 치료를 받는 동안 나는 과거의 나인 '여덟 살 소녀'를 용서해야 한다는 것을 깨달았다. 여덟 살이던 내가 그 당시 자기가 이해하는 선에서 행동하고 가족과의 생활에서 복잡한 감정을 느끼는 것은 당연한 일이었기 때문이다.

## 슬픔

나는 언니에 대해 슬퍼하지 않으려 노력한다. 지금도 언니 생각이 들면 속으로 대화 주제를 재빨리 바꾼다. 나는 언니의 고통을 내 고통으로 여기면서 언니와 매우 가까워졌다. 어렸을 때는 부모님의 고통도 내 고통으로 여겼다. 어린 나로서는 이러한 고통을 감당하는 게 너무 버거웠기 때문에 언니에 대한 감정을 절제하려고 노력했다.

계속 감정을 통제하면 그것이 몸에 배어버린다. 슬픔을 계속 회피하면 아예 슬픔을 인식하지 못하게 되는 것이다. 또한 상실감이나 괴로운 일을 떠올리고 싶지 않아서 감정에 대해 커다란 방어벽을 쌓을 수도 있다. 마음속에 가둬둔 감정은 밖으로 드러내야 한다. 하지만 자신의 감정을 충분히 이해하고, 감정을 드러내도 나쁜 상황에 처하지 않는다는 정서적 안정감을 얻기 전에는 그것이 어려울 수 있다. 이럴 경우 치료를 받거나 다른 비장애 형제에게 이야기하는 것이 도움이 될 수 있다.

장애 형제를 둔 조시는 이렇게 이야기한다.

슬픔을 인식하고 잠깐이라도 슬픈 감정을 있는 그대로 받아들이는 것이 매우 중요하다고 생각합니다. 슬픔이 우리를 지배하지 않도록, 더는 우리에게 상처를 주지 않도록 해야 합니다.

## 불안

어렸을 때 끊임없이 스트레스를 받거나 완벽해야 한다는 압박감과 죄책감을 느끼면 성인이 되었을 때 장기적인 불안을 겪을 수 있다. 따라서 이러한 감정들을 이해하고 드러내야 한다. 이완훈련, 명상, 자가 치유서 읽기나 인지행동치료가 도움이 될 수 있다. 인지행동치료는 생각과 행동에 영향을 끼치는 신념을 변화시키는 데 도움이 된다. 불안 때문에 일상생활이 어려운 사람들은 명상을 하는 것도 좋다.

타라는 특히 일을 할 때 불안해한다는 것을 알게 되었다. 그래서 치료뿐 아니라 효과적인 방법을 실천했다.

저는 어떤 일을 할 때 한계선을 정해두거나 다른 사람과 협력해서 프로젝트를 진행하면서 불안감을 조절해요. 다른 사람과 의견을 주고받다보면 완벽주의 기질이 완화되거든요.

## 관계 맺기의 어려움

무슨 일에든 완벽하려고 하면 자존감이 낮아질 수 있다. 비장애 형제들은 자기가 충분히 잘하고 있는 것 같지 않다고 말한다. 자존감이 낮아지면 불안이 더 커질 뿐 아니라 성인이 되어서 다른 사람과 관계를 제대로 맺지 못할 수 있다.

성인이 된 형제들은 자신이 '다른 사람들에게 만족을 주는 사람'이거나, 동료가 자신의 입장을 고려하지 않고 무례하게 대하도록 허용했다는 것을 깨닫는다. 이 때문에 자존감이 더 낮아지기도 하고, 다른 사람들에게 이해받고 사랑받기 위해 원치 않으면서도 다른 사람을 도와주거나 다른 사람 의견에 무조건 따르기도 한다. 이런 감정에 대해 이해하게 되면, 자존감을 높이기 위해서는 자신이 감당할 수 없을 정도로 다른 사람을 도와줄 필요가 없다는 것을 알게 된다. 관계상담사의 도움을 받으면 관계가 나빠지지 않으면서 자기감정을 표현하는 게 가능하다는 것을 배울 수 있다.

## 우울

화, 슬픔, 죄책감과 같은 감정을 거부하고 낮은 자존감으로 괴로워하면 우울증에 걸릴 수 있다. 따라서 이런 감정을 이해하고 받아들이는 것이 중요하다.

지적장애를 지닌 여동생을 둔 가이는 그의 여정을 이렇게 표현한다.

저는 우울증에서 벗어나기 위해, 힘든 일을 겪으면서 느꼈던 깊은 슬픔과 화를 마주보기 시작했어요. 전에는 이러저러한 상황에 처할 때 항상 긍정적인 면만 보려 했고 부정적인 면은 무시하곤 했어요. 그것이 제가 우울증을 겪게 된 이유 중 하나인 것 같아요. 심한 우울증 때문에 제게 커다란 문제가 있다는 점을 깨달을 수 있었어요. 이 문제에 끊임없이 관심을 기울여야 한다는 것도 알게 되었지요. 상실감, 슬픔, 분노가 가득한 채 이런 문제를 마주하는 것은 즐겁지 않았어요. 하지만 다른 사람의 도움으로 더는 우울해하지 않고 풍요로운 삶을 살 수 있었어요.

타라도 다른 사람의 도움이 중요하다는 것을 알게 되었다.

저는 우울증과 씨름하고 있어요. 지금 저를 지탱해주는 것은 친구들과 다른 비장애 형제들, 그리고 제게 도움을 주는 치료사예요. 그 사람들과 함께 있으면 혼자라고 느껴지지 않아서 두려움을 덜 느끼게 돼요. 또 그들은 인생을 헤쳐나갈 수 있는 힘을 주고, 제 미래를 함께 걱정해요. 혼자가 아니라는 느낌이 제게는 정말 중요해요.

## 섭식장애

섭식장애에 영향을 끼치는 요인은 여러 가지다. 흔히 비장애 형제들 스스로는 몸이 약해서 섭식장애를 쉽게 겪는다고 생각하지만, 실제로는 사회적 압력, 자신들을 항상 긍정적으로 묘사하는 대중매체, 생리적인 문제가 모두 작용한다. 형제들은 자신의 감정을 건강하게 다스리는 법을 알지 못한 채 낮은 자존감과 성공해야 한다는 압박감, 부모 역할을 해야 한다는 부담감을 느끼면서 항상 다른 사람의 욕구를 자기의 욕구보다 우선으로 생각한다.

성인이 된 입장에서 과거를 돌이켜보며 어렸을 때 형성된 신념들을 이해하는 것이 중요하다. 그런 신념들이 자기 자신을 바라보는 방식에 어떤 영향을 끼쳤는지, 성인이 될 때까지 계속해서 어떤 영향을 주었는지 이해해야 한다. 자신의 감정을 이해하고 다른 사람들의 도움을 받는다면, 자신에게 필요한 것을 충족시킬 수 있는 방법을 알게 되고 스스로를 훨씬 잘 받아들일 수 있게 된다. 칼리는 자신이 어렸을 때 겪었던 섭식장애에 대해 이렇게 말한다.

저는 스물일곱 살이 되면서 부모님이 그동안 어려운 상황에서 최선을 다하셨다는 것을 받아들였어요. 12년 동안 정신과 의사의 도움을 받고 입원 치료를 하면서 조금씩 저의 삶을 살아갈 수 있게 되었어요.

## 감춰온 자기감정 표현하기

자신의 감정과 욕구를 알고 난 다음에는 오랫동안 감춰온 감정을 다른 사람에게 표현하는 능력을 키우는 것이 중요하다.

나는 비장애 형제로서 느끼는 내 감정을 친구와 가족, 친척들에게 이야기하는 게 무척 두려웠다. 부정적인 감정을 드러내는 것에 죄책감이 들었고, 그렇게 하는 내가 무책임하다고 느껴졌다. 사람들이 나를 제멋대로이고 이기적인 사람이라고 생각할까 봐 두려웠다. 친한 친구에게 처음 이야기하고 도움을 청하는 게 무척 힘들었으며, 사람들이 공감하지 않거나 내 이야기에 관심을 보이지 않을 때는 크게 실망했다. 다른 사람에게 내 감정을 표현할 수 있게 되기까지는 꽤나 오랜 시간이 걸렸고, 그것은 자기 치유 과정에서 중요한 부분을 차지했다. 나는 그러한 기회를 더 많이 가지려 했고, 결국 열린 마음으로 친구와 가족, 직장 동료들에게 나 자신에 대해 더 많이 표현할 수 있었다. 내가 이렇게 전 세계의 독자들에게까지 이야기를 하게 될 줄은 정말 몰랐다.

조시는 자신이 감정을 표현하기까지 겪은 과정을 이야기했다.

저는 비장애 형제들에게 자신의 감정을 표현하라고 조언하고 싶습니다. 감정을 표현하는 것을 두려워하지 말아야 해요. 물론 쉽지는 않죠.

처음 어머니나 아버지, 장애 형제의 좋지 않은 점을 이야기할 때는 죄책감이 들 거예요. 그래도 신경 쓰지 마세요. 누구나 가끔 가족에 대해 부정적인 생각을 하거나 언짢은 감정을 느낍니다. 어떤 가족도 완벽하지는 않아요. 그러니 가족에 대해 이야기하기를 두려워하지 마세요. 믿을 수 있는 사람이나 최선을 다해 들어주고 이해하려고 하는 사람에게 말하기 시작하세요. 하지만 그 사람들이 장애 형제가 있는 비장애 형제가 아닐 경우 여러분을 완전히 이해할 수는 없다는 것도 알아야 합니다. 제 남편은 저의 이야기를 들으면서 제가 화내고 울도록 내버려두고 모든 감정을 털어놓을 수 있도록 도와주었어요. 다른 형제와 정기적으로 만날 때에도 마찬가지였죠. 저는 어느 순간 일상생활에서 일어나는 일에 대해 솔직하게 표현하게 되었답니다.

내 말을 들어주고, 함부로 판단하지 않는 사람들에게 이야기를 해야 합니다. 또한 울고, 심하게 화내고, 슬퍼하는 것을 두려워하지 말고 감정을 나누도록 노력해야 해요. 저의 경우 '진정한 나'가 드러나기까지 25년이라는 시간이 걸렸어요. 그러고 나서는 부모님이 어떻게 생각하실지에 대해 걱정하지 않게 되었어요. 지금도 여전히 다른 사람에게 감정을 표현하는 것이 힘들지만, 매우 가치 있는 일이라고 생각해요. 지금까지 저는 다른 사람들의 의견에 너무 많이 신경을 쓰고 모든 사람을 만족시키기 위해 노력했어요. 저는 결정을 내리기 힘들어하고 결정해야 할 일에 대해 걱정을 많이 하는 편이에요. 하지만 지금은 이런 감정들이 무엇에서 비롯된 것인지 알고 있고, 무엇보다도 감정들을 어떻게 다루고 조절해야 하는지 배우고 있어요.

## 자기표현의 단계

내가 감정을 인식하고 표현하게 된 과정을 단계별로 소개하면 다음과 같다. 처음에는 내 상태를 분석하는 것으로 시작해, 공식적인 심리치료(개인치료와 집단치료)를 받은 후 연구와 기록을 통해 점차 자기표현을 늘려갔다. 감정을 발견하기 위한 여행을 시작하려면 스스로 자신의 경험을 되돌아보고 곰곰이 생각해봐야 한다. 이것이 가장 중요한 일이지만 더 나아가길 원한다면 다음의 정보가 도움이 될 것이다. 단계는 내 경험을 바탕으로 정리했기 때문에 개인마다 접근하는 순서는 다를 수 있다.

### 자신의 감정 기록하기

처음에는 지금까지 경험한 일을 글로 써보고, 그런 경험을 할 때 여러분의 반응이 어떠했는지를 적어본다. 기록한 것은 아무에게도 밝히지 않아도 좋다. 기록은 감정을 표현하고 이해하는 개인적이면서 안전한 방법이다. 기록하면서 안정감을 느낄 수 있을 것이다(기록하기 전에 116~117쪽 '자신의 감정 파악하기' 목록을 참고하면 도움이 될 것이다). 상담과 기록을 병행할 수도 있지만, 자신에게 필요한 것을 알아내고 감정을 다루는 데에는 스스로 기록하는 것이 훨씬 도움이 될 것이다. 글로 쓰는 것 말고 음악, 미술, 조각, 춤을 통해서도 감정을 표현할 수 있으며, 이를 통해서도 마찬가지로 안정을 찾을 수 있다.

### 치료사와 대화하기

만약 지금 느끼는 감정이 걱정스럽거나 혼란스럽다면 상담가나 치료사를 만나보는 것이 도움이 될 수 있다. 상담가나 치료사를 만나는 것은 여러분이 무언가 '잘못'되었음을 의미하는 게 아니다. 단지 어린 나이에 감당하기 힘든 일이 있었다는 것을 의미할 뿐이다. 실제로 상담가나 치료사와 대화를 나누면 감정을 살펴보는 데 도움이 된다. 치료를 받는다는 것에 죄책감을 느낄 수도 있지만 전문가의 도움을 받으면 훨씬 수월하게 문제를 풀어나갈 수 있다. 비장애 형제의 문제를 잘 알고 있는 치료사를 찾기가 쉽지는 않지만, 장애 관련단체나 담당의사가 적합한 치료사를 찾도록 도와줄 수 있다.

비장애 형제들이 상담을 받을 때 상담가의 특별한 치료기법이 필요한 것은 아니다. 자연스러운 환경에서 자신의 감정을 이야기하고 진심으로 받아들이는 것이 무엇보다 중요하다. 특별한 치료기법을 적용한다 해도 여러분에게 맞지 않을 수 있다. 혹시 치료를 받아도 효과가 없을 때 자신 탓이라고 여길지 모른다. 하지만 그보다는 치료사가 여러분에게 맞는 접근방법을 적용하지 않아서일 수도 있다. 치료를 받는 것 자체가 고통스럽고 긍정적인 결과를 얻지 못할 수도 있다. 또 극복해야 할 여러 가지 어려움이 있을 수도 있다. 쉽지는 않지만 긍정적인 결과가 일어나지 않는 것은 아니다. 성공으로 이끄는 데에는 알맞은 치료 프로그램뿐 아니라 본인의 노력과 헌신이 필요하다. 타라는 다음과 같이 이야기한다.

제게 도움을 준 치료사는 특별한 치료기법을 시도하기보다는 제가 감정을 받아들이고 표현하는 것에 많은 시간을 보냈어요.
치료를 시작한 첫해 치료시간에는 울기만 했어요. 감정을 방어하고 허세로 가장하려는 굳은 마음으로 약속 장소에 갔지만, 치료사가 이야기를 시작하면 나머지 시간 동안 울음이 터지고 말았어요. 치료사가 저를 치료 일정이 없을 때 불러내기도 했는데, 그때도 또 울었어요. 치료시간만 생각하면 눈물이 났고, 슬프고 화가 나고 고통스러웠어요. 특별한 프로그램이 아니었어도 치료를 받는 동안 저는 긴장했던 감정을 이완시킬 수 있었고 여러 가지 감정을 경험할 수 있었어요. 치료를 받으면서 지난 30년 동안 이런 감정을 거의 표현한 적이 없다는 것을 알게 되었어요.

현재의 감정을 알려면 어릴 때 특정한 행동을 했던 까닭을 생각해보고 이해하는 것이 도움이 된다. 어릴 때 한 행동이 지금의 자신에게는 영향을 미치지 않는 것처럼 보이지만, 어려움을 겪을 때에는 그 행동에 대해 생각해보는 것이 도움이 될 수 있기 때문이다.
치료사는 세상을 보는 관점의 기틀이 되는 여러분의 생각을 바꾸도록 도와줄 수 있다. 여러분은 장애 형제에 대한 화를 표현하지 않음으로써, 자신의 욕구를 부차적인 것으로 제쳐두었을 수도 있다. 자신의 욕구를 앞세우면 부모와의 관계가 안 좋아진다고 생각하고, 그것을 원하지 않기 때문이다. 치료사는 다른 사람들과의 관계를 좋게 유지하면서 화난 감정을 이해하고 표현하도록 도와줄 것이다.

한 여성은 청소년기에 집중적으로 받은 치료가 큰 도움이 되었다고 한다. 어릴 때 부모님의 관심을 끌기 위해 거친 행동을 하고, 아버지에게서 심한 거부를 느꼈으며, 비장애 형제들이 흔히 느끼는 감정을 많이 경험했다고 한다. 하지만 치료를 받으면서 그동안의 힘들었던 일들을 하나하나 생각해보고 긍정적으로 바라보게 되었다. 가족의 상황을 되돌아보면서, 다양한 경험을 한 덕분에 내면이 좀 더 강해지고 긍정적으로 바뀌었다는 것을 알게 되었다. 그 여성은 삶에서 어느 것 하나 사소하게 지나칠 수 없었다고 이야기한다. 지금은 다른 사람들의 상황을 진심으로 공감하며 공동체에서 도움을 주면서 살고 있다.

## 장애 형제가 있는 다른 사람들과 대화하기

장애 형제가 있는 다른 형제들은 그 누구보다도 여러분의 감정을 잘 이해할 것이다. 비장애 형제들은 여러분이 어떤 특정한 방식으로 느껴야 한다고 말하지는 않을 것이다. 장애 형제가 있는 다른 형제들과 대화를 나누면서 힘들었던 일들을 좀 더 정확하게 바라보고, 마음에 담아둔 비밀을 털어버리고, 다른 사람들의 이야기를 들으며 위안을 얻을 수 있을 것이다.

조시는 다른 비장애 형제들과 인터넷 토론에 참여했다.

이해한다는 것은 말로 설명하기 어려운 일이에요. 저는 제가 다른 사람에게 이해받고 있다고 느껴지지 않았고, 제 자신조차도 저를 전혀 이해하지 못하는 것 같았어요. 장애가 있는 남동생과 함께 자라면서 '문제'가 있었지만 그 문제를 어떻게 설명해야 할지 몰랐죠. 장애 형제가 있는 친구들과 이야기를 나눈 첫해 동안, 남동생과 어머니, 저의 미래와 인생을 생각할 때 느끼는 고통, 기쁨, 죄책감에 대해 이메일을 주고받았어요. 그러면서 전에는 알지 못했던 저의 일부분을 이해할 수 있었던 것 같아요. 남동생과 가족, 미래에 대한 두려움, 죄책감, 슬픔, 행복에 대해 이야기하면서 저를 이해해주는 사람들을 만나게 되었어요. 부모님이나 우리를 도와주는 사람들 그 누구도 제 마음을 진심으로 이해하지 못했지만, 함께 이야기 나눈 비장애 형제들은 장애를 지닌 형제와 함께 자라는 것이 어떤 건지 이해해주었어요.

장애 관련단체를 통해 비장애 형제들을 만나볼 수 있다. 인터넷 상에서 동호회에 참여할 수도 있다.

나는 형제 프로젝트의 일환으로 성인이 된 비장애 형제를 위한 작은 토론회를 연 적이 있다. 우리는 인터넷에서 몇 시간에 걸쳐 이야기를 나누면서, 다른 사람들이 경험이나 감정을 공감해줄 때 활력을 얻는다는 것과 형제에 대한 실질적인 고민을 나누는 것이 유익하다는 것을 알게 되었다. 우리는 주거 선택, 여가활동, 의료 문제에 대한 정보를 나눌 수 있었다.

지금 살고 있는 지역에 아는 사람이 없다면 신문이나 라디오 광고를 통해 형제 모임을 만들 수도 있다. 형제 모임을 구성할 때 엄격한 규정 같은 건 필요 없다. 구성원의 뜻에 따라 자주 만나도 되고 가끔 만나도 된다.

처음 모임에 나갈 때 긴장이 될 수도 있으므로, 참여하려는 모임이 편안하고 자연스러운 모임인지 알아보는 것이 좋다. 모임을 만들었다면 그 모임의 목표가 무엇인지 정해야 한다. 순수하게 실질적인 문제에 관한 정보나 자료를 나누는 데 초점을 둔 모임도 있고, 정서적인 지원에 중심을 둔 모임도 있다. 목표가 어떠하든 참여자들은 모임이 치료를 위한 것이 아니라 서로 돕는 과정이라는 것을 미리 확실히 해두어야 하며, 각 모임은 나름대로 지침을 마련해야 한다.

### 배우자와 대화하기

가까운 사람과 대화를 나누다 보면 형제와 관련된 문제들을 더 잘 이해할 수 있다. 자신의 감정을 이야기하면서 문제점을 발견하기도 하고, 왜곡된 감정을 알아차릴 때도 있다. 그러나 감정에 대해 새롭게 이해하게 되면서 둘 사이의 관계가 안 좋아질 수도 있으므로 두 사람이 함께 상담을 받는 게 도움이 될 수 있다.

대개는 가까운 사람과 친밀한 관계를 맺으면 문제를 신중하게 바라보고 비밀을 털어놓을 수 있다. 앞서 자신의 이야기를 들려준 조시는 배우자와 대화하면서 자신의 감정을 이해하고 받아들일 수 있었다.

### 부모와 대화하기

부모들은 비장애 자녀와 그들의 형제 관계에 대해 이야기하는 것을 어려워할 수 있다. 특히 가족들이 오랫동안 대화하기를 꺼린 경우에는 더욱 그러하다. 대화를 시작하는 것이 쉽지 않겠지만 지속적인 노력, 민감한 감수성, 인내심을 갖고 시도해본다면 도움이 될 것이다. 부모님에게 형제 문제를 다룬 책을 드린 후에 책에서 저자가 이야기하고 있는 문제를 놓고 대화를 시작하는 것도 좋다. 비장애 형제를 위한 지원 프로그램이나 사람들이 비장애 형제들에게 무엇이 필요하다고 하는지에 대해 이야기를 나눌 수 있을 것이다.

부모님에게 여러분의 감정을 말하는 것이 얼마나 어려운 일인지 알려드리고, 부모님에게 책임을 묻는 게 아니며 그동안 경험한 것을 알려드리려는 것뿐이라는 사실을 강조해야 한다. 내 경험을 이해시키고 내게 어려운 일이 있었다는 것을 알리고 싶었다고 말해야 한다. 부모님이 열린 마음으로 대화를 하려면 시간이 걸릴 수도 있다.

편지를 쓰는 것도 좋은 방법이다. 편지는 감정을 가라앉히며 읽을 수 있기 때문에, 편지를 읽으면서 여러분이 이야기하는 것을 진지하게 받아들이고 생각할 수 있을 것이다.

부모님은 살아오면서 두 분이 항상 장애가 있는 자녀에 대해 서로 이야기를 나누었지만, 여러분은 가족 안에서 슬프고 외로웠음을 부모님에게 말해야 한다.

나에게는 이 책을 부모님에게 보여드리는 것이 아주 어려운 일이었다. 부모님이 마음에 상처를 받지 않고 내가 쓴 어떤 것에 대해서도 기분이 상하지 않으시길 원했다. 그런데 걱정과는 달리 부모님에게 내 감정과 생각을 말하면서 소통의 길이 열렸고, 서로를 이해할 수 있었다.

부모님이 대화하기를 원하지 않는다면(부모님의 고통이 아직도 너무 크거나 감정이 다시 혼란스러워질 것을 두려워하기 때문일 수 있다.) 부모님의 의견을 존중하고 여러분의 감정을 이해해줄 다른 사람을 찾아야 한다.

타라는 아버지를 새로운 시각으로 이해하게 되었다.

어머니가 돌아가시고 몇 달 뒤에야 저는 이 문제를 꺼낼 수 있었어요. 저와 오빠를 비교하는 어머니의 시각이 너무 치우쳐 있었다고 말했죠. 아버지는 제가 소외감을 느끼고 있음을 잘 알고 있었고, 그래서 저와 함께 많은 활동을 하면서 소외감을 덜 느끼게 해주려고 노력했다고 하셨어요. 그때 정말 놀랐어요. 아버지가 제 감정을 조금만 더 일찍 아셨다면 좋았을 거라는 생각이 들었죠. 이 문제에 대해 대화할 수 있었다면 훨씬 덜 외로웠을 거예요. 어쨌든 그런 대화를 나눈 뒤 아버지와 저의 관계에서 치유가 시작되었어요.

## 비장애 형제와 대화하기

가족 중에 비장애 형제가 있다면 함께 이야기하려고 노력해야 한다. 형제는 자라면서 경험을 함께 공유한 사람들이기 때문에 서로 가장 좋은 지원자가 될 수 있다.

하지만 안타깝게도 실제로 항상 좋은 관계만 이루어지는 것은 아니다. 어린 시절에 의사소통이 제대로 되지 않아 가정에서 형제가 정반대의 역할을 하기도 한다. 예를 들어 어떤 아이는 착한 아이가 되고, 또 다른 아이는 나쁜 아이가 될 수 있다. 따라서 서로 이해하고 대화를 통해 생각과 감정을 나누려고 노력해야 한다. 가정 안에서 비장애 형제들 간에 서로 '다름'을 존중한다면 서로가 훌륭한 지원자가 될 수 있다.

과거의 경험을 바꾸는 것은 불가능하다. 서로에게 입은 상처가 너무 커서 친밀한 관계를 맺기 힘들 수도 있다. 하지만 형제들 간에 서로 이해하려고 노력한다면 그들 사이에 놓인 벽을 무너뜨릴 수 있다. 중요한 것은 자기 스스로 죄책감을 갖지 않을 뿐 아니라, 다른 사람에게도 책임을 묻지 말아야 한다는 점이다. 장애 가족 안에서 부모와 형제 모두 최선을 다했다는 것을 잊지 말기 바란다.

## 친척, 친구들과 대화하기

자신의 삶과 밀접한 관련이 있는 다른 사람들과도 대화를 나누려고 노력해야 한다. 가까운 친척과 친구들이 도와줄 수 있다. 사회적으로 도움을 많이 받을수록 스트레스에서 벗어나기 쉽다.

나는 집단치료를 받던 초기에 어릴 때 자주 함께 지내던 한 사촌에게 여러 가지 감정을 털어놓았다. 두려움과 공황을 느낀다는 것과 치료를 받고 있다는 것에 대해 이야기했는데, 말하는 내내 이야기하는 것이 잘못인 것 같은 느낌이 들었고 때때로 죄책감과 불안함을 느꼈다. 부모님과 언니를 배신하는 건 아닌지 걱정스러웠고, 내가 관심을 받고 싶어하는 것이라고 생각할까 봐 두려웠다. 그 후에 전화 통화를 했는데, 사촌은 실망한 것 같은 목소리가 아니었고 관심을 갖고 도와주려 했다. 다른 사람에게 먼저 마음을 열고 내 감정을 이야기하는 것이 가장 어려운 일이었다. 그러나 그것은 소외감을 없애고 나 자신을 받아들이는 첫걸음이 되었다.

학교에 다니고 있다면 선생님이나 학교에 있는 전문 상담가와 이야기를 시작할 수도 있다. 선생님이나 전문 상담가는 학교에 있는 다른 형제를 알기 때문에 적극적으로 도와줄 수 있다. 또 도와줄 단체를 찾아주고 그곳과 관계를 맺도록 지원 서비스를 추천해줄 수도 있다.

## 공감대를 형성하고 도움을 주고받기

여러분이 혹시 장애 형제와 친밀한 관계를 맺지 못하고 있다 해도 그것에 대해 죄책감을 느끼지 말기 바란다. 장애 정도와 가족들이 그 상황에 어떻게 대처하는가에 따라 장애 형제와의 관계는 크게 달라진다. 만약 장애 형제에게 심한 괴롭힘을 당하면서 자랐다면, 여러분의 삶과 건강을 지키기 위해 필요한 경우 떠날 수 있는 권리가 있다. 어린 시절에 오빠를 두려워하며 지냈던 레노아는 이렇게 말한다.

'무슨 일이 있어도 장애 형제를 보살피는 게 당연하다'는 생각으로 부담을 느끼며 외로워했어요. 장애 형제를 보살피고 싶지 않다는 생각이 들 때면 착한 형제의 범주에서 밀려난다는 생각에 외로움을 느꼈어요. "더는 내 인생을 희생하지 않을 거야. 좋은 시설에 오빠를 보내고 부담감을 느끼지 않을 거야."라고 말하면 나쁜 형제가 된다는 사실에 외로움이 더 커졌어요.

부모님과 미래의 일에 대해 바라는 것을 이야기해보지 않았다면 이야기를 나누어야 한다. 가정에서 자신이 하고자 하는 역할이 어떠한 것인지, 장애 형제를 돌보는 일이나 가사에 어느 정도까지 참여하기 원하는지 부모님에게 알려야 한다. 그리고 보호자의 임무와 재산분배 계획 등 부모님이 장애 형제에게 필요한 모든 정보를 파일에 정리할 수 있도록 권하는 것도 필요하다.

비장애 형제들은 가정 안팎의 사람들 모두에게서 실질적인 도움을 받을 수 있다. 형제를 도와주는 장애 지원 전문가의 도움을 받는 것이 중요하다. 이러한 도움은 어린 시절에 받는 것이 가장 좋지만, 어린 시절에 도움을 받지 못했다면 성인이 되어 도움을 주는 전문가를 찾을 수도 있다.

비장애 형제가 장애 관련기관이나 보건 서비스 조직에 속해 있다면 그곳에서 지원 전문가를 찾아볼 수도 있다. 캐시는 이렇게 이야기한다.

저는 오랫동안 성실하게 많은 경력을 쌓은 전문가를 신뢰해요. 부모님은 겉으로 보기에 훌륭한 지원을 해주는 사람을 선호했지만 저는 부모님과 생각이 달랐어요. 오빠를 지도하는 전문가와 친구 사이가 되기 위해 노력했고, 그분과 가까워질수록 오빠를 돕는 일에 더 많이 참여할 수 있었어요. 올해는 가정지원 전문가와 협력하여 함께 오빠를 돕고 있어요. 그분은 독창적이고 융통성 있게 오빠를 도와줘요. 제 생각을 충분히 잘 들어줄 뿐 아니라 저를 동료처럼 대하기 때문에 믿음이 가요. 어떤 사람들은 기관의 서류에 나와 있는 지침을 고집하면서 우리 가족의 상황을 무시하거든요. 또 전문적인 도움은 주지만 즐겁게 일하지 않는 기관도 있어요. 장애 지원 기관에 있는 사람들은 가족들을 전문적 체계 외부에 있는 낯선 사람으로 취급하곤 해요.

비장애 형제들은 자신들을 지지하고 공감해주는 누군가가 있었다면 좀 더 쉽게 형제의 역할을 해낼 수 있었을 것이라고 이야기한다. 지원 서비스나 수단을 찾고 선택하는 일이나 거주지 선택이나 다른 문제들을 처리하는 데 도움을 주는 사람이 있었다면 더 좋았을 것이라고 한다. 많은 비장애 형제들이 어릴 때부터 장애 형제에 대한 논의와 계획에 참여하지 못하기 때문에, 성인이 되어서 이 모든 책임을 감당하게 되었을 때 어려움을 겪는다. 이럴 경우 장애 관련기관이나 다른 비장애 형제에게 도움을 받아야 한다.

많은 형제들은 장애 형제에 대한 책임에 큰 부담을 느낀다. 사실 나도 미래에 대해 생각하면 무거운 짐을 진 것 같은 느낌에 사로잡힌다. 그래서 실제로는 그렇게 하지 않을 것이라는 것을 알면서도 나에게 지워진 책임을 회피하고 싶은 마음을 오랫동안 갖고 있었다.

## 내 가정 꾸리기

장애 자녀를 낳을지도 몰라서 고민하고 있다면 유전상담 서비스를 찾아보는 게 좋다. 병원 등에서 유전상담 서비스를 받을 수 있고 담당의사가 알려줄 수도 있다.

상담 결과가 확실하지 않거나 혼란스러운 문제가 생길지도 모르지만, 상담을 통해 정보를 얻으면 아이를 갖는 결정을 하는 데 도움이 될 수 있다. 상담을 받으면서 자신의 생각과 감정을 정리해볼 수 있을 것이다. 자녀를 낳을지 말지 결정을 못했다면 이미 자녀를 낳은 부부와 이야기를 나눠보는 것도 좋은 방법이다. 하지만 결국 자녀를 갖는 문제를 결정해야 할 사람은 자기 자신이다.

## 어린 비장애 형제들 돕기

어린 비장애 형제를 위한 모임을 활성화하거나 돕는 것은 매우 가치 있는 일이다. 여러분이 비장애 형제로서 겪어야 했던 특별한 상황과 경험이 어린 형제들에게 실제로 도움이 될 수 있다. 장애인 복지관 등의 기관에 알아보면 도울 방법을 찾을 수 있다. 사람들은 저마다 다양한 경험을 했다는 것을 알아야 한다. 긍정적이든 부정적이든 모든 사람이 여러분과 똑같은 감정을 느낄 수는 없다.

만약 여러분에게 비장애 손아래 형제가 있다면 편안하게 자신의 감정을 이야기하도록 격려해야 한다. 어린 형제들의 감정이 여러분이 느꼈던 감정과 다를 수 있지만, 감정을 솔직하게 나눔으로써 공감대를 형성하고 서로 도움을 주고받을 수 있다.

사람들이 어린 비장애 형제들에게 관심을 기울이도록 여러 모로 힘써야 한다. 비장애 형제로서 경험하는 문제에 대해 이야기하고, 장애 가족에게 더 많은 지원이 제공되어야 한다고 주장해야 한다. 우리는 사람들이 비장애 형제에 대해 잘 이해하도록 도울 수 있는 특별한 위치에 있기 때문이다.

# 건강한 가족으로 살아가기

장애 가족이 환경에 적응하는 데는 많은 요인들이 영향을 끼치지만, 가장 중요한 요인은 부모가 어떻게 문제를 해결하는가, 그리고 자녀들에게 어떻게 메시지를 전달하는가이다. 가족이 적응하는 양상은 가족이 어떤 도움을 받는가뿐 아니라 가족의 내면 상태에 따라서도 달라진다.

이제 가정을 좀 더 건강하게 이끌어갈 수 있는 방법을 제시하려고 한다. 부모가 건강해야 가정을 건강하게 꾸려나가고, 그럴 때 가족구성원 모두가 서로 도움을 주고받게 된다. 개인에게 초점을 둔 방법도 있고, 배우자와 함께할 수 있는 상호 지원에 초점을 둔 방법도 있다. 그리고 가족 외부에서 받는 지원을 평가하는 방법도 같이 알아보자.

건강한 가족으로 살아가는 데 도움이 될 방법을 살펴보기 전에 장애가 가족에게 미치는 영향에 대해 먼저 생각해보자.

## 장애가 가족에게 미치는 영향

아이가 생긴다는 것은 가정에 큰 기쁨을 안겨주는 일이다. 하지만 건강한 아이가 태어나더라도 일상생활에 변화가 생기고 가족구성원들의 역할이 바뀔 수밖에 없기 때문에 스트레스를 받는다. 많은 부부들이 아이가 태어난 후 관심사가 바뀌면서 배우자를 재평가하는 시기를 겪는다. 산모는 수면부족과 불안함으로 정신적·육체적으로 약해지고 산후우울증을 겪는 경우도 있다. 남편들의 경우 대부분이 그러한 아내의 변화에 무관심하고, 자신이 감당해야 할 역할을 알지 못한 채 늘어난 책임에 대해 불안해한다. 비장애 형제들은 새로 태어난 아기 때문에 당황스러워하고 자신이 아기를 진심으로 가족의 일원으로 받아들이고 싶어하는지조차 잘 알지 못한다. 비장애 아기가 태어난 경우에도 아기의 탄생은 기쁨인 동시에 스트레스의 원인이 되는데, 새로 태어난 아기에게 장애가 있을 경우에는 스트레스가 훨씬 심해진다.

가정마다 상황에 대처하고 상호작용하는 방법이 다르다. 가정을 하나의 시스템으로 볼 때 각각의 가족은 서로 다른 구성원과 가정 전체에 영향을 끼친다. 가정에 장애아가 있으면 지속적인 스트레스를 받게 되고, 이는 가정이라는 기계가 작동하는 데 영향을 끼친다.

가족구성원들이 항상 힘을 잃지 않고 긍정적으로 상황에 대처한다는 것은 쉬운 일이 아니다. 장애가 있는 아이로 인해 날마다 빽빽

하게 잡혀 있는 일들을 순조롭게 조정하는 일이 쉽지 않으므로, 점점 지치게 된다. 가족이 장애아와 관련된 많은 일들로 지치게 되면 서로 긍정적으로 관계맺기가 어렵고, 서로 도우며 지탱하던 힘을 잃을지도 모른다. 그러다 결국 가족이라는 시스템이 무너지는 경우도 생긴다.

한 부모 가정인 경우 자신의 감정과 경험을 나눌 배우자가 없기 때문에 특히 더 힘들 수도 있다. 쉼 없이 계속되는 양육에서 벗어나 잠깐이나마 숨을 돌릴 기회가 훨씬 적으므로, 다른 부모나 가족, 친구, 지원 전문가의 도움이 더 많이 필요하다.

가족이 새로운 상황에 적응하는 데에는 문화적 배경, 재정적 지원, 사회적 지원 등 많은 요인이 영향을 끼친다. 가족 개개인의 기질 또한 서로 맞춰가며 생활하는 데 영향을 끼칠 것이다. 정신력이 강한 사람도 있지만 나약한 사람도 있다. 이와 같이 사람들은 주변에서 일어나는 일에 대해 저마다 다른 방식으로 대처한다.

장애아의 부모들이 살아가면서 모두 같은 경험을 하는 것은 아니다. 부모가 느끼는 불안함, 스트레스, 슬픔 등은 결혼생활의 적응, 배우자와의 관계, 자녀와의 관계, 자녀의 형제 관계에 영향을 끼친다. 부모가 장애가 있는 자녀를 대하는 태도에 따라 가까운 주변 사람들과의 관계가 달라지기도 한다. 어떤 사람들은 큰 어려움 없이 살아가기도 하고, 또 어떤 사람들은 평생 힘겨운 삶을 살아가기도 한다.

## 부모에게 미치는 영향

부모의 양육 태도는 문화적, 종교적 신념뿐 아니라 장애에 대해 어떻게 생각하느냐에 따라 다르다. 장애 유형과 정도에 따라서도 부모의 적응과 태도가 달라진다. 더 받아들이기 어렵고 다른 사람들에게 설명하기 힘든 장애도 있고, 아이가 사회적 상호작용에 잘 따라주기 때문에 사회적으로 쉽게 용납되는 장애도 있다. 어떤 경우에는 뒤늦게 장애 진단을 받는 바람에 부모가 자녀의 장애를 알지 못한 채 자신의 양육 능력을 의심하기도 한다. 심지어 진단이나 앞으로의 경과에 대한 예측이 불확실한 경우도 있다. 또 어떤 경우에는 장애 자녀를 밤낮으로 보살펴야 하는 부모가 수면부족으로 일상생활이 완전히 뒤죽박죽 되기도 한다.

일반적으로 자녀가 장애 진단을 받으면 부모가 아이에게 품었던 많은 희망과 꿈은 사라져버리고 부모는 불확실한 미래와 마주한다. 그리고 사람들이 흔히 겪지 않는 슬픔을 경험한다. 대부분의 부모들은 삶의 의미를 잃고 불안하고 우울해한다. 태어날 때부터 아이에게 장애가 있든 태어난 뒤에 장애가 나타나든 앞으로 아이를 키울 일과 생활에 대해 불안을 느끼며, 그동안 꿈꿔온 자녀를 키우는 일에 대한 환상이 깨지면서 상처를 받는다.

부모들은 장애 자녀와 자신, 가족에 대해 생각하며 두려움을 느끼고, 불안감과 분노 그 밖의 무수히 많은 감정과 씨름해야 할 것이다. 어떤 순간에는 아이의 고통을 멈춰줄 수 있다면 기꺼이 삶을 포기하고 아이를 보호해주고 싶은 마음이 들 것이다. 너무 힘들 때에는 남몰래 아이가 세상을 떠나는 상상을 하고, 그런 생각 때문에 죄책감을 느껴서 자존감에 상처를 입을 수도 있다.

어떤 부모는 장애아를 키우며 그동안 해오던 바깥일을 그만두거나 일의 양을 줄이기도 한다. 게다가 아이의 장애 때문에 의료비를 지출해야 하므로 가정의 재정이 줄어들 수도 있다. 그러면 임시 위탁보호와 가사도우미 같은 지원을 받을 비용을 충당하기 더 힘들어진다. 부모가 장애아를 보살피는 일에 지속적으로 스트레스를 느끼면 정서적·신체적으로 심각한 영향을 받게 되어 혼란을 느끼고 지칠 수 있다.

어떤 부모는 무력함과 패배의식, 자기 비하의 감정과 씨름하기도 한다. 아이를 돌봐야 하기 때문에 친구나 다른 사회적 관계를 제대로 유지할 수 없을지도 모른다. 그래서 외부 세계에서 소외되었다고 느낄 수도 있다.

부모들은 다른 가족과 여가활동을 함께하는 것도 쉽지 않다. 휠체어를 밀고, 특별한 음식을 아이에게 먹이고, 유난스런 행동을 통제하는 것이 너무 힘들어서, 그냥 익숙하고 편안한 집에 있으려 할 수도 있다.

조이는 복합장애가 있는 딸과 함께 집 밖을 나서는 게 현실적으로 힘들었다고 이야기한다.

저는 가능하면 샐리와 함께 외출하지 않았어요. 아이를 차에 태우려 하면 갑자기 화내며 떼를 썼는데, 그때마다 몸과 마음이 너무 지쳤기 때문이에요.

부모들에게는 다른 사람과 함께 있는 것도 또 하나의 고통이 될 수 있다. 복합장애를 지닌 외아들을 둔 한 어머니는 아들이 "엄마, 나는 왜 다른 친구들과 축구를 할 수 없어요?"라고 물어볼 때 어떻게 대답해야 할지 몰라 당황한다고 했다. 장애 가족들은 당황스러운 상황을 자주 접하면서 자신들의 상황이 다른 사람들과는 많이 다르다는 느낌을 자주 갖는다.

다른 사람과의 관계에서 당황스러움을 느낄 때 사람들은 거리를 두게 된다. 조이는 딸이 다녔던 통합 유치원에 있는 학부모들이 자기와 대화하는 걸 꺼렸다는 것을 나중에 알게 되었다. 장애아의 부모들은 아이가 슈퍼마켓이나 다른 공공장소에서 심한 부적응행동을 할 때 다른 부모들에게 추궁을 받는 것 같은 느낌이 든다고 한다. 장애가 겉으로는 잘 드러나지 않을 때 부모가 아이를 잘못 키운 것처럼 추궁을 받는 느낌은 훨씬 더 심했다.

사람들은 가족 중에 누군가 장애가 있다는 사실에 슬픔을 느낀다. 경제적으로나 심리적으로 고통 한가운데에 있다. 하지만 부모가 취해야 할 태도는 희생하는 것이며, 고통이나 분노 같은 부정적인 감정을 표현하는 것은 사회적으로 용납되지 않는다고 느낀다.

어린 아들이 복합장애가 있는 캐롤라인은 다른 사람들의 태도에 좌절을 느끼곤 했다. 불쌍히 여기는 시선이나 거짓된 위로와 칭찬이 필요한 게 아니었다. 캐롤라인은 사람들이 진심으로 이해하고 도와주길 바란다.

저는 남들에게 모든 일을 해낼 수 있는 엄마처럼 보이고 싶지 않아요. 그런 눈길이 저를 얼마나 부담스럽고 힘들게 하는지 모든 사람들이 알았으면 좋겠어요.

캐롤라인은 더는 아이를 낳지 않겠다고, 장애가 있는 아들만 키우겠다고 결심했다. 하지만 남편과 가족계획을 수정해서 아이를 더 갖기로 했다. 장애 자녀 외에 아이를 더 가지려는 부모들은 임신을 하면서 혼란과 두려움을 느끼기도 한다.

많은 부모들이 아이가 장애 진단을 받은 초기에는 매우 당황했지만 시간이 지나면서 다시 평정심을 갖고 긍정적인 방향으로 생각할 수 있었다고 한다. 장애아의 어머니 제인은 이렇게 이야기한다.

물론 아들에게 장애가 없었으면 좋겠어요. 장애가 아들의 인생을 너무 불편하게 하기 때문이에요. 하지만 아들과 함께 인생을 걸어오면서 제 인생이 풍요로워졌어요. 전혀 예상하지 못했던 일이죠. 저는 다른 사람들을 섣불리 판단하기보다 저 자신과 다른 사람에게 관대해졌어요. 모든 사람들은 각양각색으로 다르다는 것을 알게 되었어요. 다르다는 점 때문에 그 사람이 더 중요하거나 덜 중요한 게 아니라는 것과 사람은 누구나 사회의 일원이 될 자격이 있고, 다양한 방법으로 사회에 기여할 수 있다는 사실도 알게 되었어요. 또 상호의존적이고 협력할 수 있는 사회관계망에 속해야 하는 중요성도 알게 되었어요. 우리는 다양한 방법으로 서로 도움을 주고받으며 살아야 해요.

## 부부 관계에 미치는 영향

자녀의 장애가 다른 사람과의 관계에 미치는 영향은 장애아 부모가 다른 사람과 얼마나 지속적이고 친밀한 관계를 맺는지에 따라 다르다.

스트레스, 과로, 갈등은 가장 친밀한 관계에도 심한 긴장감을 조성할 수 있다. 이미 부부 관계에 문제가 있었다면, 아이의 장애는 결혼생활에 균열을 일으키고 커다란 어려움에 부딪히게 할 수도 있다. 부모 중 한쪽이 너무 오랜 시간 동안 장애아를 돌보면 배우자와 다른 자녀들은 방치된 듯한 느낌을 갖는다. 일상의 모든 일이 장애아를 중심으로 돌아가므로 관계 회복이 어려워진다.

부모들이 생각하는 가장 좋은 자녀 양육방식은 저마다 다르다. 또한 부부는 복잡한 감정을 다양한 방법으로 풀어간다. 자신의 감정을 쉽고 명확하게 표현하는 사람도 있지만 그렇지 않고 위축되는 사람도 있다. 부모로서 부부가 슬픔을 대하는 방식도 다르다.

특히 아버지들은 감정을 겉으로 드러내지 않아야 한다는 사회의 압력을 느낀다. 그래서 자신의 태도와 감정에 대해 이야기할 준비가 되기까지 더 많은 시간이 필요하다. 아버지가 가정에서 자녀를 돌보는 일에 적극 참여하지 않는다면, 자녀의 장애를 받아들이고 장애로 인한 보이지 않는 영향을 이해하는 데 더 오랜 시간이 걸릴 것이다. 아버지가 이런 반응과 태도를 보이면 가정에 스트레스가 더 커질 수 있다.

반면에 부부 관계가 좋으면 실질적이고 정서적인 도움이 잘 이루어져 아이가 장애 진단을 받고 지속적으로 돌봐줘야 하는 상황을 잘 견뎌낼 수 있다. 어떤 부부는 장애 자녀를 키우면서 부부 관계가 더 가까워졌으며, 가족 모두가 한층 더 성숙해졌다고 말한다.

## 비장애 자녀에게 미치는 영향

부모는 장애 자녀에게 시간과 에너지를 많이 쏟아야 하지만, 비장애 자녀에게도 충족시켜 주어야 할 것들이 있다. 대체로 부모들은 비장애 자녀에게 실제적인 욕구와 정서적인 욕구를 덜 채워주게 된다. 하지만 이들도 또래 아이들과 마찬가지로 정서적으로 완전히 성숙하지 않은 상태다. 성인도 자기 주변에서 일어나는 일들을 이해하고 조정하기 어려운데, 하물며 아이들은 자기 주변의 일들을 이해하고 적응하기가 훨씬 더 어렵다. 아이들이 새로운 가족 상황에 적응하는 정도는 부모가 감정을 표현하는 방법, 아이들에게 주는 정보의 내용, 아이들의 질문에 대한 대답이 어떠한가에 따라 달라진다. 부모가 스트레스와 상실감에 어떻게 대응하는지에 따라 자녀들이 주변에서 일어나는 일에 대처하는 방법이 달라진다. 부모가 자녀의 장애 때문에 힘들어하거나 일상생활에서 부정적인 태도를 보이면, 이것이 다른 가족들에게 전해져 영향을 준다. 결과적으로 비장애 자녀들은 거칠어지거나 문제행동을 하는 경우가 많아지고, 부모들은 스트레스가 쌓이면서 상황을 통제하는 힘을 잃게 된다. 결국 아이들은 마음의 고통이 더 커지며 가족 시스템은 점점 무너지게 된다.

부모가 비장애 자녀에게 필요한 것을 알아차리더라도 아이들의 감정을 알아주기는 쉽지 않다. 부모가 자신의 슬픔을 추스르고 상황을 받아들이기 위해 애쓰는 동안에는 자녀가 보내는 고통의 신호를 알아차리기 어렵다. 아이들 스스로가 부모가 힘들어하지 않도록 자신의 감정을 감출 수도 있기 때문이다. 어떤 아이들은 부모님이 상황을 잘 극복할 만큼 강하다고 느낄 때만 감정을 털어놓을 수 있었다고 토로하기도 했다.

헬렌은 복합장애가 있는 남자아이의 어머니이자 《가족 안의 다름 Difference in the Family》이라는 책을 쓴 미국 작가이다. 헬렌은 비장애 자녀가 지닌 걱정을 알아차리는 것이 어려웠다고 한다.

부모들은 장애가 있는 자녀가 비장애 자녀의 삶에 끼치는 영향에 대해 고민합니다. 저는 부모 입장에서 어머니들과 아버지들이 얼마나 자녀의 입장을 이해하고 싶어하는지 알고 있습니다. 부모들은 받아들이기 힘들거나 불쾌한 진실을 인정하기 꺼립니다. 대신에 건강한 자녀들이 가족이 겪는 어려움을 통해 좀 더 현명해지고 인정이 깊어질 것이라고 믿고 싶어합니다. 부모들이 자녀들도 힘겹다는 것을 이해한다면, 자녀가 겪는 어려움이 부모 탓이 아니라는 사실도 알아야 할 것입니다.

## 가족의 욕구 파악하기

장애아를 돌보는 일은 평생 스트레스가 떠나지 않는 일이다. 가족의 모든 구성원은 가족이 처한 상황을 잘 이겨내기 위해 서로 도와야 한다. 가정 안에서 서로 어떤 도움을 주고받을 수 있는지 파악하고 서로 도울 방법을 알려줄 전문가의 도움을 받는 것이 좋다. 또 외부에서 공식적, 비공식적, 실질적, 정서적인 도움을 비롯해 어떤 도움을 받을 수 있는지 알아보아야 한다.

어떤 가정은 내부에 가족에게 도움이 될 수 있는 자원이 충분하지만, 외부 사람들의 도움이 필요한 경우도 있다. 건강한 가정은 가족 내부와 외부의 지원이 균형을 이룬다. 가족구성원은 욕구가 저마다 제각기 다르며, 이는 시간이 지나면서 더욱 다양해진다.

부모는 먼저 장애나 질병에 대한 정보를 알아야 한다. 장애가 있는 자녀를 어떻게 키워야 할지, 그리고 나머지 가족의 삶과 일상생활을 어떻게 조정해야 하는지도 알아야 한다. 또 장애 관련기관과 지역사회에서 자녀 양육에 도움이 될 지원 혜택을 받는 방법도 알아야 한다. 보건 전문가의 도움과 임시탁아, 교통, 특별수당과 같은 지원을 받는다면 가족에게 큰 힘이 될 것이다.

부모에게는 장애아를 돌보는 데 도움이 될 실질적인 정보뿐 아니라 정서적인 지원도 필요하다. 부모는 자신이 그동안 아이에 대해 가졌던 꿈을 잃어버린 것을 충분히 슬퍼해야 하며, 그런 뒤에 지금 곁에 있는 장애아를 이해해야 한다. 부모가 좌절, 충격, 분노를 느끼지만 그것에 대해 이야기할 기회가 없다면 이러한 감정이 더 악화될 수 있다. 따라서 자신의 감정에 대해 배우자와 열린 마음으로 대화를 나누어야 한다. 배우자와 대화를 나누면 가족이 겪는 일에서 긍정적인 의미를 찾게 될 것이다.

장애아를 키우는 다른 가정과 교류를 함으로써 많은 것들을 얻을 수도 있다. 비슷한 경험을 했기 때문에 다른 가족에게 안정감과 희망을 줄 수 있기 때문이다. 친척이나 친구, 지역사회에 있는 단체의 사회적 지원도 필요하다. 건강한 가정은 폭넓은 사회관계망을 이루고 있다. 지원 정보를 어디에서 얻을지 알고 이용한다면 도움이 될 것이다.

다시 말하면, 부모들은 자신에게 필요한 실질적·정서적 지원을 어디서 받을 수 있을지 생각해봐야 한다. 대개는 가족 안에서, 그리고 전문가나 친구, 친척에게서 도움을 받을 수 있다.

# 건강한 부모 되기

건강한 가족은 서로 간의 유대가 돈독하다. 서로 존중하고 배려하며 지지를 받고 있다고 느낀다. 또한 여러 가지 일들을 함께하고 문제를 함께 극복하며 서로에 대해 책임을 다한다. 날마다 해야 하는 일과가 정해져 있고, 각각의 구성원이 서로에게 어떻게 행동해야 하는지 명확한 지침이 있다. 그렇다고 해서 모든 일이 순조롭기만 한 것은 아니지만, 건강한 가족은 어려운 상황을 스스로 잘 헤쳐나갈 수 있을 것이라는 확고한 믿음이 있다.

다음은 장애아의 부모가 성장하기 위해 밟아야 할 중요한 과정을 소개한다. 부부가 서로 헌신적인 관계를 맺고 있다면 이 과정들을 통해 서로 도우며 버팀목이 될 수 있을 것이다.

## 부부만을 위한 시간 갖기

부모는 가정에서 누구보다 먼저 자녀를 돌보는 사람이다. 양육 환경을 잘 조성하기 위해서는 자기 자신은 물론 부부 관계에도 관심을 쏟아야 한다. 부부가 함께 자신을 위한 활동, 휴식, 즐겁게 할 수 있는 일, 친구들과의 만남에 시간을 내는 것이 좋다. 부부 관계를 돈독하게 하기 위해 부부만의 시간을 갖는 것도 좋다. 서로 시간을 맞추는 게 힘들 수도 있지만 부부만의 시간을 보낼 기회를 마련하는 게 좋다. 부부 관계가 건강해야 서로에게 가장 든든한 도움을 줄 수 있기 때문이다. 끊임없이 생겨나는 가족들의 새로운 욕구를 충족시키면서 부부가 따로 혼자 있는 시간을 내는 것이 어려울 수 있지만 노력하는 것이 중요하다.

제한이 많은 상황에서 자신을 위한 시간을 내기가 쉽지는 않을 것이다. 피곤함과 불안이 심해지고, 스스로 필요하다고 느끼면 도움의 손길을 찾아야 한다. 다른 사람들을 통해 자신이 미처 알아채지 못한 내면의 문제를 인식할 수도 있다. 어떤 전문가들은 합리적으로 시간 조정을 하지 않은 채 치료를 받으라고 종용할 수도 있다. 스트레스가 너무 심하다면 그런 일정을 계속 따르지 않아도 된다. 치료사와 의견을 조정할 수 있을 것이다. 가장 중요한 역할은 자녀의 부모가 되는 것이지 치료사가 되는 것이 아니라는 걸 염두에 두어야 한다. 두 살배기 마이클의 아버지 스테판은 시간 문제에 대해 다음과 같이 이야기한다.

저는 마이클을 도와주는 장애 관련기관의 심리학자들과 이야기를 나누면서 마이클에게 장애가 있다는 사실을 받아들이기 힘들었어요. 심리학자들은 제가 경험하는 감정들이 통상적인 것이라며 안심시켜 주었는데 그 말에 큰 위안을 받았어요. 그분들은 제게 상황에 대처하기 위한 바람직한 방법과 앞으로 겪게 될 어려움을 미리 알려주어 위기에 빠지지 않도록 도와주었어요. 심리학자들이 강조한 한 가지는 저 자신을 되돌아봐야 하며 항상 아이에게만 초점을 맞추지 않아도 괜찮다고 생각하라는 것이었어요.

가능하다면 집 청소를 해주거나 아이를 돌봐주거나 운전이나 요리를 담당해줄 사람을 찾는 것도 좋다. 장애아를 키우는 일은 가계에 심각한 타격을 주기 때문에 이런 도움을 줄 사람을 고용할 여유가 없을지도 모른다. 하지만 가끔은 적은 비용으로 이용할 수 있는 청소업체를 이용하고, 가족과 친구들의 도움도 받을 수 있는 기회를 찾아야 한다. 장애 관련기관에서 지원받을 수 있는 통로를 알려줄 수도 있다.

부모가 자녀들과 함께 시간을 보내는 것도 중요하다. 장애아가 있는 가정에서는 부모님과 함께 시간을 보내고 싶어하는 비장애 자녀의 욕구를 간과하기 쉽다. 많은 시간이 필요한 것이 아니다. 모든 자녀가 부모를 독차지하고 자기가 특별하다고 느낄 수 있는 기회가 필요하다. 가족과 친구들의 도움을 받아 휴식을 취할 기회를 마련한다면 자녀들과 함께 시간을 보낼 수 있을 것이다.

## 배우자와 감정을 나누고 대화하기

가정을 건강하게 꾸려가는 사람들은 효과적으로 의사소통을 한다. 부모들은 서로 마음을 열고 대화해야 한다. 슬픔, 화, 비난, 죄책감과 같이 고통스러운 감정을 표현하는 것이 매우 힘들 수 있다. 부부는 힘든 시기를 맞으면 서로 상대방을 보호하려고 노력하지만, 더 나아가 감정과 정보를 공유하고 어떤 결정을 내릴 때 서로 상의해야 한다. 끊임없이 대화하는 것이 중요하다. 감정이 너무 격해진다면 초기 단계에서는 상대방에게 글로 자신의 생각과 느낌, 두려움을 전하는 것도 좋다. 유머로 건강하게 감정 표현을 대신할 수 있다면 그것도 도움이 될 수 있다.

부모들의 태도는 시간이 지나면서 바뀐다. 그리고 다른 단계에 이를 때마다 시소를 타는 것처럼 서로 도우면서 다르게 행동할 것이다. 부부 중 한쪽이 감정을 분명하게 드러내는 반면 다른 한쪽은 그렇지 않을 수 있는데, 그런 불일치가 계속 커질 수 있다. 때에 따라서는 문제가 없는 듯 잘 지내는 배우자가 오히려 감정을 밖으로 분명히 드러내는 배우자보다 더 갈등에 휩싸여 있는 경우도 있다. 이 경우 부부는 어느 순간에 서로 도움을 주고받지 못하고 있다는 것을 알게 되고, 부부 관계에 문제를 느낀다. 이런 불일치는 서로 정보를 공유하고 함께 시간을 보낼 때 해소될 수 있는데, 표현방식이 다를지라도 상대방이 어떠한 문제로 고통스러워한다는 것을 아는 것이 도움이 된다.

또 어떤 때에는 배우자와 의사소통을 더 원활히 해야 할 압력을 느끼기도 하는데, 이때 부부 사이에서보다는 외부에서 이를 강요하는 경우도 있다. 따라서 의사소통이 중요하기는 하지만, 배우자가 경험하는 것을 충분히 이해하고 받아들이거나 생각을 충분히 나눌수 있을 만큼 자신을 조절할 수 있기까지는 시간이 필요할 수도 있다. 늘 순조롭게 대화할 수 없다는 현실을 합리적으로 생각하고 받아들이면, 큰 위안을 얻고 어깨에 있는 무거운 짐을 내려놓을 수 있을 것이다.

한 어머니는 이렇게 이야기한다.

사실 그때 남편이 무슨 생각을 하는지 몰랐어요. 남편이 그 문제에 대해 한마디도 하지 않았기 때문이에요. 제가 울면서 말할 때 남편은 말없이 생각에 잠겨 있었어요. 솔직히 지금도 남편이 무슨 생각을 하고 있었는지 모르겠어요. 저는 혼자 생각하는 것이 거부하는 태도가 아니라면 받아들여야 한다고 생각해요. 저는 그이의 생각을 그때그때 알 필요는 없다고 생각하거든요.

부모들은 죄책감 때문에 장애가 있는 자녀에 대한 감정을 솔직하게 털어놓기 어렵다. 하지만 장애 자녀에 대해 좋지 않은 감정을 표현할 수 있다. 예를 들면 아이가 발작을 하거나 병원에 수시로 데리고 가야 하는 등 많은 시간을 할애해 돌봐야 할 때 느끼는 부담감을 아이를 비난하지 않고 표현하는 것이다. 비장애 형제에게 부모가 하는 대로 보고 따라 하도록 한다면 도움이 될 것이다.

배우자와 정보를 공유하는 것도 도움이 된다. 조이는 병원에 갈 약속을 정할 때 부모가 함께 정하는 것이 중요하다고 이야기한다.

저는 아이의 초기 양육자로서 로즈를 돌보며 집안일을 했어요. 로즈를 의사 선생님에게 데려가기도 하고 아이가 발작을 하면 뒤처리를 하고 약을 주었지만 남편은 도와주지 않았어요. 제가 우리를 도와주는 사람들을 만나고 오면 어땠는지 물어볼 뿐이었어요. 가끔 남편이 물어볼 때면 당황스러워서 확실히 답해줄 수 없었어요. 몇 달 후에 남편이 일정을 조정해서 어떤 기관에는 함께 갈 수 있게 되었어요. 그 뒤에는 남편도 아이에게 어떤 일이 일어나고 있는지 알게 되었기 때문에 훨씬 도움이 되었어요.

어떤 부부는 상담을 하면서 마음을 터놓고 의사소통을 하게 된다. 문제를 해결하는 기술을 함께 배우면서 서로를 돕는 방법을 알게 된다. 아이의 장애에 대해 정확히 알기 전, 그래서 더 큰 문제로 부각되기 전에 전문 상담을 받는 것이 부부 사이에 도움이 될 수 있다. 이러한 지원은 부부 관계가 좀 더 친밀해지고 서로가 원하는 것이 무엇인지 이해하는 데 도움을 준다.

## 슬픔을 인식하기

부모들은 장애아를 둔 부모로서의 삶을 받아들이는 데 시간이 걸린다. 부모는 자신이 이전에 꿈꿔온 자녀의 모습과 미래를 생각하며 슬퍼할 시간이 필요하다. 하지만 다시 현재의 아이에게로, 아이와 함께할 미래로 돌아와야만 한다. 슬픔의 시기를 보내고 나면 바뀐 현실에 적응할 수 있는 힘을 얻을 수 있다.

부모는 서로의 슬픔을 인식하거나 표현하기 힘들다. 하지만 가족이 서로 고통과 상실감을 알아차리고 드러내면, 서로를 훨씬 잘 돕게 되고 용기와 자신감을 얻게 된다.

슬픔은 아이를 키우는 과정에서 때때로 찾아올 수 있다. 아이를 키우다보면 초기 진단 시기를 지나서 다른 어려운 시기가 찾아온다. 아이가 제 시기에 발달이 이루어지지 않거나 유치원에서 초등학교로, 또 중등 교육기관으로 전환해야 할 때, 그룹홈으로 이사해야 할 때 슬픔을 느낀다. 부모는 자녀가 한 단계 더 나아가는 것에 대해 긍정적으로 생각하더라도 슬픔을 느끼게 된다. 이는 매우 당연한 일이며 이때에 희망을 가지고 부모로서, 가족으로서 이 슬픔의 기간에 서로 도울 수 있을 것이다.

두 딸 중 한 아이에게 장애가 있는 어머니는 자녀가 모두 비장애인 부모들을 볼 때마다 슬픈 마음이 든다고 한다. 그 가족들에게는 현재 누리고 있는 것들을 당연하게 생각하지 말고 소중히 여기라고 말해주고 싶다고 한다.

## 장애의 의미 발견하기

부모들은 주변의 도움을 받으면서 점차 적응해가고, 시간이 지남에 따라 자녀의 장애에 대해 더 균형 잡힌 관점을 갖게 된다. 아이를 인생의 전부로 여기기보다 삶의 한 부분으로 여긴다. 장애가 가족에게 기여하는 긍정적인 면을 보게 된다. 또 시간이 지남에 따라 부모로서 자신의 성취와 자녀의 성취에 대해 제대로 평가할 수 있게 되고, 자신에 대한 자존감을 회복하기 시작한다. 부부는 함께할 때 더 강해지고 함께라면 무슨 일이든지 할 수 있다는 것을 알게 되며, 미래에 대한 계획을 세울 수 있게 된다.

자녀의 장애에 어떤 의미를 부여하느냐에 따라 부모가 상황에 대처하는 방법이 달라진다. 부모는 장애가 주는 의미를 알아가는 과정에서, 삶은 불완전하며 우리가 모든 답을 알 수는 없다는 사실을 받아들여야 한다. 그리고 부모로서 자녀의 장애를 받아들이고 이해할 수 있는 의미를 찾아야 한다. 어떤 가정은 가족구성원들이 스스로 긍정적으로 생각하고 희망을 갖기 전에 외부에서 다른 사람의 도움을 받는다. 하지만 먼저 가정 내에서 서로 도움을 주고받는 것이 중요하다.

장애아를 둔 부모들 상당수가 다른 사람들과 관계를 맺고 다양한 방법으로 도움을 주고받을 수 있다는 사실을 알게 되었을 때 새로운 삶의 의미를 찾을 수 있었다고 한다. 어린 장애 자녀를 둔 다른 부부에게 위안을 주거나, 장애인 편에 서서 대신 옹호하는 일을 하거나, 장애와 관련된 새로운 직장에서 일하면서 삶의 의미를 찾을 수도 있다. 이렇게 되기까지는 시간이 많이 걸리겠지만 말이다.

# 외부의 지원 체계 마련하기

많은 가족들이 앞에서 이야기한 전략을 수행하려면 도움이 필요하다. 가족이 전문가나 비슷한 상황에 있는 다른 가족, 친구들의 도움을 받을 수 있다면 상황을 좀 더 잘 이끌어나갈 수 있을 것이다.

### 전문가의 도움

부모는 자신들을 도와줄 전문가 지원 체계를 마련해야 한다. 지원 체계에는 자녀를 직접 돌봐주는 사람, 사회복지사, 심리학자 들이 해당될 수 있다. 시간이 지나면서 어떤 지원 전문가가 가장 도움을 주는지 결정할 수 있게 된다. 지원 체계 내에 있는 사람들은 부모가 유용한 정보에 접근할 수 있는 능력을 향상시켜 줄 것이다. 또어떤 사람들은 정서적인 지원을 해줄 수도 있다. 이들은 가족끼리 좀 더 효과적으로 의사 소통하는 방법을 알려주고, 가정 안에서 서로 충분히 도움을 주고받을 수 있도록 해줄 수 있다. 전문가들은 부모에게 상황을 극복할 힘이 충분하다고 생각하고 앞으로 겪게 될 다양한 감정을 처리할 수 있도록 도와주어야 한다. 전문가들은 여러분이 마주한 일에서 긍정적인 의미를 발견하고, 적절한 지원을 받을 수 있도록 도와줄 것이다.

### 정보

인터넷, 책, 도움을 줄 다른 부모들, 장애 관련단체, 아동건강 단체, 병원 등 도움이 될 정보를 제공하는 곳이 많다. 가족구성원은 자녀의 장애에 대해 제대로 알고 다른 사람들이 자녀를 키우면서 알게 된 유용한 정보를 접하면서 용기를 가질 수 있다. 장애에 대한 정보뿐 아니라 앞으로 협력해야 할 지원 체계와 이용할 수 있는 서비스, 도움을 주는 기관에 대해서도 알아야 한다. 부모는 시간이 지나면서 자녀의 장애를 대하는 태도가 변하기 때문에 각각의 시기에 적용할 수 있는 다양한 서비스와 정보가 필요하다. 처음에 절망감으로 가득할 때에는 정보를 알아도 받아들이지 않지만, 이후에는 다양한 방법으로 정보를 받아들이고 더 많은 정보를 원할 것이다.

모든 가족에게 정보를 알려주어야 한다고 생각한다면 엄청난 중압감을 느낄 수 있다. 따라서 아이를 돌보고 있는 전문가가 직접 가족구성원에게 알려주거나, 가족들이 모든 의문사항을 질문할 수 있는 기회를 만든다면 도움이 될 것이다. 어떤 부모들은 수집한 정보와 전문가에게 묻고 싶은 질문을 적어 서류철에 보관한다. 지원 전문가들이 부모를 도와줄 수는 있지만 결국 자녀를 책임져야 하는 사람은 부모다. 모든 정보를 소중하게 받아들이면 자녀에 대해 잘 알게 될 것이다.

## 정서적 지원

지원을 받고 있다는 느낌은 다른 사람과의 관계에서 중요하다. 가족들은 전문가의 조언에 지레 겁을 먹을 수도 있고, 전문가가 자신의 가정을 다른 가정의 경우와 똑같이 취급한다고 느낄 수도 있다. 부모들은 죄책감 없이 이야기하고 감정을 드러내 보일 수 있어야 한다. 미래에 대한 두려움, 자녀와 가족에 대한 걱정을 이야기할 수 있어야 한다. 부모가 자신의 감정을 이해한다면 자신에게 필요한 것들을 좀 더 쉽게 파악하고 원하는 것을 요구할 수 있다.

지원 전문가들은 부모가 슬픔을 비롯한 모든 감정을 이해하고 받아들일 수 있도록 도와야 한다. 다양한 시기에 찾아오곤 하는 만성적인 슬픔의 특성을 이해하고, 그 시기를 겪기 전에 대비하도록 해야 한다. 만약 관계 맺고 있는 전문가가 이러한 일들을 돕지 못한다면 도움이 될 만한 다른 전문가를 찾아보아야 한다. 무엇보다 먼저, 장애아와 가족을 도와주는 전문가에게 요구사항과 필요한 지원에 대해 이야기해야 한다.

## 자신감 회복

부모들이 자신감을 회복하기 위해서는 도움이 필요하다. 장애 진단을 받은 초기에는 주어진 상황을 어찌할 도리가 없다고 느끼고 심한 상실감을 느끼기 쉽다. 특히 장애가 있는 자녀의 양육과 관련된 문제를 선택하고 결정을 내려야 할 때 이런 감정을 느낀다. 전문가들은 부모가 상황을 통제할 수 있다고 생각하면서 자신감을 회복하도록 도와주어야 한다.

전문가들은 부모가 누구보다 장애가 있는 자녀에 대해 잘 알고 있다는 것을 인정하고, 아이에 관한 결정을 내릴 때 부모들을 참여시켜야 한다. 장애 관련기관이나 다른 건강 관련시설의 도움을 받고 있다면, 그들이 가족을 중심으로 하는 원칙에 대해 잘 알고 적용하고 있는지 확인해봐야 한다.

지원 전문가의 도움을 받아도 부모들이 좌절을 경험한다면 좀 더 높은 수준의 지원을 제공하는 기관을 찾아야 한다. 많은 기관들이 가정을 중심에 두려고 노력하지만 가끔 그 방침에 따라 행동하지 않을 때가 있다. 기관들이 가족 중심의 방침에 따라 운영하도록 하는 것은 부모에게 달려 있다.

부모가 자신감을 갖고 가족이 서로 돕는 능력을 향상시킬 수 있도록 스트레스 조절방법, 의사소통기술, 문제해결기술, 다른 사람들의 반응에 대처하는 방법, 자기주장기술 등과 같은 실제적인 기술을 배우는 것이 좋다.

부모가 장애아의 발달을 돕는 법을 배울 수도 있다. 발달장애아는 평생 기능적으로 어려움을 겪기 때문에 치료 프로그램이 필요할 수 있다. 치료 프로그램의 효과가 바로 나타나지 않거나 더 나아질 가능성이 보이지 않더라도, 자신을 탓하지 말기 바란다. 프로그램이나 치료방법이 알맞지 않았을지도 모르기 때문이다.

때로 부모들은 장애 때문에 생기는 문제들로 자신을 책망한다고 느낄 수도 있다. 하지만 전문가들이 많은 문제들에 대해 질문하는 것이 필요한 일임을 염두에 두어야 한다. 전문가들이 이것저것 질문을 하는 것은 책망하기 위해서가 아니라, 상황을 정확히 판단하고 그에 따른 대처를 하기 위해서임을 이해해야 한다.

일반적으로 아버지들은 의사를 만나거나 치료 일정에 참여하기가 쉽지 않기 때문에 자녀의 장애에 대해 다른 사람들과 이야기할 기회가 별로 없다. 이로 인해 아버지는 자녀와 함께하거나 지원 체계에 결합하기가 어려워지고 자신감을 잃게 될 수 있다. 그러면 괴리감은 더욱 커지고 만다. 가족이 처한 상황에 따라 다르지만, 특별히 가정에서 아버지의 역할이 줄어들지 않도록 유의해야 한다. 스테판은 장애아의 아버지 역할을 하기가 어려웠다고 이야기한다.

죄책감은 제가 해결해야 할 주된 문제였습니다. 돈을 벌어서 가족을 부양해야 한다는 의무감도 있었지만 마이클을 집에 남겨두어야 한다는 죄책감, 다른 아이들을 마이클보다 덜 중요한 것처럼 대한다는 죄책감을 느꼈습니다. 이런 고민은 대부분의 아버지들이 맞닥뜨리는 문제라는 걸 알지만, 마이클에게는 도움이 더 필요하기 때문에 더 심한 죄책감을 느꼈던 것 같습니다. 자존감도 흔들렸습니다. 예전만큼 멋진 아버지라고 확신할 수가 없었거든요. 직장 일도 제대로 처리하지 못했습니다. 직장 일에 많은 시간을 투자할 수 없었기 때문입니다. 요즘은 지금 상태에서 한 발 뒤로 물러나 가능한 한 스트레스를 덜 받는 곳에서 일해야 한다는 생각이 듭니다.

## 다양한 지원의 활용

장애 관련기관이나 그 밖의 기관을 통해 적절한 서비스와 지원을 받는 가정은 상황에 잘 적응하고 힘과 능력을 기를 수 있다.

많은 부모들의 주된 관심사는 효과적인 치료 프로그램을 찾는 것이다. 그렇지 못할 때는 불만과 좌절감을 느낀다. 부모들이 다른 가족들과 모임을 갖는다면 의료 서비스, 의료에 준하는 서비스, 대안 프로그램과 치료방법에 접근하기 쉬울 것이다.

주변에는 늘 지원 체계가 있지만, 직접 지원을 받기 전에는 이를 알지 못한다. 지원 제공 초기에는 장애 관련기관이나 병원에 있는 전문가들이 다른 지원 기관과 협력하면서 가족을 위한 사례관리자가 되어주어야 한다. 시간이 지남에 따라 부모들은 전문가들이 했던 역할을 대신하면서 자신감을 키울 수 있게 된다.

부모들은 현재 받고 있는 지원에 문제가 있을 때 불편한 점을 이야기하기 망설인다. 불평을 드러내면 그것이 자녀에게 되돌아와 안 좋은 영향을 끼치게 될까 봐 걱정스럽기 때문이다. 부모는 합리적으로 정중하게 불편함을 표현할 권리와 책임이 있다. 지원 기관이 가족 중심 지원을 시행하여 치료 팀에서 부모가 중요한 비중을 차지하게 한다면 이런 문제가 훨씬 줄어들 것이다.

## 휴식

가족들에게는 에너지를 재충전할 시간이 필요하다. 장애아를 포함한 가족 모두 또는 각자가 휴식 시간을 갖는 것이 중요하다. 아이들과 운동을 하거나 가족이 함께 쇼핑을 하러 갈 수도 있고, 부부가 함께 시간을 보내거나 혼자만의 시간을 즐길 수도 있다.

지원 프로그램에 참여하는 일은 에너지가 많이 소모되는데도 쉬고 싶은 마음이 들 때 죄책감을 느끼는 부모들이 있다. 하지만 비장애 자녀를 둔 가족들도 서로 떨어져 휴식을 취하기도 하고, 아무도 그것에 대해 심각하게 고민하지 않는다. 아이를 집에서 돌보고 있다면 부모에게 휴식이 필요한 건 당연하다. 하지만 편한 마음으로 휴식을 취하는 동안 아이를 대신 맡아줄 사람을 구하기가 쉽지 않다. 따라서 아이를 믿고 맡길 만한 사람인지 확신하기 위한 충분한 고려와 신중한 판단이 필요하다.

가족의 휴식은 비장애 형제에게도 큰 도움이 된다. 게다가 그 시간 동안 장애 자녀는 다른 사람들과 새로운 관계를 맺고 독립심을 키울 수 있기 때문에 좀 더 풍요로운 삶을 누릴 수 있다. 주말 내내 혹은 주중에 한두 시간씩 집에서 아이를 돌봐줄 사람을 고용할 수도 있고, 장애 관련기관의 휴일 프로그램이나 개인지원 프로그램을 신청할 수도 있다. 가장 좋은 방법은 개별 가족에게 필요한 것을 충족시키도록 고안된 것을 선택하는 것이다. 유급 돌봄 노동자, 장애 지원단체의 일원이나 다른 친척들이 도움을 줄 수 있다. 또한 비슷한 상황에 있는 다른 부모들에게 어떻게 하는 것이 좋은지 물어보는 것이 좋다. 모든 가족구성원이 휴식을 제대로 취할 수 있도록 점차적으로 계획을 세워야 한다. 가장 좋은 것은 자녀가 어릴 때부터 휴식을 취하는 것이다. 휴식을 위한 지원을 받으려면 오랫동안 기다려야 하므로 미리 계획을 세워야 할 수도 있다.

가깝게 지내던 한 가족은 자폐인 아들에게서 잠시 떨어져 휴식을 취하려고 하다가 주변의 부정적인 반응을 보고 우울했다고 한다. 그 가족은 정서적으로 힘들어하는 비장애 자녀와 여유로운 시간을 보내고 싶었지만, 가족을 지원해줄 자금이 없다는 말을 들었다. 그 가족에게 위로의 말을 건넸지만, 가족에게 실직적으로 필요한 것은 편안한 휴식과 충분한 비용이었다.

어떤 어머니는 한 매체의 기사를 통해 가족을 위한 휴식 프로그램이 부족하다고 이야기했다.

사람들은 장애 가족의 휴식 문제가 해결되지 않는다면 앞으로 더 큰 손해가 생긴다는 것을 생각하지 못합니다. 한 가정이 무너지면 국가에서는 한 명이 아니라 다섯 명을 지원해주어야 하기 때문에 훨씬 많은 비용이 소모됩니다. 정부의 복지정책 관계자들이 이 사실을 안다면 지금 이 자리에서 기꺼이 처리해줄 것이라고 생각합니다.

## 다른 가족들의 도움

장애아의 부모들은 각기 자신의 삶을 살아가지만 비슷한 경험을 하는 부모들이 큰 힘이 되고 유용한 조언을 해줄 수 있다. 같은 입장에서 서로의 상황을 공감하며 관계를 맺기 때문에 가장 좋은 지원자가 될 수 있다.

다른 가족들을 보면서 장애아를 가족의 전부이기보다는 부분으로 여기게 될 것이다. 가정생활을 하면서나 외부의 지원을 받으면서 알게 된 유용한 정보를 주고받을 수도 있다. 하지만 어떤 부모들은 자신의 슬픔과 분노를 해결하지 못해서 다른 가족들에게 도움을 줄 수 없을지도 모른다. 또 어떤 경우에는 자신의 방식을 따르도록 강요하거나 두려움을 가중시킬 수도 있다. 따라서 자신에게 도움이 되는 부모들과 시간을 함께 보내야 한다.

스물세 살인 메간은 이렇게 이야기한다.

지난 6년 동안 우리 가족을 정서적으로 지원해주고 지탱해준 것은 전문가들이나 지원 기관이 아니라 같은 상황에 있는 다른 가족들이었어요. 그분들이 우리가 받을 수 있는 도움에 대해 알려주었는데, 예상치 못한 큰 도움을 받을 수 있었기에 감사했고 제가 그동안 모르는 게 많았다는 생각이 들어서 부끄럽기도 했어요.

미국에는 '부모결연 프로그램'이 널리 보급되어 있는데, 이곳에서는 경험이 풍부한 부모들을 훈련시킨다. 이 프로그램에 참가하는 부모들은 비슷한 경험을 했지만 한발 앞서서 용기와 자신감을 얻은 사람들로, 장애 진단을 받은 아이의 부모에게 경험이 풍부한 부모들을 연결시켜주고 도움을 준다. 부모 또는 가족 전체를 대상으로 하는데, 특히 한 부모 가정에게는 이러한 지원이 큰 도움이 될 수 있다. '부모결연 프로그램'의 전문 강사는 주로 부모다. 부모들은 전문가들의 도움을 받으며 자신의 경험을 바탕으로 장애 가족들이 이른 시기에 적절한 지원을 받을 수 있도록 돕고, 상황을 좀 더 긍정적인 관점으로 바라보게 해준다.

미국에는 장애 가족을 위한 단체가 많고, 모임 안에서 부모들이 함께 이야기를 나누고 사회활동을 할 수도 있다. 이런 단체는 부모에게 실제적이고 정서적인 도움을 주고 소외감을 줄여준다. 또 힘든 상황을 극복할 수 있는 기술을 익히고 자신과 장애아를 좀 더 긍정적으로 바라볼 수 있도록 돕는다. 때로는 서로 도움을 주고받을 수 있도록 모든 가족이 함께 모이기도 한다. 부모들의 모임에 대해 스테판은 이렇게 말한다.

부모 모임에서는 가끔 아버지들만 모임을 가집니다. 아버지들은 다른 아버지들을 만나면서 자기만 특별한 게 아니라는 것을 알게 되죠.

부모들의 모임에서는 주변 사람들의 불편한 시선과 반응에 좀 더 자신감 넘치고 편안하게 대처하는 방법을 배울 수 있고, 그 과정에서 여러분이 다른 사람들에게 좋은 방법을 알려줄 수도 있다. 사람들에게 일일이 반응하지 않아도 될 때도 있고, 가끔은 적절한 유머가 도움이 될 때도 있다. 데버러 풀워드와 피터 크로닌이 쓴

《대중 상대하기: 장애가 있는 자녀에 대한 사람들의 무심함에 대처하기 Facing the Crowd: Managing other people's insensitivities to your disabled child》라는 책에는 다른 사람들의 반응에 대처하는 방법이 나와 있다.

이 책은 장애아를 키우는 부부뿐 아니라 자녀에 관한 문제를 공유하는 다른 사람들에게도 많은 도움이 된다. 장애아에 대한 자신의 반응을 되돌아보게 되고 주변 사람들의 입장을 이해할 수 있게 된다. 작가는 몇 가지 방법을 제안하면서 특히 다른 사람들이 쏟아내는 진부한 위로의 말을 상대하는 방법에 대해 이야기한다.

주변 사람들의 말에 대응하기 전에 스스로에게 몇 가지 질문을 던져보는 것이다. 예를 들면 "내가 이 사람을 다시 만나게 될까?", "내가 다른 사람에게 이 말을 또 듣게 될까?"와 같은 질문 말이다. 낯선 사람이 말했을 때와 좋아하고 자주 보는 사람이 말했을 때는 다르기 때문이다.

## 친구와 친척들의 도움

부모들은 자신들을 도와줄 수 있고 만나면 힘을 얻을 수 있는 친구와 친척을 찾아야 한다. 이런 사람을 찾는 데 시간이 걸리고 쉽지 않을지도 모르지만 도움을 줄 수 있는 사람을 찾는다면 훨씬 든든할 것이다. 가족의 요구사항은 아이가 성장하면서 변하게 마련이며, 지원받을 수 있는 사람들도 바뀔 수 있다.

부모들은 장애 자녀에 대해 느끼는 슬픔을 다른 사람과 나누고 싶다. 하지만 자녀를 힘들게 하면 안 된다는 생각에 늘 강하게 보이려 한다. 어떤 부모들은 조부모나 친한 친구 앞에서도 그렇게 행동한다. 하지만 가까운 친척이나 친구들이라면 부모의 슬픔을 함께 나눌 수 있다는 걸 잊지 말아야 한다. 캐롤라인은 가장 친한 친구와 주고받은 도움에 대해 이렇게 이야기한다.

제 가장 친한 친구는 저와 함께 울고 또 울었어요. 우리는 유치원 때부터 친구로 지냈고, 늘 우리 아이들도 친구가 되어 사이 좋게 지내는 모습을 꿈꿔왔기 때문이에요. 하지만 제 아이가 친구의 아이와 함께 놀 수 없다는 사실을 잘 알았기에 서럽게 울었습니다.

어떤 어머니는 학교에 입학하는 첫날이 힘들었다고 한다. 아들이 동네에 있는 아이들과 같은 초등학교에 다닐 수 없었기 때문이다. 아이의 어머니는 시시때때로 찾아오는 슬픔을 잊고 견디기 위해 친구들을 만나 점심을 먹곤 했다고 한다.

부모 이외의 다른 가족은 장애아와 함께 생활하지 않기 때문에 아이와 관련된 일을 받아들이기 더 힘들 수 있다. 조부모는 장애를 지금과는 다른 시각으로 바라보는 세대에서 자랐기 때문에 자식 부부와 손자, 자기 자신에 대해 슬퍼하느라 초기에는 적극적으로 도와주기 어려울 수 있다. 조부모가 모임에 참여해서 솔직하게 이야기할 수 있도록 권하는 것도 좋다. 신뢰를 쌓은 지원 전문가가 조부모나 친척들에게 모임에 참여하기를 권하는 것도 도움이 될 수 있다.

사회적 지원이 없다면 가족들은 점점 소외감을 느끼게 되고 주변에서 일어나는 일을 감당하기 어려워진다. 친구와 친척들의 도움은 가족들이 겪어야 할 고통을 줄여주고 가족 모두가 용기를 얻고 자존감을 높일 수 있도록 해준다. 이런 지원은 가족들의 자신감을 높여주고 공적인 지원 체계에 좀 더 쉽게 접근할 수 있게 해준다.

　장애를 지닌 아이의 아버지 스테판은 다른 사람의 도움을 받아들였을 때 누릴 수 있는 혜택에 대해 이야기한다.

　　요즘 제 아버지가 우리 대신 집을 수리하고 정원을 가꿔주시기 때문에 많은 시간을 여유롭게 보낼 수 있게 되었어요. 어머니도 집안일을 도와주셔서 아내의 생활이 조금은 편해졌죠. 우리 부부는 다른 사람들의 도움을 받아들이는 법을 배우고 있어요. 도움을 받지 않았다면 이렇게 많은 일을 해내지 못했을 거예요.

　부모가 친구와 가족들에게 소외되었다는 것을 깨닫고 이들과 관계를 회복하고 싶을 때 도움이 필요할지도 모른다. 이때 지원 전문가들이 유용한 기술과 방법을 알려줄 수 있다. 부부는 친구와 가족들에게 장애에 대해 이야기하고 도움을 청하는 법을 배워야 한다.

### 비공식 단체의 도움

　지역사회의 종교시설, 동아리, 스포츠클럽 등 다양한 단체들도 부모를 도와줄 수 있다. 이들 단체는 가족을 단체의 일원으로 받아들이고 소중하게 대할 것이다. 지금 속해 있는 단체의 명단을 적어보고 도움받을 수 있는 다른 단체들도 조사해보도록 하라.

　가족들이 적절한 도움을 받으면 상황을 통제할 수 있고 용기와 자신감, 안정감을 얻게 된다. 이밖에도 얻을 수 있는 장점이 많다.

과거를 되돌아보고 주변 사람들의 도움을 받기 전과 비교해본다면 삶이 얼마나 풍성해졌는지 알게 될 것이다. 한 어머니는 이렇게 이야기한다.

'장애'는 가족의 삶을 완전히 바꿔놓죠. 이런 변화는 가족들에게 슬픈 일이지만 가족이 성장하는 기회가 되기도 해요. 많은 가정이 지역사회에서 단체에 참여하고 교육을 받고 용기를 얻는 등 많은 도움을 받아요. 혼란스러운 상황이 정리되고 충격이 완화되고 일상적인 삶이 자리 잡으면 기대하지 않았던 곳에서 기쁨을 발견할 수 있어요.

제인은 장애아를 키우면서 얻게 된 것들에 대해 되새긴다. 가족과 지역사회에서 받은 도움 덕분에 얼마나 삶이 풍요로워졌으며 주변 상황에 잘 대처할 수 있었는지 이야기한다.

저는 아이가 장애 진단을 받은 후 몇 년 동안 매우 힘든 시간을 보냈어요. 아이의 장애를 이해하는 데 도움을 줄 전문가가 필요했고, 전문가의 도움으로 아이가 겪을 어려움을 이해하고 아이가 할 수 있는 일에 대해 알 수 있었어요. 처음 몇 년 동안은 장애아를 둔 다른 부모의 도움은 필요 없다고 생각했어요. 하지만 다른 부모들을 만나면서 진심으로 이해받고 있다는 느낌이 들었고, 다른 사람에 대해 쉽사리 판단하지 말아야 한다는 것을 배울 수 있었죠.
친정 부모님은 제 건강과 행복을 걱정하며 오랫동안 정신적으로 버팀목이 되어주고 실제로 필요한 도움을 주는 등 삶에 활력을 주셨어요. 편한 마음으로 쉬기 위해서 닉을 맡기기에 가까운 가족보다 더 믿을 만한 사람은 없다는 걸 알게 되었죠.

닉이 점점 성장하면서는 지역 공동체에 참여하는 게 중요하다는 생각이 들었어요. 우리 가족이 다른 사람을 도울 수 있는 법을 배우고 또 다른 사람들에게 도움을 받으면서 스스로의 가치를 찾을 수 있을 것 같았어요.

시간이 흐를수록 인생에서 제 자신을 돌보고 사람들과 관계를 맺는 일이 얼마나 중요한지 깨닫게 됩니다. 언제나 아들에게 필요한 것에만 관심을 쏟았기 때문에, 제게는 다른 일을 할 수 있는 에너지나 다른 사람을 위할 수 있는 시간이 없었어요. 이제는 물론 닉의 욕구도 중요하지만 딸과 남편, 저의 욕구도 중요하다는 것을 알아요. 때로는 닉이 아닌 다른 가족과 친구들을 우선 생각해야 한다는 것을 알게 되었고, 닉을 위해 '해야만 하는' 일을 하지 않았을 때에도 더는 죄책감으로 힘들어하지 않게 되었어요. 제가 할 수 있는 최선을 다하면 그것으로 충분하다는 자신감과 안정감을 느끼게 되었죠. 부족한 점을 보완해서 닉의 삶을 풍요롭게 하는 데 도움을 주는 다른 사람들이 많이 있기 때문이에요.

## 미래를 위해 체계적인 계획 세우기

가족은 장애가 있는 자녀의 미래에 대해 이야기를 나누면서 더 건강해진다. 부모는 눈앞에 닥친 문제를 해결하느라 아이와 가족이 맞이할 장래의 일까지 생각할 여유가 없을 수도 있다. 하지만 부모가 장애 자녀를 더는 돌볼 수 없을 때 어떤 상황이 벌어질지 생각해 보는 것이 중요하다. 모든 형제가 이 문제에 관여하고 싶어하는 것은 아니겠지만, 이는 비장애 형제들이 함께 논의해야 할 문제이다.

부모가 세상을 떠나기 전에 미래를 대비해야 체계적으로 계획을 세울 수 있다. 형제들이 부모를 잃은 슬픔을 겪으면서 동시에 장애 형제에게 필요한 것을 제대로 알기는 어렵기 때문이다.

비장애 형제들은 대부분 부모가 장애아의 건강에 관한 정보, 의사에게 연락할 수 있는 구체적인 방법, 재정 정보 등 계획을 세우는 데 필요한 것을 빠짐없이 적어놓기를 바란다. 부모는 대개 다른 자녀들에게 부담을 주지 않고 싶어하지만, 아이들은 자신이 어떤 역할을 해야 하며 앞으로 무슨 일이 일어날지 알아야 한다. 부모가 비장애 형제의 역할을 충분히 알려주지 않은 채 세상을 떠나면 장애 형제의 보호자로서 책임을 느끼는 아이들은 좌절을 겪는다.

비장애 형제들은 장애 형제의 보호자로서의 역할, 다양한 권리와 책임에 대해 미리 알고 있어야 한다. 법적 보호자로서의 권리와 의무를 자세히 알고 싶다면 변호사나 그것을 담당하는 기관에 알아본다. 가족을 위해 최고의 계획을 세우기 위해서는 믿을 수 있는 친구의 도움을 받거나, 가족을 지원해주는 장애 관련기관이나 법률가와 폭넓게 상담을 해야 한다. 인터넷에서 도움을 받을 수 있는 곳에 대한 다양한 정보를 얻을 수도 있다. 다음은 계획을 세울 때 고려해야 할 몇 가지 사항들이다.

## 주거 계획

장애 자녀가 집을 떠나 독립할 때 알맞은 주거지를 찾는 게 쉽지는 않지만, 그럴 수 있다면 더할 나위 없이 좋은 일이다. 주말이나 휴일마다 정기적으로 부모를 만나도록 한다면 생활에 적응하기가 훨씬 쉬워질 것이다. 장애아는 독립심을 개발하고 다른 사람들과 관계를 맺게 되며, 부모나 다른 가족들은 휴식을 취하면서 좀 더 긍정적으로 생각하고 행동하게 된다.

장애 자녀가 부모님이 돌아가실 때까지는 함께 살다가 돌아가신 뒤에 집을 떠나야 하는 경우가 있다. 가족을 도와줄 장애 관련기관과 관계를 맺지 않고 지냈다면 이 시기에 가족들은 많은 어려움을 겪는다. 장애아는 지금까지 살던 집에서 떠나는 데다 부모님을 잃은 상황에 처하면서 매우 불안하고 걱정스러울 수 있다. 부모님이 세상을 떠난 슬픔을 감당하면서 장애 형제와 관련된 여러 가지 일들을 해결해야 하는 비장애 형제들도 마찬가지로 어려움을 겪는다.

우리 부모님은 언니가 서른 살이 되었을 때 전문가의 조언에 따라 언니를 그룹홈에 보냈다. 언니가 집을 떠나는 것을 슬퍼하시고 죄책감을 느끼셨지만, 그 결과는 모든 면에서 긍정적이었다. 언니는 꽤 오랫동안, 집에서 주말을 보낸 후 다시 그룹홈으로 돌아가야 할 때마다 가기 싫어했지만 점점 적응해서 지금은 행복한 기분으로 돌아가곤 한다.

부모님은 지금도 언니에 대해 걱정이 많지만 장애 관련기관에서 받는 지원에 매우 만족해하신다. 나 또한 언니가 따뜻한 손길 속에서 안정된 생활을 한다는 것을 알기에 내가 미래에 해야 할 역할에 대해 좀 더 안정감을 느끼게 되었다.

## 미래에 대한 계획

부모가 세상을 떠났을 때 재산분배를 어떻게 할지에 대해 계획을 세우는 일은 어려운 일이다. 하지만 부모가 미리 재산분배 계획을 세워 놓으면 모든 자녀의 삶에 긍정적인 영향을 끼칠 것이다.

미래에 대한 계획은 장애의 특성과 정도에 따라 달라진다. 특히 장애 자녀가 자신의 몫을 관리할 수 있는 능력이 어느 정도인지를 고려하여 계획을 세워야 한다. 자녀에게 지체장애나 신체 손상만 있는 경우에는 재정적으로 자신의 몫을 관리하도록 하는 것에서 제외시키지 말아야 한다. 그러나 직장을 얻기 힘들거나 시간이 지날수록 건강이 나빠지는 경우에는 재산을 어떻게 분배해야 할지 신중하게 결정해야 한다.

재산분배 계획을 세울 때 주의 깊게 생각해야 할 것은 장애가 있는 자녀가 마땅히 받아야 할 정부 보조금을 놓치고 있지는 않은지 확인하는 것이다.

많은 부모들은 관리자를 미리 정해두고 장애아의 신탁기금을 관리하도록 하고 있다. 변호사와 가족 중 한 명이 함께 신탁기금을 관리할 수도 있다. 또 부모의 죽음을 앞두고 신탁기금을 마련하기도 하는데, 이 경우에는 다른 사람(후견인)에게 기금관리 권한을 넘겨주면 된다. 장애인의 재산분배 계획을 세워본 경험이 있는 변호사와 상의하면 도움이 될 것이다.

## 삶의 기록

부모가 일상을 꾸준히 기록해두면, 비장애 형제들과 장애 자녀를 돌봐줄 주변 사람들에게 도움이 될 수 있다. 연대기 식으로 기록할

176

수도 있고, 장애 자녀의 미래에 대한 생각이나 계획, 제안을 적어둘
수도 있다. 과거, 현재, 미래로 나누어 기록할 수도 있다.


- 주거 문제
- 교육과 취업
- 건강관리와 의료 정보
- 사회활동과 여가활동
- 특별히 좋아하는 것과 싫어하는 것(예를 들면 좋아하는 음식, 좋아
  하는 여가활동 등)
- 장애와 관련해 추가로 들어가는 비용
- 가장 효과적인 행동관리 기술
- 지역사회에서 이용할 만한 지원 서비스와 정보 공급원


가족 외부에서 제공되는 지원은 가족구성원 개개인이 상황에 대
처하는 데 많은 영향을 줄 것이다. 하지만 무엇보다 가족이 서로 도
움을 주고받는 법을 배울 수 있다는 것이 가장 중요하다.

데브라 로바토는《형제, 자매 그리고 특별한 욕구Brothers, Sisters,
and Special Needs》라는 책에서, 형제가 상황에 적응하는 데 가장 중
요한 역할을 하는 것은 서로에 대해 느끼고 생각하는 방식, 대화하
는 방식, 스트레스에 대처하는 방식과 같은 가족이 지닌 특성이라
는 결론을 내리고 있다.

비장애 형제들은 부모가 열린 마음으로 서로에게 기대하는 점이
나 느낀 점을 이야기하고 질병이나 장애에 대해 솔직하게 이야기할
때, 장애아를 돌보는 일이나 집안일로 너무 부담을 주지 않을 때,

즐겁고 안정적인 부부 관계를 유지할 때 심리적으로 가장 편안함을 느낀다. 비장애 형제들은 슬픔에서 완전히 벗어날 수는 없겠지만, 충분한 지원을 받을 경우 장애를 지닌 형제가 최선의 삶을 누릴 수 있도록 도울 수 있을 것이다.

# 아이들이 정서적으로 건강한
# 어른이 되려면

지금까지 성인이 된 비장애 형제들이 겪은 경험을 살펴보고, 장애 형제와 함께 자라는 것의 의미에 대해 알아보았다.

이를 통해 비장애 형제들을 가능한 한 빨리, 어릴 때 계속해서 지원하는 것이 얼마나 중요한지 알 수 있었다. 어떤 비장애 형제들은 어른이 된 뒤에 자신이 겪는 혼란스러움을 해결하기 위한 도움을 받으려고 스스로 상담가를 찾기도 한다. 어린 시절 경험하고 느낀 것을 바로 보고 인정하는 과정을 통해 형제들은 자신을 더 잘 받아들이게 되고 자신이 경험한 일에서 긍정적인 의미를 찾게 된다. 이러한 과정이 일찍 이루어질수록 비장애 형제 자신과 그 가정이 더 건강해진다.

따라서 비장애 형제들이 가정에서 해야 할 역할과 자신의 욕구가 무엇이지 알 수 있도록 어릴 때부터 도와주어야 한다. 비장애 형제들이 적응하는 정도는 부모들이 상황에 어떻게 대응하느냐에 따라 달라진다. 어린아이들이 안정감을 갖게 되는 것은 그들의 이야기를 들어주는 사람이 곁에 있는지, 없는지에 따라 달라진다. 아이를 사랑하고 돌봐주는 것만으로는 충분치 않다. 부모가 비장애 형제의 욕구를 이해하면 아이에게 필요한 도움을 주기가 비교적 쉬워진다. 부모 말고도 가까운 친척이나 아이 주변의 다른 어른들이 도움을 줄 수도 있다.

상황이 어떠하든 아이가 안정감을 느끼고 자신을 가치 있게 생각한다면 자기 앞에 놓인 문제를 스스로 해결할 수 있을 것이다. 또한 자신의 삶을 스스로 선택하고, 자아존중감을 높이고 강점을 살리며, 활력을 찾을 수 있을 것이다. 물론 비장애 형제들이 이와 같은 특성들을 쉽게 지니게 되는 것은 아니다. 하지만 어릴 때부터 잘 적응할 수 있도록 올바른 지원을 뒷받침해주면 그렇게 될 가능성이 훨씬 커진다.

뇌병변장애를 지닌 오빠가 있는 열한 살 소녀 엠마에게 장애 형제가 있어서 좋은 점과 나쁜 점에 대해 물으니 이렇게 이야기했다.

장애 형제가 있어서 좋은 점은 장애 형제가 없는 사람들이 모르는 것도 많이 알게 된다는 거예요. 또 제가 오빠보다 아는 게 많아서 오빠가 저한테 배울 수 있다는 것도 좋은 점이죠.
그렇지만 사실 나쁜 점이 더 많아요. 오빠는 간혹 제가 자기 말을 못 알아듣는다고 무턱대고 화를 내요. 그럴 때는 오빠가 정말 싫어요. 그리고 가끔은 오빠가 너무 부러워요. 부모님이 오빠가 하는 일에는 많은 관심을 보이면서 저에게는 그만큼 관심을 보이지 않으시거든요.

제가 생각할 때 장애 형제가 있어서 좋은 점은 가족을 사랑하는 감정을 깊이 느낄 수 있다는 거예요. 하지만 나쁜 점은 질투심, 미움, 좌절감 때문에 괴롭고 힘들다는 거죠.

엠마는 비장애 형제로서 부정적인 감정을 표현하고 그 감정에 따라 행동하는 것을 가족들이 받아주는 분위기에서 자랐다. 그래서 장애 형제와의 관계에서 좋은 면이 있다는 점을 알 수 있었다. 뿐만 아니라 자신감을 키우고 장애 형제가 존중받고 있다고 느끼게 해주는 충분한 사회적 지원을 받고 있었다. 엠마는 앞으로도 장애 형제 곁에서 어려움을 겪겠지만, 안정감을 느끼면서 어려움을 극복하는 데 필요한 지원을 받고 자신의 장점을 개발할 수 있을 것이다.

## 비장애 형제의 욕구 파악하기

비장애 형제들은 개인에 따라 장애 형제에 대해 다르게 반응하기 때문에 저마다 욕구도 다르다. 가정의 상황도 복잡하기 때문에 아이들의 욕구도 그런 상황을 고려하여 파악해야 한다. 형제들의 욕구는 발달단계에 따라 변한다. 아이들은 성장하면서 다양한 감정을 경험하는데, 장애 형제를 잘 도와주던 아이도 당황스러움을 심하게 느끼는 순간 장애 형제에게서 잠시 멀리 떨어져 있고 싶어한다. 특히 집에 친구들이 놀러 왔을 때 비장애 형제들은 많이 당황스러워한다.

비장애 형제들에게 문제가 생기기 전에 지원을 받는 게 중요하다. 행동으로 문제가 생겼다는 신호를 보인다면 아이의 행동이 무엇을 의미하는지, 아이가 원하는 것이 무엇인지 생각해보는 것이 중요하다. 조용하고 순한 아이도 겉으로 드러나는 문제를 많이 일으키는 아이들만큼 고통을 겪을 수 있다는 것을 알아야 한다. 대개 조용하고 순해 보이는 아이들은 어른들의 일상생활을 방해하지 않으므로 부모와 교사들이 문제를 간과하기 쉽다.

자녀가 두 명일 경우, 비장애 자녀는 가정에서 기초적인 사회성을 배우기가 어려울 수도 있다. 어릴 때에는 장애 형제의 행동을 당연한 것으로 생각할 수 있다. 어린 형제는 오빠나 언니를 행동 모델로 삼기도 한다. 손위 형제에게 장애가 있을 경우 손아래 동생들은 언니나 오빠의 행동에 영향을 받기 때문에 혼란스러워할 수도 있다. 하지만 친척이나 친구들과 함께 어울리고 다양한 사회활동에 참여한다면 사회성을 발달시킬 수 있을 것이다.

아이의 장애가 매우 심한 경우, 부모는 비장애 자녀에게는 관심을 충분히 쏟지 못하기 쉽다. 하지만 부모는 자녀 모두에게 고른 관심을 보이도록 노력해야 한다. 비장애 형제 중에는 장애 형제와 좀 더 바람직하게 상호작용하는 방법을 배워야 하는 경우도 있다. 아이들에게 더 많은 정보를 알려주고 책임감을 덜어줘야 한다.

특히 한 부모 가정에서는 자녀에게 도움을 주는 데 한계가 있다는 점을 걱정한다. 하지만 아이가 의미 있는 어른 한 사람과 지속적으로 친밀한 관계를 맺으면 활력을 얻고 자존감을 높일 수 있다는 연구 발표가 있으니 특별히 걱정하지 않아도 된다. 지속적으로 친밀한 관계를 맺을 수 있는 사람은 부모 말고 다른 어른이 될 수도 있다.

비장애 형제의 욕구를 채워주려고 할 때, 아이들이 가장 필요로 하는 부분에 집중하는 것이 중요하다. 부모와 지원 전문가, 치료사, 교사, 주변 어른들과 가까운 친척들이 도와줄 수도 있다.

비장애 형제를 돕는 것은 그들이 스스로 능력과 가치가 있다고 느끼고, 혼자가 아니라는 사실을 알 수 있도록 도와주는 것이다. 아이들은 자신의 욕구와 다른 사람의 욕구에 대해 생각할 때 균형을 유지할 수 있어야 한다. 또 자신의 모든 감정을 표현하고 가족 내에서 사랑받는 중요한 존재라고 느낄 수 있어야 한다. 성인이 된 비장애 형제들 대부분은 어렸을 때 장애 형제와 관련한 문제를 의논할 때 부모님이 자신들을 참여시켰다면 좋았을 것이라고 이야기한다.

장애아를 돌볼 때 도움이 되는 가정 내부의 자원으로는 무엇이 있는지 주의 깊게 살피고, 가정 외부에서 받을 수 있는 비공식적 도움이나 전문적인 도움을 알아봐야 한다.


## 비장애 형제를 위한 부모의 지원

장애 형제와 함께 자라는 비장애 자녀를 부모가 어떻게 지원하고 실질적인 도움을 줄 수 있을까?

### 열린 마음으로 대화하기

가정에서 터놓고 대화할 수 없는 사람들은 자신이 실제 느끼는 감정을 어디에서나 감추려고 한다. 하지만 이렇게 자신의 감정을 숨기면 그 감정을 더 강하게 느끼게 될 뿐이다.

아이들은 다른 사람이 자신의 이야기를 들어주고 이해해준다고 느낄 때 힘든 상황을 견뎌낼 수 있다. 가족구성원은 모두 자유롭고 편안한 분위기에서 자신의 감정을 솔직하게 이야기하고, 서로 정보를 주고받을 수 있는 기회를 갖기 원할 것이다. 사회복지사들이 가족모임을 갖도록 도와줄 수 있다. 가족모임을 하면 가족들이 함께 모여 서로에게 기대하는 점이나 미래에 대한 계획을 이야기할 수 있다. 어떤 아이들은 개인적으로 부모님과 대화할 수 있는 정기적인 시간을 통해 더 많은 이야기를 나누기도 한다. 그리고 가정에 비장애 자녀가 두 명 이상 있다면 각자의 고민을 서로에게 이야기하고 도울 수 있다는 것도 알려주어야 한다. 이렇게 아이들이 좀 더 열린 마음으로 가족들과 대화할 수 있도록 도울 수 있는 몇 가지 방법이 있다.

## 장애 형제의 정보 공유하기

부모는 아이가 장애 형제 때문에 슬픔이나 두려움에 빠질 것을 염려해서 "너는 너무 어려서 이해할 수 없어.", "너는 아무 걱정하지 마!"라고 말하면서 더 이상의 설명을 하지 않을 수 있다. 하지만 아이들은 나름대로 주변 일들을 해석하면서 부모가 자신의 감정을 표현하든 안 하든 부모의 감정에 영향을 받는다. 오히려 비장애 자녀들은 형제의 장애에 대해 정확히 알고 나면 잘못된 추측을 하거나 두려움을 과하게 느끼지 않는다. 부모로부터 아이들 수준에 맞는 명확한 정보를 들을 때 편안함을 느낄 수도 있다.

이러한 안정감은 비장애 형제들이 장애 형제와 또래 아이들 모두와 어울리는 데 자신감을 심어주는 중요한 역할을 한다. 비장애 형제들은 장애 형제가 어느 병원에 다니고 언제 가는지, 누가 돌봐주는지 알아야 한다. 형제들이 장애 형제를 돌보는 일에 적극 참여하고 가정에서의 역할을 아는 게 좋다.

자녀들에게 알려주는 정보는 자녀 나이에 맞게 난이도를 조절한다. 어린아이들에게 너무 많은 정보를 알아야 한다는 부담을 줄 필요는 없다. 간단한 설명이면 충분하다. 확신이 서지 않는 부분이 있다면 아이들에게 사실대로 말하고 여러 가지 정보망을 통해 찾은 정보를 알려줘야 한다. 아이들과 함께 장애에 대한 책을 읽는 것도 도움이 된다. 의사나 전문가한테 아이들 수준에 맞게 장애 자녀의 상황을 설명해 달라고 요청할 수도 있다.

조이는 가정에서뿐 아니라 다른 환경에서도 열린 마음으로 대화하는 것이 도움이 된다는 것을 알게 되었다. 조이는 로즈와 함께 장애가 있는 샐리에 대한 책을 만들었다.

샐리가 유치원에 다니기 시작했을 때 저는 로즈와 함께 '샐리 이야기'라는 책을 만들었어요. 스케치북을 사서 샐리에 대해 적었어요. 샐리가 즐거워하는 일, 불안정한 걸음걸이와 느린 말과 간질에 대해 적고, 샐리가 간질 증상을 보일 때 아이들이 도와줄 수 있는 일들을 적어 보았어요. 샐리가 또래 아이들처럼 할 수 있는 일을 찍은 사진을 많이 붙이고 사진 밑에는 간단한 단어로 설명을 썼어요. 저와 로즈는 그 책을 보면서 함께 대화할 수 있었고 많은 도움을 받았어요. 로즈가 샐리의 문제를 알게 되었고, 샐리에 대해 설명할 때 필요한 단어도 알았기 때문에 유치원에서 다른 아이들에게 샐리에 대해 설명할 수 있게 되었죠. 그리고 로즈의 친구들에게 간질에 대해 설명하고, 간질은 고칠 수 있는 게 아니라는 것도 알려줄 수 있었어요.

## 장애 명칭 사용하기

어떤 부모들은 자녀가 장애 진단을 받은 다음에도 장애 진단명을 사용하지 않는다. 심지어는 진단명을 입 밖으로 내는 것을 불편해한다. 이렇게 진단명을 사용하지 않을 경우, 비장애 자녀는 장애를 입에 담을 수 없을 정도로 끔찍한 것으로 느낄 수도 있다. 하지만 아이들은 언젠가 다른 사람에게 장애 형제의 진단명을 듣게 될 것이고, 부모는 결국 아이에게 설명해주어야 할 때가 온다. 따라서 부모가 진단명에 대해 아이와 이야기하면서 문제를 좋은 방향으로 이끄는 게 좋다. 그렇게 되면 비장애 형제는 장애 형제가 보이는 특징이나 행동이 더는 자신의 형제에게만 있는 것이 아니라, 일반적인 행동이라는 사실을 알게 된다. 진단명을 사용하면 비슷한 행동과 증상을 보이는 사람들 집단에 장애 형제가 속한다고 생각하기 때문이다.

## 궁금증 풀어주기

장애 가족 안에서 아이들은 부모한테 어떤 질문이든 할 수 있어야 한다. 비장애 형제들은 자라면서 부모들이 바로 답하기 어려운 질문을 할지도 모른다. 그런데 아이들은 부모가 마음 상할 거라고 생각되는 사항에 대해서는 그것이 받아들여지는 분위기일 때만 어떤 질문이든 할 수 있다. 부모가 아직 자신의 감정과 씨름하고 있다면, 다른 가족구성원이나 전문가가 부모 대신 아이에게 장애 형제에 관한 것을 설명해줘야 한다. 정기적으로 부모나 가족이 관계 맺고 지내는 전문가나 친척, 교사 등 다른 어른이 아이의 질문에 답해줄 기회를 마련하는 게 도움이 될 것이다.

비장애 형제들은 청소년기가 되면 앞으로 꾸리게 될 자신의 가족에 대해 걱정하기 시작한다. 다운증후군 여동생이 있는 열네 살 소녀는 수업시간에 다운증후군과 관련된 유전자에 대한 이야기를 듣고 걱정이 되었다. 수업 내용이 원래 자기가 알고 있던 것과 달랐지만 질문할 용기가 없었다. 또 나중에 장애아를 갖게 될까 봐 걱정이 되었다. 하지만 그 후에 의사와 상담하면서 유전에 대한 전문적인 정보를 듣고 유전과 관련된 문제에 대해 깊이 알 수 있었고, 자신의 앞날에 대해서도 안심할 수 있었다.

## 중요한 결정에 참여시키기

장애 진단에 관한 문제와 장애가 가족에게 어떤 의미인지에 대해 이야기할 때 가족 모두가 참여하는 게 중요하다. 장애 자녀의 욕구가 비장애 자녀의 욕구보다 우선시되어야 할 때가 있는데, 이에 대해 미리 아이들과 이야기를 나누어야 한다.

장애 형제에 대한 비장애 형제의 책임은 평생 지속될 수 있다. 형제들은 때가 되면 장애 형제와 관련된 논의에 참여해야 한다. 또 장애 형제의 발달단계에 따라 어떤 결정을 내릴 때도 참여해야 한다. 어릴 때부터 이러한 과정에 참여한다면 성인이 되었을 때 장애 형제의 보호자 역할을 하기가 수월하다. 부모들은 자녀에게 이러한 책임을 지우고 싶지 않겠지만, 대부분의 성인 비장애 형제들은 어릴 때부터 부모님과 함께 장애 형제에 대한 의논을 해왔더라면 좋았을 것이라고 이야기한다.

청소년기와 성인기의 비장애 형제들은 자기에게 기대하는 것이 무엇인지 알고 싶어하고, 많은 경우 장애 형제에 관한 결정을 할 때 좀 더 적극적으로 참여하고 싶어한다. 장애 형제가 시설에서 생활한다 하더라도 비장애 형제들이 병원이나 다른 약속 장소에 데리고 가는 일을 맡을 수도 있고, 장애 형제를 돌보는 다른 일에도 참여할 수 있다. 혹은 같이 살면서 직접 돌볼 수도 있다. 비장애 형제들은 결국 살아가면서 장애 형제 곁에서 계속해서 도움을 줘야 한다. 따라서 재정, 의료, 법적 문제에 대해서도 어떤 책임을 져야 하는지 알고 싶어한다. 부모가 장애 자녀에 대해 모든 것을 꼼꼼히 기록해 둔다면 앞으로 돌봐줄 사람에게 도움이 될 것이다.

## 비장애 형제의 감정 이해하기

내가 운영하는 부모 워크숍에 참여한 한 어머니는 우리에게 다음과 같은 이야기를 들려주었다. 그 어머니는 장애가 있는 동생과 함께 자라는 열다섯 살 된 딸이 걱정된다고 했다. 딸이 점점 위축되는 행동을 보여서 "무슨 문제 있니?"라고 물어보았지만, 그때마다 항상 "아무것도 아니에요."라고 했다. 딸아이와 함께 외출해서 커피를 마시며 이야기를 나눠보려 했지만, 무슨 일이 있냐고 물었을 때 여전히 아무 일도 없다고 했다. 포기하는 마음으로 한 번 더 물어보기로 했다. 커피를 다 마신 후 아이에게 "장애가 있는 동생의 언니 노릇을 하는 건 어려운 일이란다."라고 말하자 딸아이는 눈물을 흘리며 모든 것을 털어놓았다. 아이는 어려움을 표현해도 된다는 어머니의 허용과 위로가 필요했던 것이다.

비장애 형제들은 장애 형제를 사랑하지만 당황스러움, 분노 같은 감정을 느끼는 것도 당연하고 자연스러운 일이라는 것을 알아야 한다. 그리고 부모는 비장애 자녀에게 그러한 감정을 충분히 이해하고 있음을 알려주어야 한다.

어떤 부모들은 장애가 있는 자녀에게 다른 사람이 부정적인 표현을 하는 것을 참지 못한다. 심지어 비장애 자녀가 장애 자녀의 공격적인 행동에 방어하는 것조차 용납하지 않을 때가 있다. 하지만 부모는 장애가 있는 자녀를 이해하고 공감하기 위해 계속 노력하는 한편, 비장애 자녀의 감정도 이해해야 한다. 장애가 있는 아이가 형제에게 상처를 입히면 "동생이 널 다치게 해서 너무 속상해! 그런데 동생은 스스로 행동을 조절하기 어렵단다. 네가 동생에게 화내는 건 당연한 거야."라고 이야기해주는 게 좋다. 어떤 비장애 형제는 부모가 "동생은 자기 행동을 조절할 수 없단다."라는 말로 모든 상황을 정리해버릴 때 좌절감을 느꼈다고 한다.

또한 아이가 죄책감을 표현할 때 너무 급하게 진정시키려 하거나 감정을 없애려고 하지 말아야 한다. 죄책감 느끼는 것을 충분히 이해한다는 것을 알려주고, 도와줄 수 있는 것에 대해 함께 이야기해야 한다. 발달장애 언니가 있는 마리는 우리에게 매우 중요한 이야기를 해주었다.

우리가 아이들에게 해줄 수 있는 최선의 일은 용기를 북돋워주고 앞으로 살면서 느끼게 될 죄책감 같은 감정을 이해하도록 가르쳐주는 거라고 생각해요. 대부분의 비장애 형제들은 죄책감을 느껴요. 아이들이 죄책감을 어떻게 이해해야 하는지 모르면 죄책감 때문에 드는 다른 생각들, 예를 들면 "나는 나쁜 아이야.", "나는 가치 없는 아이야.", "왜 나에게 이런 일이 있을까?"와 같은 생각을 조정할 수 없을 거예요. 아이들이 죄책감을 인식하게 되면 스스로 이해하고 받아들일 수 있게 돼요.

아이가 분노나 죄책감 같은 부정적인 감정을 느낀다면 그 감정을 부정하지 말고 바로 볼 수 있도록 해야 해요. 그 감정을 이해하고 스스로 설명해보는 등 여러 가지 방법으로 표현할 수 있는 기회를 주는 거예요. 아이가 자신을 비난하지 않으면서 그 감정을 자신의 일부분으로 받아들이도록 가르쳐주는 거죠.

아이들은 불안을 느끼는 시기에 감정을 털어놓아야 한다. 레니는 남동생이 병원에 입원할 때마다 불안했다고 한다. 레니는 남동생이 죽을지도 모른다고 생각하면서 기다려야 했다. 주변 사람들 모두 남동생을 걱정하느라 여념이 없어서 레니는 자신이 느끼는 불안을 이야기할 기회조차 없었다.

### 감정표현 도와주기

부모는 아이들이 자신의 감정을 표현할 수 있도록 도와야 한다. "얘야, 슬퍼 보이는구나. 수지와 함께 놀 수 없기 때문이니?", "화가 나 보이는구나. 오늘 또 농구 경기에 같이 가지 못해서 화가 났니?"와 같이 말이다. 부모의 추측이 틀릴 수도 있다. 그렇다 해도 자녀들은 개의치 않을 것이다. 추측한 것이 맞든 아니든 그러한 과정을 통해 아이들은 자신의 감정을 이야기할 수 있다.

비장애 형제들은 "그건 공평하지 않아요!", "그럼 나는 뭐예요?"와 같은 느낌을 어떻게 표현해야 할지 모를 수 있다. 어떤 어머니는 가끔 아들이 다가와 "지금 엄마 무릎에 앉고 싶어요."라고 말한다고 했다. 이러한 경우 관심이 필요하다는 것을 스스로 인식하고 있는 것이다. 하지만 모든 아이들이 자신이 원하는 것을 쉽게 표현할 수는 없기 때문에 부모가 아이들을 도와줘야 한다.

특히 남자아이들은 슬픔을 표현하기 힘들어한다. 그러면 아이가 느끼는 슬픔은 공격적인 행동으로 드러날 수 있다. 아이들은 감정을 말로 표현하면서 자신의 느낌을 확실히 인식하는 법을 배워야 한다.

## 이야기를 진심으로 경청하기

때로 아이들은 어떤 감정을 느끼고 있는지 명확하지 않을 때도 있다. 이럴 때는 아이들이 하는 이야기에 귀 기울이면서 잠시 아이들의 입장이 되어본다. 어린아이가 "엄마, 나도 귀가 안 들렸으면 좋겠어요."라고 말한다고 해서 진짜 청각 장애인이 되고 싶다는 건 아니다. 단지 언니가 받고 있는 관심을 자신도 받고 싶고, 언니에게 있는 독특한 특성을 갖고 싶어하는 마음을 어머니가 이해해주길 바라는 것이다. 아이는 무심코 그런 말을 했는데, 어머니가 "그런 식으로 말하면 안 돼!"라고 강하게 말하면 아이는 자신에 대해 부정적으로 생각하게 된다.

마음을 열고 아이의 이야기를 들으면 아이들이 표현하는 것 뒤에 숨겨진 감정을 알아낼 수 있다. 어린 비장애 자녀가 "엄마는 항상 지미만 챙겨요."라고 말하는 것은 "저는 엄마가 지미만 도와준다고 느낀다는 거예요."라는 뜻이다. 이때 "아니야. 엄마는 그렇지 않단다."라고 곧바로 대답하기 쉽지만, 그러면 아이가 자신의 감정이 별로 중요하지 않다는 것으로 받아들인다. 아이가 감정을 인식할 수 있도록 훨씬 구체적으로 다가가야 하고 좀 더 균형 있게 바라보도록 도와주어야 한다.

부모들은 배우자, 친척, 친구들과 이야기할 수 있지만 비장애 형제들은 주변에 아무도 없다고 생각할지도 모른다. 부모가 바쁠 경우에는 아이가 하는 말을 귀찮게 느끼거나 무시하기가 쉽다. 이럴 때에는 따로 시간을 마련해서 아이와 다시 이야기를 나눠야 한다.

## 행동을 주의 깊게 관찰하기

부모는 비장애 자녀가 하는 이야기와 행동 모두 주의 깊게 지켜봐야 한다. 아이들은 괴로움을 느끼면 문제행동을 보이기 때문이다. 아이들은 어떤 일을 겪었을 때 한 가지 감정만 느끼는 것이 아니다. 예를 들어 화가 난 아이는 슬프거나 놀랄 수도 있다. 분노 뒤에 숨어 있는 감정을 볼 수 있다면 아이와 더 가까워지고 훨씬 잘 이해할 수 있다. 앞에서 말했듯이 아이가 감정표현을 하고, 자신의 느낌을 인식하는 법을 배우면 도움이 될 것이다.

특히 스트레스를 자녀가 어떤 식으로 표출하는지 주의 깊게 살펴봐야 한다. 비장애 자녀의 경우 다른 사람들에게 너무 달라붙거나 징징거리는 등 아기 같은 행동을 할지도 모른다. 생활습관이 바뀔 수도 있고 위축되기도 하며 두통이나 복통을 호소할 수도 있다.

어떤 아이들은 감정을 다스리려는 노력의 하나로 파괴적이거나 공격적인 행동을 한다. 특히 남자아이들은 강해야 하며 울지 말아야 한다고 들어왔기 때문에 공격적인 방법으로 감정을 표현하기도 한다. 남자아이들의 경우 운동을 할 기회가 적다면 분노나 괴로움을 분출할 통로가 제한될 수밖에 없다.

때때로 학교에서 과격한 행동을 할 수 있는데 이는 관심을 받고 싶다는 표현일 수 있다. 집에서는 부모님을 화나게 할까 봐 파괴적인 행동을 하지 않지만 집 밖에서는 가는 곳마다 사람들의 관심을 얻으려고 할 것이다.

아이가 지속적으로 위축된 채 스트레스가 쌓이고 있지는 않은지 지켜봐야 한다. 위축된 아이는 자존감이 낮고 슬픔과 무기력함을 느낀다. 학교생활과 친구 관계에 문제가 생기기 쉽고 우울증에 걸릴 위험이 높다. 불행을 느끼는 아이들이 모두 우울증을 겪는 것은 아니지만 위축된 행동이 점점 심해지면 잘 살펴봐야 한다. 정도가 심하다고 생각되면 아동 상담가에게 도움을 청하는 것이 좋다.

아이가 상황에 잘 적응하고 행복한 것처럼 보여도 그 내면에는 혼란스러움과 걱정이 많을지도 모른다. 이런 감정이 쌓이면 예상치 못한 문제로 이어질 수 있다. 항상 다른 사람을 만족시키려 하고 모든 것을 바르게 하려는 '착한 아이'를 주의 깊게 봐야 한다. 착한 아이라고 칭찬받는 아이는 자신이 잘하지 못하고 있다는 사실을 훨씬 더 힘들어할 수 있다. 아이들이 10대가 되면 자신감을 잃거나 섭식장애가 생기는 등 스트레스로 인한 신호를 나타낼지도 모른다.

부모는 아이들과 끊임없이 대화해야 한다. 대부분의 문제는 대화가 없을 때 생긴다. 분노, 죄책감, 슬픔과 같은 감정을 표현하는 것이 어렵고 고통스럽겠지만, 장기적으로 보면 감정을 솔직하게 표현할 때 가족 모두 훨씬 강해지고 건강해질 수 있다.

## 부모가 역할 모델 되기

부모는 자녀의 역할 모델이 되기 위해 노력해야 한다. 부모가 자신의 감정에 대해 솔직하게 열린 마음으로 이야기하면 자녀들도 그렇게 할 용기를 얻을 것이다. 항상 모든 감정을 쏟아내라는 의미가 아니다. 부모들도 혼자서 자신의 감정을 되돌아볼 시간을 가질 권리가 있으며 감정을 표현할 수 있는 자기만의 영역이 필요하다. 비장애 자녀가 자신이 사랑받고 있다고 느낀다면 부모의 감정을 이해할 수 있게 된다. 부모는 비장애 자녀에게 부모의 어려움을 표현할 수 있다. 예를 들면 아이에게 "엄마는 병원에 가는 게 지치는구나. 지미도 그럴 것 같은데, 어떠니?"라고 물어볼 수 있다. 부모도 가끔은 장애가 있는 아이를 돌보는 일에 지치고 힘들어한다는 사실을 알면 비장애 자녀는 외로움을 덜 느끼고 자신의 감정을 자연스럽게 표현할 수 있다.

조시는 다음과 같이 이야기한다.

어머니는 제게 아무렇지도 않게 남동생이 골칫덩어리라고 말하셨어요. 제 앞에서 우는 것도 부끄러워하지 않으셨어요. 어머니가 제 앞에서 울 때, 어머니도 상처를 입을 수 있고 저에게 어머니가 필요한 만큼 어머니에게도 제가 필요하다는 것을 알 수 있었어요. 한편으로는 제가 항상 동생을 좋아하기만 바라시는 건 아니라는 것을 알게 되어 마음이 편하기도 했어요.

조이는 이런 이야기를 들려주었다.

샐리가 쇼핑센터에서 발작을 일으키자 로즈와 저는 많은 사람들 앞에서 힘든 상황에 부딪히게 되었어요. 운전하며 집으로 돌아오는 길에 로즈에게 "엄마는 이런 상황이 참 힘들단다. 로즈 너는 어떠니?"라고 물어보았어요. 우리는 서로 조금 전에 일어났던 상황에 대해 함께 이야기를 나누었죠.

기회가 된다면 부모와 비장애 형제들은 언제든 서로를 도울 수 있다. 부모와 자녀 사이에 주고받는 도움은 매우 건강한 것이다. 로즈의 어머니는 장애 형제와 관련된 문제에 대해 자녀를 도울 수 있는 방법을 충분히 알고 있었다. 로즈의 어머니가 항상 로즈의 감정에 바르게 대응한 것은 아니지만, 로즈는 자신의 고민을 부모님에게 이야기할 수 있었다. 로즈의 어머니도 끊임없이 걱정과 어려움을 느끼며 살았지만, 로즈는 자신과 가족에 대해 긍정적인 감정을 느낄 수 있는 환경에서 자랐으며 어린 동생을 도와줄 수 있었다.

로즈는 심리학자에게서 개인상담을 받고 형제 프로그램에도 참여했으며 사회적 지원을 받고 있다. 가정 안팎에서 비공식적, 전문적 지원을 받고 있는 것이다. 하지만 모든 아이들이 이렇게 지원을 받는 것은 아니다.

때로는 서로 돕는 역할이 균형이 맞지 않아서 부모가 좀 더 적절하게 재조정해야 할 때도 있다. 조이는 로즈에게 돌보는 역할을 너무 많이 맡긴 것 같다고 걱정했다.

샐리가 간질 때문에 오랫동안 발작을 할 때 저는 주저앉아 울면서 뒤처리를 했어요. 그 당시 로즈는 네 살이었는데 그때마다 달려가서 휴지를 가지고 왔어요. 샐리를 위해서가 아니라 저를 위해서 말이에요. 그러고 나서 제가 로즈에게 말했던 것처럼 "울지 마세요."라고 말했어요. 이런 딸의 모습을 보면서 갑자기 "이건 좋은 방법이 아니야."라는 생각이 들었고 더는 울지 않고 로즈를 도와주었어요.

아이들이 부모에게 배울 수 있는 중요한 교훈은 도움을 요청하는 것이 연약함을 의미하는 게 아니라, 용기 있음을 보여주는 것이라는 사실이다.

## 긍정적인 말 사용하기

부모가 쓰는 말은 아이들이 긍정적인 태도를 갖게 하느냐 부정적인 태도를 갖게 하느냐에 영향을 끼친다. 부모가 "희망이 없구나. 우린 아무것도 할 수가 없어."라고 하거나 "모든 게 엉망이 됐어." 라고 말한다면 아이들도 이처럼 부정적으로 말하게 된다. 부모가 "지금은 힘들지만 우리가 서로 도우면 훨씬 나아질 거야."라고 말하면 아이들은 좀 더 긍정적으로 생각하는 법을 배운다. 어린 자녀들에게 긍정적으로 생각하는 법을 알려주는 책을 읽어주는 것도 좋다. 희망이 없다고 말하는 것보다 희망적인 메시지를 전해 주기 위해서 노력해야 한다.

## 긍정적인 반응 보이기

자녀들은 부모와 주변 사람들이 해주는 말을 바탕으로 상황에 대해 스스로 의미를 부여한다. 부모가 상황에 어떻게 반응하는지 되돌아보고, 자기 자신과 다른 사람에게 어떤 메시지를 주는지 생각해보는 것이 좋다. 아이들이 그 메시지를 받아들이기 때문이다.

아이들은 사람들이 빤히 쳐다보는 불편한 시선에 부정적인 반응을 보이게 된다. 하지만 부모가 사람들은 우리에게 관심이 있고 우리 상황에 공감하기 때문에 쳐다보는 것이라고 일러주거나 사람들의 눈길을 무시하라고 하면 아이들은 다르게 생각한다. 부모의 관심을 충분히 받은 아이는 자신의 생각과 느낌을 자연스럽게 이야기하고, 자신을 특별하고 가치 있는 존재로 생각할 수 있다.

사회관계망과 지원 기관에 있는 사람들도 아이들에게 긍정적인 의미를 심어줄 수 있지만, 부모가 아이에게 미치는 영향이 가장 크다.

## 감정을 표현하는 구체적인 방법 알려주기

아이들은 현재 느끼는 감정이 자연스러운 것이라는 사실을 알고, 분노 같은 부정적인 감정을 안전하게 표현할 수 있는 방법을 배워야 한다. 다른 사람들에게 상처를 주지 않으면서 감정을 표현하는 법 말이다. 화난 감정에 대해 적어 보거나 다른 사람들과 자신의 감정에 대해 이야기하거나 산책을 하는 등 감정을 표현할 수 있는 대안적인 방법을 알려주어야 한다. 비장애 형제가 장애 형제와 함께 동등하게 힘을 겨루며 상호작용하는 것도 도움이 된다. 조시의 부모님은 조시가 오빠에게 맞으면 똑같이 때리도록 했다. 물론 진짜 다칠 정도로 때리라는 것은 아니지만, 모든 아이들은 서로 힘을 겨루며 놀기 때문에 이것은 건강한 방법이다. 하지만 장애가 있는 어떤 아이들의 경우 장애의 특성상 쉽게 상처 입을 수 있으므로 적절한 지침을 마련해주어야 한다.

비장애 형제는 장애 형제를 따라 하거나 대화할 때 장애아의 잘 못된 의사소통 방법을 몸에 익힌다. 장애 형제와 가까이 지내면서 그들의 경험을 이해하려고 노력하기 때문이다. 아이들은 장애를 안 고 사는 게 어떤 느낌인지 알고 싶어한다. 조이는 특별히 놀랐던 경 험을 들려주었다.

로즈가 네 살, 샐리가 두 살이었을 때였어요. 두 아이는 거실에 함 께 있었는데, 샐리가 우리에게 와서 저와 남편을 거실로 끌고 갔 어요.

샐리는 그때까지 말을 하지 못했기 때문에 우리는 로즈에게 무 슨 일이 생겼다는 것을 직감했어요. 서둘러 거실로 갔는데, 로즈 가 발작을 하고 있는 거예요. 저는 너무 놀라서 로즈에게 다가가 "로즈, 괜찮니?"라고 물었죠. 그런데 로즈는 즉시 발작을 멈추고 미소를 지으며 일어났어요. 남편과 저는 놀란 마음을 가라앉히고 아이를 추궁하지 않았어요. 이튿날 로즈에게 간질이 있는 것처럼 보이고 싶었냐고 물었더니 그렇다고 했어요. 왜 그랬냐고 물어보 니 샐리가 발작할 때 어떤 느낌일지 궁금했다고 했어요. 그래서 남편과 저는 로즈에게 간질이 있는 친구와 대화할 수 있는 기회 를 마련해주었어요. 그 친구는 발작을 하면 어떤 느낌이 드는지 이야기해주었는데, 그 이야기가 로즈의 호기심을 충족시켜준 것 같아요. 그 뒤로 로즈는 다시는 발작을 하지 않았어요.

비장애 형제들은 장애가 있으면 어떤 느낌일지 궁금해서 휠체어를 타거나 목발을 짚고 걸어보고 싶어한다. 어쩌면 장애 형제처럼 행동하면 관심을 더 받을 수 있을 거라고 생각할지도 모른다. 부모는 그런 행동을 이해한다는 것을 보여주고 인내를 갖고 기다려주어야 한다. 보통 이런 행동들이 계속되지 않지만 만약 계속된다면 치료사와 상담을 해야 한다. 정보를 얻고 열린 마음으로 대화하다 보면 금방 행동을 바로잡을 수 있다.

자신이 느끼는 감정을 글로 쓰거나 그림으로 그리게 하는 것도 좋은 방법이다. 부모는 아이가 자발적으로 가족과 관련된 글을 쓰거나 그림을 그릴 때 주목해야 한다. 아이들에게 언제든지 자기가 느끼는 감정에 대해 글을 쓰거나 그림을 그릴 수 있으며 부모가 그것에 관심을 가지고 있다는 것을 알려주어야 한다. 아이가 자기 그림에 대해 이야기하고 싶어하지 않더라도 그림을 그린 것만으로도 의미가 있다. 또 일기 쓰기를 권하는 것도 좋다. 부모와 비장애 형제들은 감정에 대해 써보면서 많은 도움을 받는다. 장애에 대한 동화책 읽어주기, 손위 형제와 대화하기, '내 이야기'라는 책 만들기, 장애 형제에 대한 책 만들기 등의 방법도 있다.

비장애 형제만을 위한 모임이나 캠프 같은 활동에 참여하는 것도 슬픔이나 분노 같은 부정적인 감정을 표현하는 안전한 분출구가 될수 있다.

### 모두가 특별한 존재임을 알려주기

비장애 형제들은 장애 형제가 자신보다 훨씬 중요한 존재라고 생각하기 쉽다. 장애 형제가 더 많은 관심을 얻고, 하기 힘든 일은 하지 않는다는 것을 알기 때문이다.

## 함께하는 시간을 충분히 갖기

비장애 형제들이 자기도 부모와 특별한 시간을 보낼 수 있다는 것을 알게 되면 장애 형제에게 더 많은 관심이 필요하다는 것도 이해하게 된다. 부모는 비장애 자녀와 정기적으로 함께 시간을 보내야 한다. 아이와 함께 이야기하거나 게임을 하거나 책을 읽거나 외출을 할 수 있다. 달력에 아이와 함께하는 시간을 표시해서 보여주고 아이에게 다시 한 번 확인시켜주는 것도 좋다. 아이와 함께 있거나, 아이가 인정받고 있다고 느낄 수 있는 다양한 방법을 활용하는 것이 필요하다. 아이가 운동을 비롯한 외부 활동을 할 때 함께 가서 지켜보는 기회를 갖는 것도 좋다. 비록 그것이 장애 형제를 돌보면서 앉아 있는 정도일지라도 말이다.

한 가정에서 비장애 형제가 계속 문제행동을 일으키고 있었다. 아이의 어머니는 장애 자녀에게 더 유대감을 느끼고 있음을 솔직하게 인정했다. 어머니는 노력해서 비장애 자녀에게도 많은 관심을 기울였고 아이의 욕구를 받아들일 수 있게 되었다. 그리고 더 깊은 대화를 이어가자, 아이의 문제행동은 눈에 띄게 좋아졌다.

부모가 친척이나 가까운 친구에게 비장애 자녀에게 특별히 신경을 써달라고 부탁할 수도 있다. 주변 어른들이 아이와 함께 시간을 보내거나 학교생활이나 또래 관계, 다른 활동에 관심을 보이면 아이는 자신을 사랑받는 존재로 생각하게 된다.

줄리는 다른 사람들의 관심에 크게 신경 쓰지 않았다.

저는 관심받는 게 중요하지 않았어요. 아마 오빠들이 있었기 때문인 것 같아요. 생활환경이 많이 변했지만, 부모님은 우리 모두에게 관심을 쏟으셨어요. 언젠가 어머니에게 함께 놀 수 있는 언니가 없다고 울면서 말한 적이 있어요. 그때 어머니는 저를 꼭 안아주셨죠. 어머니 품에 안기면서 어머니의 관심을 좀 더 받고 싶어서 더 크게 울었던 기억이 나요. 힘겨운 시기였던 열다섯 살 때 아버지가 제 방에 와서 "네게는 아무도 갖지 못한 특별함이 있다는 것을 기억하렴."이라고 말해주셨던 기억도 나요.

자녀가 두 명인 가정에서 성장하는 비장애 자녀는 자기가 부모님의 꿈을 이뤄드릴 수 있는 유일한 사람이라는 압박감을 느끼며 생활한다. 부모는 비장애 자녀에게 특별한 기대감이나 부담감을 주지 않아야 한다. 아이에게 잘못을 할 수도 있으며, 모든 사람을 기쁘게 해야 하는 건 아니라는 걸 알려주어야 한다. 완벽할 필요가 없으며 지금 모습 그대로를 사랑한다고 말해주어야 한다.

비장애 형제들은 부모가 장애 형제와 함께 병원에 있어야 해서 오랫동안 떨어져 있을 때 소외감을 느낀다. 이럴 때는 어떤 경우에라도 부모님과 연락할 수 있어야 한다. 가족이나 친구들이 병원에서 장애아를 돌봐줄 때 부모는 집에 돌아와 아이와 잠시라도 시간을 보낼 수 있을 것이다.

## 성취한 것을 칭찬하고, 공평하게 대하기

부모는 자녀 개개인의 관심사나 장점을 고려하여 모든 자녀가 성취해내는 것들을 균형 잡힌 관점에서 바라보아야 한다. 흔히 부모나 다른 가족구성원들은 장애 자녀가 성취한 것에는 큰 관심을 보이면서 비장애 자녀가 성취한 것은 그냥 지나쳐버리곤 한다. 또 어떤 경우에는 장애 자녀가 속상해할까 봐 그 앞에서 비장애 자녀를 칭찬하지 않았다고 말하는 부모도 있다.

부모는 자신의 양육방식에 대해 생각해봐야 한다. 예를 들어 자폐가 있는 아이는 엄격하고 구조화된 일상을 보내도록 해줘야 하지만, 비장애 자녀에게도 그런 일상이 필요한 것은 아니다. 그런데도 혹시 모든 자녀에게 똑같이 대하고 있는 건 아닌지 생각해봐야 한다.

형제가 서로 다투었을 때 비장애 자녀에게만 책임을 묻거나 항상 사과하게 만들지 말아야 한다. 장애가 있는 아이에 대해 특별히 고려해야 할 지침을 정하고 열린 마음으로 대화를 나눠 아이가 가정에서 해야 할 행동에 대해 명확히 알려준다면, 아이들은 대부분 이를 기꺼이 받아들일 것이다.

손위 형제들은 부모가 장애 형제를 과잉보호 한다고 말한다. 장애아도 간단한 집안일을 하고 이에 대한 대가로 칭찬을 받을 수 있다. 간단한 집안일을 하면서 잠재력을 높이고 독립성도 발달시킬 수 있다.

## 장애 형제를 돌보는 일에 가치 부여하기

아이는 부담을 느끼지 않는 선에서 부모를 도우면서 자신의 도움이 가치 있다고 느낄 수 있다.

비장애 형제들이 장애 형제에게 유용한 기술을 가르치거나 함께 놀면서 긍정적으로 상호작용하는 방법을 배울 수 있도록 장애 관련 기관에 도움을 요청해보는 것도 좋다. 장애 형제를 단순히 돌보기만 하는 것보다 가르치는 역할을 맡아보면 장애 형제를 돌보는 일에 자부심을 느낄 수 있다.

샌드라 해리스가 쓴 《자폐아의 형제자매 : 가족을 위한 지침 *Siblings of children with Autism ― A Guide for Families*》이라는 책에는 자폐 아이와 형제가 놀이를 할 수 있는 방법이 나와 있다. 또한 비장애 형제가 함께하는 가운데 느끼는 기쁨과 만족감이 가족 전체에게 주는 이점에 대한 부모들의 이야기가 담겨 있다. 해리스는 이 책에서 다음과 같은 결론을 내린다.

형제는 함께 놀면서 공유하는 방법을 배우고 유대감을 가지게 됩니다. 자폐 아이는 스스로 행동을 조절하기 어렵기 때문에 놀이를 엉망으로 만들거나 상대의 말이나 행동에 적절하게 반응하기 어려울 때가 있습니다. 어떤 연구 결과에 따르면 형제는 이런 경험을 통해 장애아가 함께 놀 수 있도록 돕는 방법을 배울 수 있다고 합니다. 장애아의 적절한 반응에 칭찬해주기도 하고 몸이나 말로 가르쳐주면서 기쁘게 상호작용할 수 있는 기술을 익히는 것입니다. 부모도 비장애 형제가 상호작용에 필요한 기술을 익힐 수 있도록 도와줄 수 있습니다. 다만 아이가 놀이 시간을 부담스러워하지 않고 그 기술을 배우고 싶어하도록 하는 것이 매우 중요합니다. 따라서 아이가 스스로 책임져야 할 부분을 결정하도록 해야 합니다. 책임감이 지나치면 분노가 생길 수 있고 아이가 독립성을 기르는 데 방해가 되므로 균형을 맞추어야 합니다. 아이들은 성장하면서 좀 더 많은 책임을 질 수 있겠지만 또래와 함께 시간을 보낼 수 있어야 합니다. 그 이후에 책임을 받아들이도록 격려할 수 있을 것입니다. 아이가 장애 형제를 돌보는 것이 당연한 일이라고 생각하지 말고 항상 물어봐야 합니다. 아이가 장애 형제를 가르치게 할 것인지 말 것인지에 대한 문제처럼 아이에게 거는 기대를 명확히 하는 것도 중요합니다.

자녀는 장애 형제의 어린 형제일 뿐이지 또 다른 부모가 아니라는 것을 확실히 해야 합니다. 모든 자녀들에게 어린아이로서 같이 놀 수 있는 기회를 주고 서로 공통점이 무엇인지 강조해서 알려주는 것도 좋습니다. 아이들은 장애가 있는 아이들의 놀이 집단과 형제의 놀이 집단을 통해 함께 노는 방법을 배우고 장애 형제와 즐거운 시간을 보낼 수 있는 방법을 배웁니다.

## 비장애 형제의 독립성 격려하기

앞에서 비장애 형제들은 장애 형제에 대해 큰 책임감을 느낀다고 이야기했다. 부모는 아이들이 스스로 목표를 정하고 독립적으로 생활하는 게 중요하다는 점을 깨닫도록 도와주어야 한다.

### 개인 공간 마련해주기

비장애 형제의 모든 삶에 장애 형제를 연관 짓지 않아야 한다. 아이가 친구와 놀 때 장애 형제를 데리고 함께 놀도록 강요하지 말아야 한다. 장애 자녀가 놀이 집단에서 배제되는 것을 지켜보는 것은 고통스럽겠지만 모든 아이들이 때론 이런 경험을 한다. 아이에게도 혼자 있거나 또래끼리 시간을 보내는 자기만의 시간이 필요하다고 설명해주는 것이 중요하다. 비장애 형제가 집에서 친구들과 놀 때 장애 형제를 끼워주지 않는 것이 심각한 문제라고 생각한다면 아이들과 터놓고 대화하면서 해결점을 찾을 수 있다. 장애 형제와 언제 함께 놀고, 언제 따로 놀 건지에 대한 지침을 정해두는 것도 좋다. 아이에게 친구가 많다면 부모가 장애 자녀와 함께 시간을 보냄으로써 비장애 형제가 친구들과 함께 놀 수 있도록 해주어야 한다.

집에는 비장애 자녀가 혼자 있을 장소가 필요하다. 문을 잠글 수 있는 독립된 방을 마련해주거나 물건을 안전하게 보관할 수 있는 수납장을 마련해주는 게 좋다. 이렇게 부모가 아이들에게 개인적인 공간이 필요하다는 것을 알려주면 아이들은 자신의 욕구도 중요하다는 것을 깨닫게 된다. 조시는 다음과 같이 이야기한다.

> 부모님은 제가 분노, 혼란스러움, 좌절감을 마음껏 표현하는 것을 막지 않으셨어요. 오빠가 수시로 제 방을 망쳐놓곤 하자, 부모님은 방문 밖에 자물쇠를 달아서 제가 방에 없을 때 방문을 잠가놓을 수 있게 해주셨죠. 오빠는 자물쇠를 열 수 없었기 때문에 제가 밖에 나와 있을 때도 무슨 일이 일어날까 봐 걱정하지 않았어요. 부모님은 저를 존중하고 배려해주셨어요. 부모님 덕분에 저는 오빠에게 화내지 않으면서 자랄 수 있었던 것 같아요.

## 외부활동과 관심사 개발해주기

많은 가족은 장애아로 인한 어려움을 함께 겪으면서 더욱 가까워진다. 아이들은 가족과 떨어져 지내면서 긍정적인 경험을 하지만 때로 어려움을 겪는다. 부모는 아이들에게 독립적인 활동을 해도 된다는 것을 알려주고, 가정 밖에서 관심사를 개발할 수 있게 격려해주어야 한다. 아이들은 또래의 도움으로 스스로를 사랑하게 되고 정체성을 확립하게 될 것이다.

비장애 형제는 스포츠나 음악 동아리 같은 외부활동을 하는 게 좋다. 부모가 너무 바빠서 비장애 형제들을 외부활동에 참여시킬 수 있는 기회를 놓치면 이들은 사회적 관계를 맺고 독립성을 개발할 기회가 줄어든다.

아이들은 어떤 일에 대해 성취감을 느끼면서 자존감을 높여간다. 많은 형제들은 가족의 일상생활을 돕고 장애 형제를 돌보면서 다양한 영역에서 성취감을 얻으려 노력한다. 춤, 음악, 운동과 같은 활동을 하면서 아이는 자존감을 높일 수 있다. 학업과 같은 삶의 한 영역에서 어려움을 겪더라도 춤, 음악, 운동 같은 영역에서 자신의 재능과 가치에 대한 믿음을 회복할 수 있다.

## 청소년기와 성인기

청소년기 아이들은 가족과 멀리 떨어져 있고 싶어하며 장애 형제와 함께 있기 싫어하기도 한다. 자신이 원하는 것을 다른 가족이 원하는 것과 별개로 생각하기 시작하고, 정체성을 찾으면서 내적으로 혼란스러워한다. 장애 형제에 대해 책임감을 많이 느끼는 시기면서 동시에 독립성과 정체성 발달에 균형이 필요한 시기이기도 하다. 부모는 아이들에게 독립적으로 행동해도 되며 친구들과 우정을 쌓고 가족 이외에 다른 사람들과 관계를 맺는 것도 중요하다는 점을 알려주어야 한다.

비장애 형제들이 성인이 되면 부모가 더는 함께 있지 못할 때 장애 형제를 누가 돌봐야 하는지 고민한다. 독립을 하거나 다른 도시로 이사해야 하는 상황에 처하면 걱정이 커진다. 가족들은 이런 문제를 열린 마음으로 의논해야 한다. 대개는 장애 형제를 돌보는 일에 어느 정도 관여하고 싶어한다. 비장애 형제들은 선택을 해야 하는 순간마다 가족이 처한 여건과 상황을 고려하여 결정을 내리겠지만, 자신의 삶을 포기하지 않는 것이 무엇보다 중요하다.

## 다른 사람들의 반응에 대처하기

사람들은 종종 장애아를 빤히 쳐다보거나 놀릴 때가 있다. 두려워하거나 무시하기도 하고 동정하듯 쳐다보거나 노골적으로 호기심을 보이기도 한다. 그렇기 때문에 비장애 형제들은 다른 사람들의 반응에 대처하는 법을 배워야 한다.

### 객관적인 정보 알려주기

토론 모임에서 한 아이의 부모가 "우리 아들은 동생에게 장애가 있다고 생각하지 않아요."라고 말했다. 부모는 자녀에게 장애가 있다는 것을 잊고 싶은 마음이 들 수 있다. 하지만 비장애 형제들은 사람들이 장애 형제에 대해 물을 때 대답해줄 수 있어야 한다. 그리고 다른 사람들이 뚫어지게 쳐다보거나 놀릴 때 어떻게 대응해야 하는지도 알아야 한다. 아이들이 객관적인 정보를 알고 이해하고 있어야 사람들이 무례한 행동을 할 때 훨씬 잘 대응할 수 있다. 의학 용어를 사용하지 않고 아이들이 자주 사용하는 단어로 쉽게 답할 수 있어야 한다. "남동생의 뇌는 명령을 제대로 내리지 못해요." 혹은 "동생은 근육을 잘 움직이지 못해요."라는 간단한 문장으로도 장애 형제에 대해 설명해줄 수 있다. 아이들은 자라면서 점점 어려운 용어를 사용할 수 있게 될 것이다. 초기에 부모가 의학 전문가에게서 정확한 진단을 듣지 못할 수도 있다. 이때 가장 좋은 방법은 알고 있는 대로 솔직하게 이야기하는 것이다.

### 다양한 대응방법 연습해보기

아이들은 부모의 반응을 보고 다른 사람들을 어떻게 대해야 하는지 배운다. 조이는 쇼핑센터에서 샐리가 발작했던 순간의 이야기를 들려주었다. 조이는 그때 자기가 로즈에게 얼마나 큰 영향을 끼칠 수 있는지 깨달았다고 한다.

저는 많은 사람들에게 무슨 일이 일어난 건지 설명해야 했어요. 쇼핑센터에서 구입한 상품의 비용을 지불하는 동안 로즈는 의자에 누워 있는 샐리 옆에 앉아 있었어요. 지나가는 사람들이 동생은 이제 괜찮아졌냐고 물어보자, 로즈는 제가 말한 방식대로 대답했어요.

다운증후군 동생이 있는 수잔은 자신이 보인 반응에 대해 이야기하고, 시간이 지나면서 부모님 영향으로 태도가 어떻게 바뀌게 되었는지 알려주었다.

저는 동생 때문에 당황스러운 적이 많았어요. 동생이 사람들에게 다가가 껴안을 때마다 창피해서 동생을 모르는 사람처럼 행동했어요. 저는 동생을 정말 사랑하지만 지금까지도 동생과 함께 있으면 당황스러운 순간이 많아요. 사람들의 시선도 불편하고요. 동생과 내가 사춘기일 때 우리 가족은 해외여행을 간 적이 있어요. 부모님은 우리가 하는 모든 일에 동생을 빼놓지 않았죠. 우리가 가는 곳마다 그곳에 있는 사람들은 동생과 인사를 나누고 이야기를 건넸어요. 해외여행을 다녀온 이후로 저는 훨씬 안정을 찾았고, 다른 사람의 눈을 의식하지 않게 되었어요. 저는 우리가 동생을 대하는 것처럼 사람들도 동생을 대한다는 것을 알게 되었어요. 사람들의 반응은 가족이 장애가 있는 아이를 어떻게 대하느냐에 따라 달라진다고 생각해요.

가족이 아이의 장애를 편하게 생각하고 받아들이면 다른 사람들도 같은 방식으로 장애아를 대한다. 어떤 장애 가족은 사람들이 빤히 쳐다보거나 이상한 눈으로 바라보는 것에 대해 독특한 방법을 생각해냈다. 그 가족은 사람들에게 장애아의 행동을 하나하나 설명해주면서 장애아를 대하는 방법이 적힌 카드를 건네주고 대화를 나누면서 사람들을 이해시켰다. 움츠러들고 도망가거나 숨기는 대신 먼저 다가가 사람들에게 장애를 명확히 알려주었다. 이 과정에서 아이들이 느끼는 소외감을 줄일 수 있다. 하지만 부모가 다른 사람들에게 아이의 장애에 대해 이야기하고 싶지 않을 수도 있다. 그럴 때는 "지금은 아이에 대해 이야기하고 싶지 않네요."라고 말해도 좋다.

아이들은 다른 사람들의 반응에 대응하는 기술을 배워야 한다. 부모와 아이들이 가상으로 상황을 설정한 후 다양한 방법을 연습해보는 것도 좋다. 예를 들어 부모가 뚫어지게 쳐다보는 사람 역할을 맡고, 아이들은 다양한 대응방법을 시도해본 후 각 반응에 대해 예상되는 결과를 이야기해볼 수 있다.

## 놀림에 대처하기

비장애 형제들은 다른 사람들이 놀리는 것을 걱정한다. 이것도 상황극을 통해 아이들이 어떻게 대응해야 하는지 연습할 수 있다. 놀리는 사람들을 무시하거나 "남동생은 장애가 있어서 축구를 못하지만 컴퓨터 게임을 진짜 좋아해요."라고 말할 수도 있다.

형제 프로그램에서는 아이들이 다른 사람들의 놀림에 대처하는 방법에 대해 대본을 써서 연기하고 서로 이야기하면서 생각을 바꾸도록 한다. 만약 "사람들은 내가 이상하다고 생각할 거야."라고 생각한다면 자신이 처한 상황에 불편함을 느끼고 자신감을 잃게 된다. 하지만 "저 아이들은 다른 아이들도 놀릴 거야. 다른 아이들도 화나게 할 거야. 내게만 그러는 게 아니야."라고 생각할 수 있다면 어떤 놀림을 듣더라도 훨씬 잘 대처할 수 있게 된다. 또한 같은 또래인 다른 형제들과 이 문제에 대해 이야기한다면 훨씬 위안이 될 수 있다.

어떤 아이들은 장애 형제를 놀리는 아이들 무리에 자기도 동참한다. 비장애 형제들은 대부분 장애 형제를 보호하려고 하지만 가끔은 그렇지 못할 때도 있다. 부모는 아이들에게 장애 형제를 얼마나 사랑하는지 잘 알고 있고, 때로 친구들과 있을 때 장애 형제 편을 드는 게 어렵다는 걸 이해한다고 알려주어야 한다. 또래 집단이 장애 형제를 놀릴 때 많은 형제가 자신도 놀리는 편에 서는 것은 매우 자연스런 행동이다. 부모가 장애 형제를 옹호하면서도 또래 사이에서 소속감을 느낄 수 있는 방법을 알려준다면 도움이 된다. 이때에도 같은 입장에 있는 비장애 형제들과 이야기를 나누면 위안을 느낄 것이다. 아이가 불편해하지 않는다면 교사가 수업시간에 장애와 아이들이 장애아를 놀리는 행동에 대해 이야기를 나눌 수도 있다. 부모가 이 시간에 같이 참여하는 것도 좋다.

## 슬픔을 이해할 수 있게 돕기

조시는 다음과 같이 말한다.

> 저는 비장애 형제가 있는 친구들을 보며 얼마나 슬펐는지, 남동생이 다섯 살, 열세 살, 스물한 살이 될 때마다 얼마나 슬펐는지 부모님이 제 마음속 슬픔을 알아주시길 바랐어요. 동생이 친구들과 평범한 관계를 맺을 수 없다는 사실이 너무 슬펐어요. 동생이 저를 놀릴 수도 없고 저와 몸싸움을 할 수도 없다는 게 슬펐어요. 우리는 형제가 같이 작당해서 말썽을 일으킬 수도 없었고 서로에 대해 부모님에게 거짓말을 할 수도, 서로를 보호해줄 수도, 심지어 서로를 미워할 수도 없었어요.

성인이 된 비장애 형제들은 이와 비슷한 감정을 느꼈다고 한다. 자신은 부모의 고통을 알고 이해하지만 자신의 슬픔을 알아주는 사람은 거의 없다고 생각한다. 앞에서 말했듯이 어떤 어머니는 비장애 딸이 장애 형제가 일반 학교 대신 특수학교로 가게 되어 슬퍼했다고 한다. 아이의 어머니는 딸을 데리고 특수학교에 가서 특수 학교가 왜 필요한지, 여동생은 왜 특수학교에 가야 하는지 이야기해주었다. 비장애 형제들은 자신이 느끼는 슬픈 감정을 이해하는 데 도움이 필요하다. 부모는 아이에게 자신이 느끼는 감정을 이야기해주면서 아이가 자기감정을 이해할 수 있도록 도와줄 수 있다.

어떤 부모들은 아이들이 장애 형제의 부정적인 면을 말하지 못하게 한다. 그러면서 아이가 평범한 삶을 살지 못하게 한다는 죄책감이나 좌절감을 느낄지도 모른다. 비장애 형제들은 자신은 어려운 시기를 겪고 있는데 아무도 자신을 위해 슬퍼하지 않는다고 생각할 수 있다. 따라서 부모는 비장애 자녀가 자신의 감정을 이해할 수 있도록 도와주어야 한다.

## 가족 외부의 다양한 지원

### 지원 전문가의 도움

비장애 형제와 관련된 문제를 잘 아는 지원 전문가와 대화하는 것만으로도 부모 스스로가 아이를 도울 능력이 있다는 자신감을 얻을 수 있다. 사회복지사나 장애아에게 다양한 지원을 하는 사람들에게 부탁하면 다른 비장애 형제들을 만나도록 주선해줄 수 있다. 어떤 경우에는 비장애 형제가 자신의 장애 형제와 관련이 없는 사람을 만나는 게 더 좋을 수도 있고, 물리치료사나 언어치료사, 심리학자, 의사, 간호사, 교사 등 전문가들이 도움이 될 수도 있다.

비장애 형제들에게 관심이 있고 그들이 어떻게 지내는지 염려하는 사람들도 도움을 줄 수 있다. 지원 전문가들은 형제가 자신의 감정을 조절하고 다른 사람의 반응에 대처할 수 있도록 도와주고, 지원을 받을 수 있는 기회를 마련해줄 수 있다. 아이가 겉으로 특별한 어려움을 드러내지 않더라도 상담을 받아보는 게 효과적일 수 있다. 하지만 가장 좋은 방법은 문제가 생기기 전에 예방하는 것이다.

장애아의 부모인 클레어는 이렇게 말한다.

부모들은 스스로 인식하지 못할 수도 있지만, 주변에서 많은 정보를 듣고 다양한 지원을 접합니다. 부모가 아이를 데리고 의사에게 가면 병원에 있는 사람들이 도와줍니다. "어떻게 도와드릴까요?"라든지 "어려운 상황이라는 걸 충분히 이해합니다."라는 말을 들으며 심리적으로 위안을 얻을 수 있습니다. 하지만 비장애 형제들은 이런 도움을 받지 못합니다. 장애아와 비장애 형제를 대하는 방법을 모르는 친구들에게 종종 괴롭힘을 당합니다. 저는 장애아의 부모님을 만날 때 "우리 아이들은 아무런 어려움 없이 잘 생활하기 때문에 따로 도움이 필요하지 않아요."라는 이야기를 들으면 정말 답답함을 느낍니다.

어떤 아이들은 위축, 공격성, 사회적 관계의 어려움, 수면장애 같은 행동을 보이기도 한다. 이런 행동은 모두 아이가 힘들다는 신호이다. 아이에게 문제가 있다는 것을 인식하고 특별한 치료가 필요하다는 것을 인정하는 게 어려울 수 있다. 이럴 때는 장애 가족을 도와준 경험이 있는 아동 상담가(심리학자, 정신의학자, 사회복지사)를 찾아가야 한다.

비장애 형제들이 외부의 지원을 받으면 편안하고 자신을 판단하거나 비판하지 않는 환경에서 다양한 감정을 표현할 수 있다. 그렇게 되면 문제를 해결하는 방법을 배우고 자신의 목표에 대해 생각하기 시작한다. 장애 형제와의 관계도 더 좋아질 수 있다.

가족상담을 받으면 형제 사이의 관계가 더 좋아진다. 특히 손위 형제들과의 관계를 개선하고 심각한 문제나 사건을 해결하는 데 도움이 된다.

어떤 형제들은 세월이 많이 흐른 뒤에야 자신이 왜 혼란스러운 감정을 느끼는지 알고 싶어서 치료사를 찾아간다. 치료사에게 도움을 받으면서 비장애 형제들은 자신을 받아들이고 긍정적인 면에 대해 감사할 수 있게 된다. 아이들이 어린 시절에 이런 과정을 거친다면 가족에게도 도움이 될 수 있다.

## 형제 프로그램

### 비장애 형제들의 모임

성인이 된 비장애 형제들은 자라면서 장애 형제와 함께 자라는 다른 형제들과 관계를 맺고 싶었다고 한다. 비장애 형제들이 서로 만난다면 혼자만 어려움을 겪는 것이 아니라는 사실을 알게 될 것이다.

장애 관련단체나 부모가 알고 지내는 다른 가족과의 만남을 통해 다른 형제들을 만나게 해줄 수 있다. 아이들이 서로 만날 기회를 마련해준 다음에는 모임 안에서 우정을 쌓도록 유도해야 한다.

많은 나라에 형제를 위한 독창적인 프로그램이 개발되어 있다. 아이들이 이러한 프로그램에 참가하면 개인적으로나 집단적으로 대화를 나누면서 도움을 받을 수 있다.

### 형제 모임의 장점

아이들은 형제 모임을 통해 다양한 정보를 얻고 즐거운 감정과 경험을 나눌 수 있다. 또한 장애 형제에 대해 좀 더 일반적인 감정을 느끼고 긍정적으로 바라보게 된다. 또 형제 모임에서는 가정에서 장애 형제 때문에 겪는 힘든 일을 솔직하게 이야기하더라도 다른 사람들이 자신을 나쁜 아이라고 생각할 것이라는 두려움을 느끼지 않는다. 형제 모임에 참여하는 비장애 형제들은 모임의 장점을 점점 더 크게 느끼고 있다.

집단 프로그램에는 아이들이 날마다 겪는 어려움에 대처하는 방법, 정보 얻기, 토의하기 등이 있다. 주변에서 일어나는 일을 자신이 통제할 수 없다는 생각에 무력감을 느낀다면, 다른 형제들이 어려운 상황을 어떻게 해결해 나가는지에 대해 들으면서 용기를 얻을 수 있을 것이다. 또한 문제를 해결하는 기술을 배울 수도 있다. 아이들은 개인적인 경험이 전혀 없는 사람들이 일러주는 방법보다 다른 비장애 형제들이 알려주는 방법을 훨씬 쉽게 받아들인다. 형제 모임은 치료를 목적으로 하는 게 아니지만, 그와 같은 효과를 낸다. 아이들은 형제 모임에 참여한 뒤 "일상생활에서 일어나는 일들을 이야기할 수 있는 곳이 있었으면 좋겠어요."라고 말하며, 모임에 참석했던 형제들끼리 다시 만나기를 간절히 바란다.

짐은 애들레이드에 있는 기관과 협력해서 일하는 사회복지사다. 짐은 지적장애인들을 지원하고 어린 형제들을 위해 많은 모임을 운영하고 있다. 이런 모임이 비장애 형제들에게 큰 도움을 준다고 굳게 믿는다.


초등학교 고학년과 청소년기는 심리적으로 또래에게 인정받는 것이 중요하고 영향을 많이 받는 시기입니다. 따라서 이 시기에는 또래가 알려주는 정보에 매우 큰 영향을 받아요.

많은 경우 숙련된 진행자가 형제 모임을 진행하면 형제들에게 중요한 내적 변화가 일어납니다. 서로의 상황을 이해하고 공감하는 또래에게서 얻는 정보는 어른들에게 듣는 이야기보다 훨씬 큰 영향을 끼치며 그 영향은 오랫동안 지속됩니다.

어떤 부모들은 자녀가 형제 모임에서 어색하고 부정적인 느낌을 받을까 봐 걱정한다. 모임에 참석한 후 아이가 장애 형제에 대해 더 걱정하고 고민할까 봐 두려워하기도 한다. 하지만 어떤 부모는 형제 모임을 통해 아이들이 서로 열린 마음으로 자신의 고민을 털어놓을 수 있고, 부모와 자녀가 의사소통 할 수 있는 기회를 가질 수도 있다고 여긴다. 형제 모임이 한편으론 부모를 위한 지원이 되기도 하는 것이다.

부모들은 대부분 비장애 형제들이 형제 모임에 참여한 후 긍정적인 모습을 보인다고 이야기한다. 아이들이 가정에서 장애 형제와 훨씬 원활하게 의사소통을 하게 되었다고 기뻐한다. 한 아이의 어머니는 딸이 형제 모임에 나가 마음을 열고 자신의 경험과 감정을 털어놓을 수 있게 되었고, 그러면서 친구들과 장애에 대해 자연스럽게 이야기할 수 있게 되었다고 한다. 어떤 어머니는 여덟 살 난 딸이 늘 불안해하고 긴장하는 태도를 보여서 걱정했는데, 형제 모임에 나가면서 훨씬 안정적으로 생활하고 적응을 잘할 수 있게 되었다고 한다. 9개월 후에는 친구를 주제로 한 설문조사에 친구 이름을 가득 채울 정도로 친구 관계가 좋아졌다고 한다. 설문지 질문 중에는 가장 친한 친구에 대해 물어보는 내용이 있었는데, 가장 친한 친구의 이름을 말한 후에 '형제 모임'이라고 적었다고 한다. 형제 모임의 효과는 어머니가 생각했던 것보다 훨씬 컸다. 이 아이의 경우처럼 형제 모임은 많은 비장애 형제들에게 다른 사람과 지속적으로 상호작용할 수 있는 기회를 제공하고 아이가 소외감을 덜 느끼게 한다. 한 아이의 어머니는 딸이 장애 형제에 대한 감정을 "오빠가 나와 놀 수 없어서 너무 슬퍼요."라고 쉽고 명확하게 표현할 수 있게 되었다고 한다. 함께 놀 사람이 없어서 외동딸처럼 혼자였지만, 다른 외동딸과 달리 자신이 아닌 오빠에게 훨씬 많은 관심이 집중되었다고 이야기했다고 한다. 이런 생각을 표현할 수 있다는 건 건강하게 자라고 있다는 것을 보여주는 것이다.

한 어머니는 장애가 있는 아들이 방과후 학교에 갈 때 오빠와 같은 방과후 학교를 다니는 여동생이 오빠를 항상 반갑게 맞아준다고 했다. 방과후 학교에서 일하는 관계자는 이런 경우는 드물다고 말했다. 대부분의 형제들은 장애 형제가 보이지 않는 곳으로 자리를 옮기거나 그들과 아무 관계도 없는 것처럼 행동하기 때문이다. 아이의 어머니는 형제 모임이 딸의 행동에 긍정적인 영향을 끼쳤다고 생각한다.

때로 형제 모임에서 가족에 대한 부정적인 감정을 강하게 표현하기도 하지만, 이어 토론을 하면서 긍정적인 생각을 쌓아간다. 부모들은 아이들이 감정을 너무 솔직하게 표현해서 힘겨울 수도 있다. 어떤 어머니는 아이에게 절대 불평해서는 안 되며 장애가 없다는 것에 감사해야 한다고 이야기해왔는데, 딸이 형제 모임에 참여하면서 화를 내기 시작했다고 한다. 형제 모임에서는 아이에게 긍정적인 감정뿐 아니라 부정적인 감정을 느끼고 표현해도 괜찮다고 알려주기 때문에 아이가 감춰두었던 부정적인 감정을 풀어놓았던 것이 분명하다. 아이의 어머니는 어느 정도 시간이 지나 상황이 안정된 후에 딸이 동생과 훨씬 긍정적으로 상호작용하게 되었다는 것을 알게 되었다.

## 형제 모임 만들기

장애 관련기관에 형제를 위한 지원을 마련하도록 요구해야 한다. 만약 부모들이 자발적으로 모임을 만들고 싶을 경우 가족 캠프를 할 때 형제들을 위한 프로그램을 마련할 수도 있다. 부모들은 아이들이 진지한 토론을 할 때 자녀가 속해 있는 소집단에 참여하지 않는 게 좋다. 아이는 부모가 곁에 없을 때 좀 더 자유롭게 이야기할 수 있기 때문이다. 부모는 다른 소집단에 있는 아이들과 이야기하거나 다른 곳에서 간식을 준비하는 게 좋다. 모임을 진행하는 기술이 부족하거나 많은 아이들과 함께해 본 경험이 없다면 관계자에게 함께 진행해달라고 요청할 수도 있다. 캐롤은 자신의 이야기를 들려주었다.

저는 사랑스러운 세 딸의 어머니예요. 막내딸은 이분척추증을 갖고 태어났죠. 막내딸이 태어났을 때 제가 처음 한 질문은 "아이가 살 수 있을까요?"였고, 다음 질문은 "다른 두 딸은 어떤 삶을 살게 될까요?"였어요. 제게는 두 살과 다섯 살 난 딸이 있었거든요. 저는 우리 모두의 삶과 아이의 어린 시절을 위해 도움이 필요하다는 것을 알았어요. 혼자서 할 수 없다는 것을 인식하고 도움을 요청하는 것은 나약함이 아니라, 건강함을 나타내는 신호라고 생각해요. 기관에서 제공하는 대부분의 지원 프로그램은 어머니를 위한 것이고, 그 다음은 아버지들을 위한 것이지만 비장애 형제를 위한 지원은 많지 않았어요. 그래서 제가 지금 사는 곳에 모임을 만들었어요. 저도 모임에 참여했는데 효과는 아주 좋았어요. 토론 집단을 여럿으로 나눠 딸들에게 저와 다른 집단에 참여하라고 했어요. 아이들이 항상 저와 다른 집단을 택하지는 않았지만 선택권은 아이들에게 맡겼어요. 막내딸은 지금 열세 살이고 다른 두 딸은 자진해서 모임을 돕고 있어요. 우리는 형제들을 위해 다양한 토의 결과들을 발표해요. 아이들에게 장애 형제여서 좋은 점과 좋지 않은 점을 알려주고 있죠.

클레어도 형제 모임을 만들었다.

저는 부모로서 아이들이 행복한 어린 시절을 보낼 수 있는 모든 것을 해주고 싶었어요. 네 명의 자녀 중 두 아이에게 심각한 장애가 있다고 해서 아이들에게 부족함을 느끼게 하고 싶지 않기 때문이에요. 아이들에게 혼란을 주지 않으면서 키우고 싶지만 우리 가정의 상황은 그렇지 못했어요. 이에 대해 아이들에게 죄책감을 느끼지만 제가 바꿀 수 있는 일이 아니었죠. 우리가 통제할 수 있는 범위를 넘어섰다는 것을 인정하고 비장애 아이들에게도 그들 나름의 특별한 욕구가 있을 거라고 생각을 바꿨어요. 우리는 우리가 처한 상황에서 긍정적인 면을 찾아내기 위해 노력했죠.
첫째 딸은 정신지체인 오빠와 발달장애와 정서장애가 있는 남동생 사이에 있었어요. 두 아이에게는 모두 심각한 문제행동이 있었어요. 저는 딸을 위해 형제 모임을 시작했고 딸과 또래 아이들이 참여하도록 했어요. 지금 딸에게 장애가 있는 오빠와 남동생과 잘 지내느냐고 묻는다면 "아니요."라고 대답할 거예요. 하지만 딸아이는 적어도 다른 사람이 무엇을 원하는지 잘 알아채고 자신의 감정을 솔직하게 표현해요. 그리고 언제든지 오빠나 동생이 괜찮은지 아닌지 민감하게 알아차리곤 하지요. 딸아이는 모임에서 형제 문제에 대해 이야기하고 어린아이를 위한 모임을 돕고 있어요. 이 모임은 아이가 무척 나가고 싶어하는 모임이기도 하지요. 형제가 또래의 도움을 받는 것은 아이에게뿐 아니라 가족 모두에게 좋은 일인 것 같아요.

## 학교의 지원

학교는 비장애 형제에게 좀 더 다양한 사회적 지원을 제공할 수 있다. 담임선생님에게 가정의 스트레스 상황에 대해 이야기해야 한다. 선생님에게 같은 학년에 비장애 형제들이 있는지 물어보는 것도 좋다. 만약 있다면 두세 명의 아이들을 같은 반에 편성할 수도 있고, 부모가 허락한다면 그러한 아이를 키우는 가정과 연락을 주고받을 수 있을 것이다.

교사는 수업시간에 장애에 대해 이해할 수 있는 시간을 마련하는 것이 좋다. 부모가 장애 관련기관에 도움을 요청할 수도 있지만 대개는 학교에서 부모를 도와줄 수 있을 것이다. 비장애 형제들이 괜찮다면 반에서 장애 형제에 대해 이야기하는 수업을 진행할 수도 있다. 앞에서 말했듯이 조이는 로즈의 반에서 '샐리 이야기'를 담은 책을 보여주며 이야기를 나누었다고 한다.

제인은 유치원에서 있었던 딸의 이야기를 들려주었다.

네 살인 딸은 유치원에서 '보여주며 이야기하기' 시간에 발표하기 위해 오빠의 휠체어를 가지고 등원했어요. 발표가 끝나자, 유치원에 있는 모든 아이들이 휠체어를 타고 싶어했어요. 이 일로 딸아이는 선생님께 칭찬을 받고 친구들 사이에 인기가 높아졌죠. 아이는 친구들에게 휠체어에 대해 알기 쉽게 이야기해줄 수 있었어요.

아이들이 점점 성장함에 따라 이런 방식으로 이야기하기가 쉽지 않겠지만, 장기적으로 볼 때 어린 나이에 이야기하기 시작하면 긍정적으로 느낄 수 있는 기회가 많아진다.

학교에서 공식적으로 형제 모임을 운영할 수도 있다. 지역 모임의 장점은 좀 더 쉽게 관계망을 형성할 수 있다는 것이다. 부모들은 처음에는 학교와 같은 공적인 모임을 통해 연락하겠지만 시간이 지나면서 좀 더 비공식적인 방법으로 관계가 지속될 수 있다.

최근에는 장애아가 일반 학교에 가는 통합교육이 일반적이다. 즉 장애아와 비장애 형제가 같은 학교에 다니게 되는 것이다. 일반 학교에 통합된 아이들은 형제와 같은 학교를 다니면서 혜택을 누리기도 하겠지만, 부모와 학교 관계자는 형제들에게 별도의 도움이 필요하다는 점을 알아야 한다.

부모와 학교 관계자는 비장애 형제들이 독립성을 갖고 개별적인 또래 관계를 맺으며, 학교에서 독자적으로 생활할 수 있도록 도와주어야 한다. 형제들이 학교에서도 장애 형제를 돌보거나 함께 놀

아주는 일을 감당하게 하지 말아야 한다(형제들도 어린아이라는 사실을 기억해야 한다). 하지만 같은 학교에 장애 형제가 있는 것이 긍정적인 영향으로 작용할 수도 있다. 제인은 이렇게 말한다.

두 아이가 같은 학교에 다니는 것은 우리 가족에게 멋진 일이었어요. 딸의 친구들은 아이의 오빠가 학교 공동체의 일원으로서 함께 생활하고 존중받는 모습을 보았어요. 딸아이는 오빠의 장애에 대해 설명할 필요가 없었죠. 모든 아이들은 타고난 능력과 관계없이 가족과 지역 공동체, 학교에 속해 있어야 한다는 믿음을 갖게 해주었어요.

## 비공식적인 사회적 지원

비장애 형제들은 비공식적인 사회적 상호작용(특히 또래와의 관계)을 할 기회가 많지 않다. 가족들은 아이의 장애 때문에 다른 가족들과 상호작용하기가 어려울 수도 있다.

자폐인 오빠가 있는 어떤 아이는 사회성이 발달하기 힘들었다. 부모가 사랑으로 잘 돌봐주었지만, 다른 형제들과 상호작용하면서 사회성을 배울 기회가 없었기 때문에 또래와 우정을 쌓기 어려워했다. 부모는 이를 주의 깊게 보고 아이가 연극이나 테니스 같은 외부 활동에 참여하도록 했다.

비장애 형제들이 직접 부모, 조부모, 친척, 친구, 교사 등 자신이 가까이에서 지원받을 수 있는 대상을 생각해보는 것도 좋다. 예를 들어 아이에게 손바닥을 쫙 펴서 종이에 대고 윤곽선을 그리게 한 후 각각의 손가락에 도와줄 수 있는 사람을 적어보도록 한다. 아이의 기분이 좋지 않을 때 손가락 그림을 보고 누구의 도움이 필요한지 결정하도록 할 수 있을 것이다.

　지적장애를 지닌 두 언니가 있는 레이첼은 어릴 때 사회적 지원을 거의 받지 못했고 낮은 자존감과 우울증으로 힘들었다. 그런데 장애 형제가 있는 또래 아이들을 만나면서 많은 변화가 생겼다고 한다.

장애 형제가 있는 또래 아이들을 알게 되면서, 그 아이들을 만나고, 편지를 쓰고, 서로 이야기를 나누고, 어려운 문제에 부딪쳤을 때 힘든 상황을 함께 나누면서 많은 도움을 받았어요. 그 친구들을 만나면서 제가 혼자가 아니라는 것을 알게 되었죠. 좋은 일이 있을 때 즐거워해도 괜찮다는 것과 언니들에게 장애가 있고 내게 없는 것이 내 잘못이 아니라는 것, 그렇기 때문에 이 상황에 대해 죄책감을 느낄 필요가 없다는 이야기를 반복해서 들었어요. 다른 사람들에게 상처를 주지 않으면서 죄책감을 표현하는 방법이 있다는 것도 알게 되었죠.

그리고 부모님과 개인적인 시간도 갖게 되었어요. 언니들을 돌봐야만 한다는 책임감에서 자유로워졌고, 언니들을 돌보느라 포기해야 했던 일들을 놓치지 않게 되었어요. 화가 나면 언니들에게 화를 낼 수 있다는 것을 알게 되었고, 화난 감정을 적절하게 표현하는 방법도 배웠어요. 그래서 저는 성인이 된 후에도 화를 표현하는 게 어렵지 않아요.

# 적응에 영향을 주는 다른 요인들

비장애 형제들이 장애 형제와 함께 살면서 적응하는 데 영향을 미치는 요인은 가족의 특성과 부모의 지원, 그리고 가족 외부의 다양한 지원이다.

이제 형제들이 적응하는 데 영향을 주는 다른 요인(장애의 특성, 나이, 자녀의 수)에 대해 좀 더 살펴보려고 한다. 이 요소들을 바꾸는 건 어렵거나 불가능하지만, 이 요소들이 어떤 영향을 끼치는지 이해한다면 많은 도움이 될 것이다.

## 장애의 특성

장애의 유형과 정도는 비장애 형제의 태도에 영향을 줄 수 있다. 어떤 장애는 형제에게 설명하기 어렵고, 장애 형제의 행동상의 주요한 문제가 가족의 삶을 망가뜨릴 수도 있다. 가족의 일상생활이 완전히 뒤바뀌고 잠 못 이루는 밤을 수시로 겪어야 할 수도 있다. 심한 경우에는 비장애 형제들이 자신과 다른 가족구성원의 삶에 불안감을 느낄 것이다. 그리고 장애 형제에게 많은 도움이 필요할 경우 이에 대한 책임이 비장애 형제들에게 돌아갈 수도 있다.

장애가 심하지 않은 경우 한편으로 형제들은 장애 형제에게 강한 거부감을 느낄 수 있다. 다른 사람들과 함께 어울릴 때 사람들이 자기에게도 장애가 있다고 생각할까 봐 불편해할 수도 있다. 앞에서도 말했듯이 어떤 아이는 장애가 있는 언니가 공공장소에서 이상한 소리를 낼 때 당황스러웠다고 한다. 또한 장애 여부가 분명하지 않은 아이에게 가정에서 부모가 특별한 대우를 하면 비장애 형제의 눈에는 편애하는 것처럼 보일 수 있다.

## 나이

비장애 형제의 태도는 나이에 따라서도 다르다. 발달단계에 따라 형제들이 새로운 상황에 어떻게 적응하고 이해해야 하는지 알아보자.

## 유아기

어린 비장애 형제들은 부모에게 관심을 받는 데 많은 신경을 쓴다. 따라서 항상 부모의 관심을 더 받는 장애 형제에게 질투심을 느낀다. 부모들은 실제로 비장애 자녀와 함께 있는 시간이 적은데, 이것이 아이의 안정감에 영향을 줄 수 있다. 많은 연구에서 자녀와 부모 사이의 유대감이 얼마나 중요한지에 대해 밝히고 있다. 특히 태어난 후 3년이 될 때까지가 중요하다고 한다.

아이들은 세 살이 될 때까지 혼자 놀다가 점점 형제와 함께 놀게 된다. 손위 형제에게 장애가 있을 경우 동생과 어울리는 것이 문제가 될 수 있다. 장애가 있는 아이를 배려할 수 있는 또래 친구들에 비해 동생은 의사소통이나 사회성 발달이 느릴 수 있기 때문이다. 하지만 상호작용이 힘들어서 좌절을 겪더라도 어린아이들은 장애 형제를 받아들이고 상호작용하면서 느끼는 한계에 적응하게 된다.

어린아이들은 현재 느끼는 감정을 표현하기 어려워할지도 모른다. 감정을 이해하고 설명하는 능력에 한계가 있을 수도 있다. 또 장애 형제가 저지른 일에 책임을 져야 하며 자기에게도 장애가 생길지 모른다는 두려움을 갖게 될 수도 있다.

어린 비장애 형제들은 '가족의 도우미'가 되는 것에 스스로 만족감을 느낀다. 이것은 자존감을 높이고 부모와 친밀한 관계를 형성하는 데 중요한 요소가 될 수 있다. 하지만 관심을 받고 싶어하는 아이의 욕구가 충족되지 않을 때에는 균형을 잃게 될 수 있다.

## 아동기

학령기의 아이들은 형제의 장애가 무엇을 의미하는지 훨씬 잘 이해한다. 또래와의 활동이나 가족활동이 제한될 수밖에 없다는 것도 잘 이해한다.

장애 형제와의 상호작용은 비장애 형제의 사회성 발달에 지속적인 영향을 끼친다. 아이들은 또래의 반응을 민감하게 의식하고, 친구나 다른 사람들에게 형제의 장애에 대해 설명하기 힘들어한다. 친구들이 집에 놀러 올 때 당황스러워하고 친구들을 집에 데리고 오지 않으려 한다.

비장애 형제들은 가정에서 장애 형제에게 교사 역할을 하면서 자신이 뭐든 잘할 수 있다는 자신감과 가치를 느낀다. 하지만 또래 아이들처럼 형제와 자연스럽게 상호작용하지 못하거나 장애 형제를 책임지는 일이 큰 짐이 되어서 할 수 있는 활동이 제한되면 문제가 생길 수 있다.

## 청소년기

10대 비장애 형제들은 자신의 정체성을 확립하는 데 어려움을 겪을 수 있다. 장애 형제와 너무 지나치게 동일시하려 하거나, 반대로 독립성을 찾는 것에 대해 죄책감을 느끼기 때문이다. 또 장애 형제에 대한 당혹감이 커지고 그들과 함께 있는 모습을 보이기 싫어하는 시기를 보내기도 한다.

장애 형제와 함께 자란 10대들은 또래에 비해 사람들 사이의 다른 점을 훨씬 잘 이해하고, 다른 10대들처럼 자신의 감정과 가치를 찾고 삶의 의미를 확립하려고 노력할 것이다. 하지만 장애 형제의 미래에 대해 걱정하기 시작하고 앞으로 주어질 자신의 역할이나 감당하고 싶은 역할에 대해 생각할 것이다. 앞으로 책임을 함께 감당할 수 있는 배우자를 찾아야 한다는 생각도 하고, 결혼해서 장애가 있는 아이를 갖게 될 위험에 대해 고민한다. 또한 직업을 선택할 때에도 가족 상황을 고려하게 된다.

## 성인

부모가 점점 나이가 들수록 비장애 형제들은 장애 형제에 대해 책임을 더 많이 느낀다. 형제들은 장애 형제의 거주지, 재정 문제, 의료적 치료와 돌봄에 대해 걱정하기 시작한다. 어떤 사람들은 장애 형제와 함께 살게 될지도 모른다. 가족들이 앞으로 장애 형제를 어떻게 돌봐야 할지 함께 의논해본 적이 없다면 형제들은 매우 복잡하고 힘든 시기를 경험한다.

비장애 형제에게 장애 형제에 대한 책임은 삶의 선택뿐 아니라 다른 사람들과의 관계에도 영향을 끼칠 만큼 중요하다.

## 태어난 순서

태어난 순서도 비장애 형제가 장애 형제와 함께 자라면서 적응하는 데 중요한 요소다. 동생에게 장애가 있는 경우, 손위 형제는 동생이 태어나기 전 가족 상황에서 부모님과 서로 의사소통도 하고 어느 정도 스스로 정체성을 찾고 사회관계망을 형성한다. 또 어린 아이들보다 장애 형제에 대해 잘 이해하고, 상대적으로 부모님의 관심이 줄어든 것에 대해 훨씬 쉽게 납득한다. 손위 형제들은 장애 형제가 어리다는 것을 알기 때문에 따뜻하게 돌본다. 반면에 장애 형제를 돌보면서 스트레스를 받거나 혹시 장애 진단이 틀린 건 아닐까 하는 생각을 갖기도 한다. 가족의 일상생활이 동생 때문에 달라진 것을 경험하면서 가족 상황이 변한 것에 대해 화를 낼 수도 있다. 실제로 이들은 동생을 더 많이 돌봐야 할지도 모른다. 연구 결과에 따르면 손위 형제들은 또래에 비해 동생을 더 많이 돌보고 있다고 한다. 또한 새로운 친구와 사귀는 것을 더 어려워하는 경우도 나타났다.

손위 형제에게 장애가 있는 경우, 아이들은 주변 상황에 대해 정확한 설명을 들을 수 있는 기회가 적다. 이 아이들은 가족의 삶을 있는 그대로 받아들이기 때문에 자신의 가족이 다른 가족과 다르다는 것을 이해하는 데 몇 년의 시간이 걸린다. 초기에는 왜 부모님이 장애 형제에게 더 많은 관심을 쏟는지 이해하지 못해서 화를 내기도 한다. 가정에 비장애 형제가 없다면 아이들은 형제와 함께 상호작용하면서 얻는 다양한 사회성과 감정의 공유, 주고받는 방법을 배우지 못한다. 시간이 지날수록 손위 형제가 하는 행동을 이해하지 못하고 자기보다 나이 많은 장애 형제를 돌봐야 하는 상황 때문에 혼란스러워할 수 있다. 나이 많은 형제보다 자기가 더 많은 일을 잘할 수 있다는 것 때문에 죄책감을 느끼기도 할 것이다.

어떤 어머니는 두 딸의 반응에 대해 이야기해주었다. 큰 딸은 장애가 있는 남동생과 함께 자라면서 동생을 잘 받아들였다. 하지만 작은 딸은 장애가 있는 오빠가 사라지길 원했다. 이처럼 아이들의 태도가 다른 데는 아이의 성격이나 경험도 영향을 끼치겠지만 태어난 순서도 영향을 줄 수 있다. 아이들이 태어났을 때 부모의 감정과 태도가 다른 적응 단계에 있기 때문일 수도 있다.

아이들의 나이 차가 적다면 장애 형제와 자신을 동일시하기 때문에 형제가 정체성을 확립하기 훨씬 어려울 수 있다. 이런 현상은 성별이 같거나 쌍둥이일 경우 더 심할 수 있다. 어떤 어머니는 어린 딸이 장애가 있는 언니가 경험하지 못한 일반적인 발달단계를 밟는 데 심리학자의 도움이 필요했다고 한다. 딸 아이는 자신을 언니와 너무 동일시해서 스스로 할 수 있는 일에 대해 확신을 갖지 못했다고 한다. 이러한 아이들의 동일시 때문에 형제들은 장애 형제에 대해 특별한 공감을 느끼고 오빠나 언니가 경험하는 것은 어떤 것일지 궁금해한다.

태어난 뒤에 장애가 나타났을 때에도 나이가 영향을 끼친다. 한 사회복지사는 나이 많은 비장애 형제들이 어린 비장애 형제들의 부모 역할을 감당한다고 이야기한다. 또 어린 형제들은 부모의 관심을 더 많이 받으려고 문제행동을 일으키곤 한다는 사실을 알고 놀라웠다고 한다. 지금까지의 경험에 비추어보면 대부분의 형제들은 두려움, 죄책감, 분노, 슬픔과 씨름한다고 한다. 더 많은 연구가 이루어진다면 나이가 미치는 영향을 더 잘 이해할 수 있을 것이다.

### 가족 내 형제의 수

가족 내 형제의 수는 아이들의 적응에 특히 중요한 요소인 것 같다. 장애 형제 말고는 다른 형제가 없는 아이는 더 힘든 시간을 보낸다. 주변의 다른 비장애 형제들을 부러워한다. 형제 사이에 굳은 신뢰를 쌓을 수 있고 서로 독립성을 기르도록 도와줄 수 있기 때문이다. 비장애 형제들은 장애 형제와 함께 놀 수 없거나 형제가 놀고 싶어하지 않을 때 서운해한다. 어떤 경우에는 형제보다 부모를 더 좋아하기도 한다. 이런 아이들은 형제와 함께 어울릴 때 생기는 사회성을 충분히 발달시키지 못할 수 있다.

가정에 다른 형제가 없는 아이와 부모는, 장애 형제와 비장애 형제 사이에 존재하는 모든 긴장감을 부정적으로 여기곤 한다. 하지만 비장애 형제들끼리도 서로 경쟁하고 사춘기에 감정적인 혼란을 경험한다.

어떤 점에서 가정에 다른 형제가 없는 아이는 외동딸(아들)과도 같다. 하지만 부모가 많은 시간을 장애아와 보내야 하기 때문에 외동인 아이들처럼 부모와 개인적으로 상호작용을 하며 즐기지 못한다. 아이는 항상 부모 가운데 한 명이 장애아를 돌보는 동안 다른 한 명하고만 활동을 해야 할지도 모른다.

비장애 형제는 부모의 모든 기대와 꿈이 자기에게 달려 있다고 생각한다. 따라서 끊임없이 부모의 상태를 살피고, 장애 때문에 형제가 할 수 없는 일을 대신 보상하려고 하며, 부모가 더는 고통스러워하지 않도록 보호해주려고 한다. 결국 아이는 자신이 원하는 것은 무시하고 몸이 아프거나 감정이 상할 때에도 모든 것을 숨기려 할 것이다.

가족이 많을 때에는 좀 더 복잡한 상호작용을 하게 된다. 경험을 공유할 수 있는 가족이나 친구와 함께 지내면서 혼자서만 이렇게 복잡한 감정을 느끼는 것은 아니라는 사실을 알게 된다. 부모가 장애아에게 더 많은 관심을 쏟아야 할 때에도 상황을 잘 이해한다. 성공해야 한다는 압박감도 덜할 것이다. 다른 형제는 스트레스를 줄여주기도 한다. 줄리의 언니는 홍역을 앓은 후에 뇌염에 걸렸다. 줄리는 그때 일곱 살이었고 쌍둥이 남동생이 있었는데, 언니의 병에 대해 이렇게 기억한다.

언니와 저는 매우 사이가 좋았고 늘 같이 놀았어요. 언니가 아프면서 함께 놀 수 없었지만 저는 남동생들과 놀 수 있었어요. 동생들이 있었기 때문에 혼자 외롭지 않았죠. 남동생이 없었다면 제 상황이 매우 달랐을 거예요. 저는 놀이 상대를 바꾸었을 뿐이에요. 아이들은 상황에 적응하는 힘이 엄청 강한 것 같아요.

그러나 모든 형제들이 서로 돕는 것은 아니다. 비장애 형제들은 장애 형제와 함께 지낸 경험과 장애 형제를 대하는 방식이 각자 다르기 때문에 서로 다른 역할을 맡는다. 어떤 아이가 혼내는 역할이나 무관심하게 대하는 역할을 하는 동안 또 다른 아이는 장애 형제를 돌보는 역할을 맡는다. 이런 역할은 아이들이 선택할 수도 있고 부모의 요구, 태어난 순서, 성별 등의 요인에 따라 결정되기도 한다. 다른 비장애 형제가 있다면 형제들이 훨씬 쉽게 이러한 일들을 감당할 수 있다.

# 장애 형제가 죽었을 때

장애 형제가 세상을 떠났을 때 비장애 형제는 슬픔, 두려움, 분노, 죄책감 같은 혼란스러운 감정을 느낀다. 그리고 가정 내에서 형제의 역할이 완전히 바뀔 것이다. 형제의 서열도 바뀌는데, 둘째 아이가 맏이가 될 수도 있고, 어떤 아이는 외동딸(아들)이 되어 자녀를 잃은 부모님을 위로해야 하는 큰 짐을 느낄 수도 있다. 아이들 입장에서는 놀이 상대이자 친구를 잃은 것이다. 아이들은 미래에 대해 두려워하고 부모, 죽은 형제, 이들을 돌봐주던 전문가에게 화를 낼 수도 있다. 장애 형제에 대해 부정적으로 생각했던 기억 때문에 죄책감을 느낄 수도 있다. 모든 아이들은 형제가 어떤 이유로 죽었든지 비슷한 변화를 경험하지만, 슬픔을 겪는 동안 성숙하여 힘든 시기를 극복할 수 있을 것이다. 또한 성장하면서 죽음에 대해 갖는 생각도 바뀔 것이다.

아이에게 병이 있을 경우 아이가 죽음에 이르는 동안 가족들은 더욱 가까워지고 서로를 위하게 된다. 아픈 아이의 형제가 따뜻한 사랑이 담긴 지원을 받는다면 장기적으로 감정 문제를 잘 극복할 수 있다. 아픈 형제를 돌보면서 자신의 감정을 표현할 수 있기 때문이다. 때로는 아이의 생명을 계속 유지시켜야 할지를 결정해야 하는 등 매우 어려운 결정을 내려야 할 때도 있다. 비장애 형제가 장애 형제보다 나이가 많다면 이런 결정을 하는 데 참여시키는 것이 좋다.

사라 플레밍은 소아과에서 말기 환자를 돌보는 간호사다. 형제의 죽음을 경험한 모든 아이들은 어떤 환경에 있든지 똑같은 것을 요구한다고 한다.

형제의 죽음을 경험한 아이의 상실감은 아이마다 크게 다르지 않고 비슷한 정도의 고통을 경험하는 것 같아요. 질병에서 죽음에 이르는 여정은 누구에게나 특별한 일이지만 모두가 애도와 슬픔이라는 비슷한 감정을 느껴요. 아이들은 모두 정확한 정보를 알고 싶어하고 장례와 그와 관련된 모든 결정에 관여하고 싶어해요. 감정을 표현할 수 있는 길을 알고 싶어하고 새로운 상황을 긍정적으로 받아들이고 안심하고 싶어해요.

《자녀의 슬픔 *The Grief of our Children*》이라는 책에서 다이안 맥키소는 형제를 잃은 슬픔으로 힘들어하는 아이를 도울 수 있는 방법에 대해 이야기한다. 이 책에서 이야기한 상황과 같이 우리가 아이들에게 줄 수 있는 가장 중요한 것은 감정을 인식하고 이해하도록 하는 것이다. 아이들은 거부당하지 않으면서 감정을 표현할 수 있다는 사실을 알아야 한다.

슬퍼하는 과정에서 추억은 매우 중요한 부분을 차지한다. 사라는 아이들이 상황을 잘 견디도록 어떻게 도울 수 있는지 들려주었다.

캘리는 열한 살 소녀이고 루시는 퇴행성 질병으로 수명이 점점 단축되는 아이였어요. 병이 진행되면서 다음 단계의 의학적 징후가 나타나는 바람에 루시는 말기 환자 간병시설에 가야 했어요. 이 시기에 부모는 형제들에게 루시가 몇 년 후에 죽을지도 모른다는 것을 차분히 이야기해주었어요. 캘리는 언니를 기억하지 못하게 될까 봐 너무 두려워했어요. 우리는 루시에 대한 특별한 추억에 대해 이야기했고 캘리와 아이의 어머니는 추억을 담을 특별한 상자를 만들기 시작했어요. 캘리는 추억상자를 특별하게 장식했고 루시와 함께 갔던 장소에 있던 추억의 물건을 모으거나 생활이 담긴 일기를 썼어요.

어떤 모임에서는 세상을 떠난 장애 형제에 대한 기억을 모으고 간직하는 활동을 하기도 한다. 아이들이 상황을 극복하는 데 도움이 되는 일이라면 최대한 허용하는 것이 좋다.

가족을 잃은 형제를 돕기 위한 단체에서는 아이들이 자신의 감정을 잘 다룰 수 있도록 돕는 것이 중요하다. 비장애 형제들이 그들을 이해해주는 사람들 안에서 분노, 두려움, 죄책감을 표현하고 나눌 수 있도록 해야 한다. 이는 아이들에게 세상을 떠난 아이에 대해 말하지 못했던 것을 표현할 수 있는 기회가 된다. 이때 아이들은 다른 곳에서는 편하게 하지 못했던 질문을 할 수도 있다. 이러한 과정을 거치고 나면 아이들은 다시 즐거운 활동에 참여할 수 있게 되고 그 상황을 즐기는 것이 괜찮다고 느끼기 시작한다.

# 장애 지원 전문가의
# 역할과 도움

'장애 지원 전문가'란 가족이 지원을 받고자 할 때 만나게 되는 기관과 개인을 말한다. 기관이란 병원, 장애 지원 기관, 학교 등을 말하며, 개인이란 가족의 적응을 돕는 데 큰 역할을 할 수 있는 의사, 간호사, 물리치료사, 언어치료사, 심리학자, 교사 등을 말한다.

이러한 장애 지원 전문가들이 얼마나 효과적으로 장애 가족을 도울 수 있느냐는 그들이 속해 있는 기관에서 어떤 전문 훈련을 받았는지와 개인의 태도에 달려 있다.

어떤 기관은 가족 중심으로 접근을 하는 반면, 또 어떤 기관은 장애아 개인과 주된 보호자에 관심을 둔다. 어떤 기관에서는 예방적 접근으로 아동의 발달 문제를 사전에 막으려고 노력하는가 하면, 문제행동이 본격적으로 시작되었을 때 위기관리를 하는 지원 기관도 있다.

이미 발생한 문제에 집중하기보다 사전에 예방적 접근을 적용하여 효과를 얻는 기관이 있지만, 정부의 재정지원은 문제가 생겼을 때 제공하는 지원에만 국한된다. 안타깝게도 현재 아주 적은 기관만이 가족을 위한 프로그램 개발에 충분한 재원을 마련할 수 있다. 실제로 이런 프로그램은 개별 기관의 자금으로 운영되는 경우가 많다.

나는 부모들이 지원 기관에서 받을 수 있는 도움에 대해 소개하면서 여기에 소개된 내용이 지원 기관 종사자들이 가족을 위한 프로그램을 개발하거나 아이디어를 얻는 데 도움이 되기를 바란다.


# 지원 기관의 역할

장애 지원 전문가들이 가족들을 효과적으로 지원하기 위해서는 기관이 다음과 같은 역할을 해야 한다. 나와 다른 형제들의 경험에 따르면, 장애 가족 전체를 포함하는 가족 중심 지원이 필요하다.

### 가족 중심 지원

전문가가 단독으로 전문성을 발휘하는 전통적인 지원방식은 가족 중심 지원으로 전환되어야 한다. 지원 전문가들은 전문가와 장애 가족 간에는 쌍방향의 관계가 형성된다는 것을 알고 있다. 가족들은 때로 아이를 보살피고 교육하는 일에 관한 결정을 해야 할 때 큰 역할을 한다. 장애와 질병은 가족의 일상생활에 영향을 주며 가족 모두의 삶과 연관되어 있기 때문이다.

한 젊은 어머니는 장애 지원 기관의 조치에 실망한 적이 있다. 언어치료사가 장애아의 치료를 어떻게 할 것인가 하는 문제로 가족을 만났는데, 정해진 치료계획을 일방적으로 통보했다. 언어치료사는 가족이 선택이나 결정을 할 수 있는 아무런 여지를 주지 않았다. 뿐만 아니라 그 기관에서는 걷는 데 어려움이 있는 자녀에게 보조기구도 제공하지 않았다. 하지만 그 어머니는 자신이 기관에 대해 불만을 드러내면 아이가 불리한 처우를 받을까 봐 아무런 이야기도 하지 않았다. 실제로 부모가 불평을 한다고 해서 자녀가 불이익을 당할지는 모르는 일이지만, 많은 부모들이 이를 두려워하는 것은 사실이다. 언어치료사는 스스로에게 되물어야 한다. "나는 지금 이 아동의 가족들이 치료에 능동적으로 참여한다고 느낄 수 있을 만큼 충분히 도움을 주고 있는가?" 지원 전문가들은 가족과 면담을 하면서 다음과 같이 계속해서 묻고 확인해야 한다. "말씀 드린 것 중에 이해하지 못하신 것이 있으십니까? 저희가 더 도와드릴 것이 있나요? 저희에게 부탁하실 것이 더 있나요?"

또한 가족들이 스스로 정보를 얻고 다양한 능력을 개발하도록 도와야 한다. 지원 전문가가 이런 도움을 준다면 가족들은 자신감을 갖게 된다. 지원 전문가는 가족에게 필요한 것을 가족 스스로 파악하게 하고, 지원을 받을 가장 적합한 곳을 결정하게 하고, 적절한 지원을 받을 수 있도록 도와야 한다. 제공하는 지원 내용이 가족의 요구에 부합하는가만 중요한 게 아니라, 어떤 방식으로 지원하는가 또한 무척 중요하다.

## 전체 가족 지원

가족 중심 지원이 대중적으로 퍼진 반면 전체 가족 지원은 그 시급성에 비해 그렇게 널리 행해지지 않고 있다. 가족 중심의 접근을 하더라도 관심은 부모와 장애아에게만 집중되고 비장애 형제에게는 관심이 기울여지지 않았다. 사실상 대부분의 관심은 어머니와 장애아에게만 집중되었고, 아버지 역시 관심 밖이었다.

재정 문제 때문에 폭넓은 지원을 하지 못할 수도 있다. 하지만 가족구성원 가운데 한 명에게 생긴 문제라 해도 결국 모두에게 영향을 끼치게 되므로, 가족구성원 중 한두 명만 따로 떼어 접근하는 것은 비현실적이다.

만약 부모와 형제가 정서적인 지원을 받아, 가족 전체가 각자의 역할을 제대로 해낸다면 장애아는 여러 면에서 더 나은 삶을 누릴 것이다.

형제 관계는 일반적으로 가족 관계 중에서도 가장 오래 지속된다. 비장애 형제는 서로의 발달에 결정적인 역할을 하는데, 지원 전문가는 이를 별로 중요하게 여기지 않을 때가 많다. 형제들은 서로에게 많은 영향을 주고, 서로를 통해 많은 것을 얻는다.

비장애 형제는 부모나 장애가 있는 아이의 사회관계망에서 중요한 위치에 있다. 형제의 역할은 나이에 따라 바뀐다. 만약 형제가 적절한 지원을 받고 감정을 인정받으며 욕구가 충족된다면 장애 형제와의 관계를 더욱 돈독하게 유지해갈 것이다. 또한 장애 형제가 더 나은 삶을 사는 데 필요한 사회적 지원과 서로 보완하며 기여할 것이다.

## 예방적 지원

사회적으로 정신건강 문제에 관심이 높아지면서 어린 시절의 경험과 성인기의 정신건강을 연관지어 생각한다. 정신건강 문제를 줄이기 위해서는 아동 초기에 중재하는 것이 효과적이며, 특히 아이가 큰 어려움을 겪고 있을 때는 더더욱 그러하다는 인식이 널리 퍼져 있다.

그동안 비장애 형제들에게 들은 이야기에 따르면 형제들은 감성 발달과 정신건강 문제에서 위험 상태에 놓인다. 형제가 어릴 때부터 적절한 지원이 제공된다면 상황에 적응하는 능력이 향상될 것은 분명하다.

비장애 형제에 대한 지원은 단순히 아이들의 마음을 편하게 하는 것뿐만 아니라, 정신건강의 예방적인 측면에서 중요하다. 그런 지원이 없다면 이후에 비장애 형제들에게 제공되는 사회적 비용이 훨씬 더 커질 수 있다. 반대로 그런 지원을 한다면 형제들은 자존감을 높이고 자신감을 가질 수 있으며 공감, 인내심, 성숙 등과 같은 긍정적 자질을 갖출 수 있다.

정신건강 예방에는 여러 종류가 있다. 모든 사람을 대상으로 할 수도 있고, 발달상 문제가 생길 확률이 높은 위험군을 대상으로 할 수도 있고, 이미 정신건강 문제를 보이는 사람들을 대상으로 하는 경우도 있다.

많은 아동 정신건강 지원이 이미 굳어진 문제행동에 초점을 맞춘다. 그러나 비장애 형제들은 겉으로 문제행동을 보이지 않는다. 비장애 형제들은 고립감과 자포자기의 심정으로 힘들어하며, 자신의 감정을 숨기고 '착한 아이', '훌륭한 조력자'의 역할을 한다. 상당

수의 비장애 형제들이 스트레스를 드러내거나 도움을 요청하기를 꺼린다.

따라서 앞으로의 삶에서 더 심한 발달상의 문제를 보일 위험이 있는 형제들을 알아내야 한다. 비장애 형제들은 이후에 어려움을 겪을 수 있는 고위험군 집단이라고 할 수 있다. 하지만 형제들이 정서적인 문제나 정신건강 문제를 지닐 위험을 예방할 방법은 있다. 장애 형제의 장애에 대해 명확한 정보를 제공하고, 가족이 서로 돕고 의사소통을 원활하게 하며, 자신감을 잃지 않고, 든든한 사회적 지원망과 관계 맺고 있다면 그러한 위험을 막을 수 있다. 따라서 지원 전문가들은 이와 같은 요소들을 강화시키기 위해 노력해야 한다. 이러한 지원을 통해서 비장애 형제들은 회복력을 지닐 수 있다. 회복력이 있는 아이들은 상황을 더 잘 극복할 수 있으며 위기를 극복할 힘을 키우고 건강한 성인으로 성장할 수 있다. 사실 어릴 때 어려움을 잘 극복한 경우에 더욱 강인하게 성장하는 경우가 많다.

비장애 형제가 더욱 강해지고 회복력을 키울 수 있게 하기 위해서는 자신의 감정을 이해하고 표현하는 능력, 문제해결력, 좌절감을 극복하는 능력, 자신에 대한 자부심 등을 개발해주어야 한다. 형제들은 또한 자신의 이야기에 귀 기울이고 자신을 인정해줄 어른이 필요하다. 아동기 때에 예방적인 요소를 강화시키기 위해서는 지원 전문가들이 비장애 형제 본인과 그들이 생활하는 가정, 학교, 사회 전반에 관심을 기울여야 한다.

장애 가족이 스트레스를 많이 받으면 가족의 기능과 가족구성원들이 서로 돕는 능력이 제대로 발휘되지 못할 수 있다. 만약 부모가 이 시기에 적절한 지원을 받는다면 가족 시스템의 균형이 깨지지 않도록 할 수 있다. 의사소통 기술을 익혀서 의사소통이 원활한 환경을 만들면 가족 안에서 서로 지원을 주고받는 데 도움이 된다.

학교는 비장애 형제들에게 예방적 지원을 제공하는 중요한 자원이 될 수 있다. 결국 아동건강 관련 종사자와 학교 관계자들, 지역사회 단체들이 긴밀하게 협력해 좀 더 효과적인 지원 체계를 만드는 것이 필요하다. 멘토가 되어줄 만한 어른이나 또래에 의한 지원, 사회적 지원 등도 예방에 도움이 되는 요소다.

지원 전문가는 다른 여러 전문가들이 비장애 형제를 비롯한 장애 가족에 대해 이해하는 데 중요한 역할을 한다. 지원 전문가는 서로 다른 지원 제공자들 사이에 협력을 이끌어내야 한다. 지원 전문가는 장애 가족의 친구, 학교, 확대가족, 사회 전체를 대상으로, 이들이 효과적으로 장애아를 지원할 수 있도록 요청할 수 있다.

## 부모에 대한 지원

비장애 형제들을 지원하기 위한 첫 번째 단계는 부모를 지원하는 것이다. 가족을 하나의 시스템으로 보고, 가족구성원이 가족 시스템 안에서 일어나는 일들에 서로 영향을 주고받는다는 것을 아는 것이 중요하다. 가족구성원은 가정에서 일어나는 일에 저마다 다른 반응을 보인다. 지원 전문가는 가족 중에서 아버지와 비장애 형제들을 중요한 구성원으로 인식해야 하고, 이들에 대한 지원이 필요하며 이들이 다른 가족구성원을 지원하는 데 기여할 수 있는 중요한 사람임을 잊지 말아야 한다. 아버지들은 자신들이 다양한 지원에서 자주 제외된다고 이야기한다. 지원 전문가는 아버지와 어머니가 모두 참여할 수 있는 모임을 만들도록 노력해야 한다.

가족은 전체 사회 체계의 일부이다. 확대가족, 친구들, 직장, 학교, 지역사회와 같은 다른 사회조직과 영향을 주고받게 된다.

이제 부모들이 가족 지원 전문가에게 어떤 지원을 받을 수 있는지에 대해 알아보겠다.

## 정보 제공하기

부모는 아동의 특별한 욕구와 이를 충족시켜줄 수 있는 지원에 대한 정보를 알아야 한다. 그리고 이러한 정보는 다양하고 폭넓게 제공되어야 한다. 지원 전문가가 가족들이 이해하기 쉽게 정보를 제공하는 것이 중요하다. 또 가족들이 정보를 얼마나 이해했는지 수시로 확인해야 한다.

부모 모임에 참석했을 때 부모들이 하나같이 이야기한 것은 장애 진단을 받은 순간부터 가족이 받을 수 있는 지원에 관한 정보가 제공되어야 한다는 것이었다. 물론 일부 지원 기관은 그렇게 하고 있지만 모든 기관이 그러한 것은 아니다.

## 정서적인 지원으로 신뢰감 쌓기

정서적인 지원을 받는다는 것은 다른 사람들이 자신을 이해하고 있다는 느낌을 갖게 된다는 것을 뜻한다. 장애 가족들은, 지원 전문가에게 자신들은 단지 하나의 사례에 지나지 않는다는 느낌을 받는다고 한다. 부모들은 가족의 미래에 대한 두려움에 대해 이야기하길 원한다. 그들은 자신의 감정을 표현하길 원한다. 지원 전문가들은 장애 가족이 자신들의 이야기를 죄책감 없이 할 수 있도록 충분히 들어주는 게 필요하다. 가족들은 자신이 이해받고 있다고 느끼면 자아정체감을 확립할 수 있고 자신들이 원하는 것을 요구할 수도 있다. 만약 지원 전문가들이 열린 마음으로 솔직하게 대한다면 가족들도 똑같이 마음을 열고 솔직해질 수 있다. 즉 가족들이 마음을 열게 되는 관건은 신뢰감을 쌓는 데 있다.

신뢰감이 형성된 지원 전문가는 부모가 자신의 감정을 이해하고 솔직하게 표현하는 방법을 알려주어야 한다. 예를 들어 정기적으로 가족 모임을 갖고 이야기를 나누면 서로 도움을 받을 수 있다. 어떤 경우에는 가족치료를 통해 도움을 받을 수 있다고 알려줄 필요도 있다.

## 자신감을 갖도록 격려하기

책임을 나눔으로써 가족들은 자존감을 높일 수 있다. 자녀가 장애 진단을 받는 과정이 길어질수록 부모는 지칠 대로 지친다. 그리고 깊은 슬픔이 채 가시기도 전에 결정해야 할 게 많은 복잡한 상황에 짓눌리게 된다. 이러한 상황에서 부모들에게는 자기통제력과 자신감이 필요하다. 또한 문제해결력과 스트레스 조절능력도 갖추어야 한다. 때로 부모들은 가족 지원보다 자녀의 교육 관련 프로그램에 더 큰 관심을 보일 수도 있다. 지원 전문가는 이러한 점을 염두에 두고 프로그램을 계획해야 한다.

부모들은 자녀와 가족에 대해 누구보다 잘 알고 있다. 따라서 부모의 역량을 높이는 것이 전문가에게 의존하게 하는 것보다 더 효과적일 수 있다. 아동과 마찬가지로 성인들도 상황에 적응하며 어려움을 극복하면서 자존감을 높인다. 따라서 지원 전문가는 먼저 장애 가족의 어려움을 인정하고 그 다음에 극복방안을 함께 모색하는 것이 필요하다.

가족들은 때로 다른 사람들이 자신을 비난한다고 느낀다. 이러한 느낌을 받으면 자존감이 낮아지고 스스로를 가치 없다고 여기게 된다. 부모들은 상처받기 쉬우며 자신감이 부족할 수 있고, 죄책감을 느끼며 지원 전문가가 자신을 비난한다고 생각할 수도 있다. 가족의 역량을 강화하기 위하여 가족을 책망하는 것을 삼가고 상황을 관리하는 쪽으로 집중해야 할 것이다.

### 상실감과 슬픔을 이해하기

부모들은 상실감과 슬픈 감정을 받아들여야 한다. 사람마다 경험이 모두 다르기 때문에 그 과정은 복잡할 수도 있다. 지원 전문가는 부모들이 희망을 가질 수 있도록 돕고, 삶이 풍요로워질 거라고 생각하도록 도와야 한다. 또한 사려 깊어야 하며 부모의 어려움이나 슬픔을 하찮게 여겨서는 안 된다.

부모들은 그들이 겪을 수 있는 만성적인 슬픔에 대해 이해하는 것이 필요하다. 부모들은 어려운 시기를 겪으며 여러 차례 슬픔을 느낄 수 있는데, 이에 미리 대비할 수도 있다. 또한 부모들은 각각의 적응 단계를 거치게 되는데, 여러 달이 걸릴 수도 있고 몇 년이 걸릴 수도 있다. 적응 단계 중 초기에 있는 부모들은 어떤 조언이 아니라 그저 편안히 기댈 수 있는 어깨가 필요한 경우도 있다.

## 긍정적 의미를 찾도록 유도하기

부모가 자녀의 장애나 만성적 질병을 어떻게 받아들이느냐가 적응하는 데 큰 영향을 끼친다. 또한 부모들은 사회와 그들이 속한 사회관계망에서 전하는 메시지에 큰 영향을 받는다. 어떤 장애 가족은 가족구성원 서로에 대해 자부심을 느끼고, 자신감이 있으며, 분명한 가족의 목표를 세우고 있을 수 있다. 반면에 어떤 가족은 이처럼 긍정적인 방향으로 나아가는 데 어려움을 느낄 수 있다. 지원 전문가들은 부모의 시각에 큰 영향을 끼칠 수 있으므로 각 가정이 처한 상황에 주의를 기울여야 한다. 부모들은 지원 전문가를 통해 현재 직면한 문제에 집중하는 데 필요한 도움을 받을 수 있다.

지원 전문가들은 부모들이 자신의 감정을 이해할 수 있게 돕고, 자신의 감정이 자신의 행동이나 태도뿐만 아니라 주변에도 영향을 끼칠 수 있다는 점을 깨닫게 해야 한다. 부모의 생각이 긍정적인지, 상황이 나아지지 않을 것이라고 생각하는지, 스스로를 비난하는지 알아야 한다.

부모들은 자녀가 장애 진단을 받은 후 이를 거부하는 시기를 거치는데, 이 기간이 짧을수록 적응하기가 쉽다. 만약 부모가 자녀의 장애를 완강히 거부하고 있다면 비장애 형제들이 현실을 인식하는 것이 더 어려워질 수 있다.

## 실제적이고 정서적인 지원을 제공하기

아이가 장애 진단을 받은 직후에는 가족에게 필요한 모든 지원이 제공되어야 한다. 이때 지원 전문가들은 장애 가족에게 실제적이고 정서적인 지원을 제공하는 데 결정적인 역할을 할 수 있다. 예를 들어 단기보호 서비스가 부모와 비장애 형제에게 큰 도움이 될 수 있다.

그리고 장애 자녀를 키우는 부모들끼리 서로 만날 수 있는 기회를 줄 수도 있다. 부모들이 함께 이야기를 나누고 사회활동에 참여할 수 있는 모임들이 많이 있다. 이러한 모임들은 실제적이고 정서적인 지원을 제공한다. 부모들 중에는 자신을 지원할 수 있는 모임이 있다는 사실조차 모르는 이들이 있다. 또 어떤 부모들은 그런 집단에 참여하기까지 많은 시간이 걸리기도 한다. 일부 지원 기관은 각각의 전체 가족들이 함께 모여 서로에게 도움을 줄 수 있는 기회를 만들기도 한다.

### 사회 지원망을 강화시키기

때로 부모들은 다른 가족과 친구들에게 아이의 장애에 대해 설명하는 데 도움이 필요할 수 있다.

지원 전문가는 부모들이 더 넓은 사회 지원망을 가질 수 있도록 지원해야 하며 지원 전문가와 사회는 더 적극적으로 예방적인 지원을 할 수 있는 새로운 방법을 개발해야 할 것이다. 예를 들어 훈련받은 자원 봉사자가 참여하는 프로그램을 통해 가족들의 이야기를 듣고 실제적인 도움을 줄 수 있다.

## 비장애 형제에 대한 지원

비장애 형제들은 종종 장애가 없으니 행운이라는 식의 이야기를 듣기 때문에 장애 형제에 비한다면 자신들의 문제는 대수롭지 않다고 여길 수 있다. 또 형제들은 부모에게 걱정을 끼칠까 봐 자신의 고통이나 혼란스러움을 표현하지 못하고 자신을 위한 지원을 받아들이기 꺼릴 수 있다.

또 부모들은 장애 자녀에게 온통 관심을 쏟고 있어서 비장애 자녀가 겪는 어려움을 인식하지 못할 수 있다. 어떤 경우는 부모들이 스트레스와 슬픔 등 자신의 정서적 문제에만 빠져 있을 수도 있다. 부모들은 비장애 자녀가 스트레스로 인해 보이는 신호들을 놓칠 때가 많아서 이들에게 도움을 주기도 어렵다.

보건 전문가나 교사, 그밖의 지원 전문가들 또한 비장애 형제들에게는 관심을 갖지 않는 경우가 많다. 부모가 알코올중독 또는 지적장애를 지니고 있거나, 육체적·정신적인 학대를 당하는 아동들의 피해는 알기 쉽다. 그러나 비장애 형제들의 문제는 좀 더 복잡하고 명확하지 않다. 적응을 잘하고 있는 것처럼 보이는 장애 가족도 비장애 형제들은 속으로 문제를 키우고 있으며 지원을 받지 못하고 있는 경우가 많다.

지원 전문가들은 부모를 지원함으로써 부모의 역량을 강화시켜서 자녀를 지원하도록 할 수 있고, 혹은 비장애 형제들에게 직접 개입하여 중재할 수도 있다. 만약 지원 전문가가 아동상담이 가능할 경우에는 비장애 형제에게 개별상담을 해줄 수도 있다. 형제들은 또한 집단모임을 통해 지원을 받을 수도 있다. 비장애 형제들은 삶의 시기에 따라 각각 다른 지원이 필요하다.

비장애 형제들을 도와주는 한 방법은 그들이 스트레스를 스스로 관리할 수 있게 도와주는 것이다. 이러한 관점에서 보면 아주 사소한 것이라 할지라도 큰 도움이 될 수 있다. 예를 들어 성인이 된 비장애 형제들은 자신이 어릴 때 같은 문제로 고민을 하는 다른 형제들을 만났더라면 적응하는 데 큰 도움이 되었을 것이라고 말한다. 나 역시 마찬가지다. 비장애 형제들을 지원하기 위해서 지원 전문가들은 다음과 같은 목표를 가져야 할 것이다.

## 정보 제공하기

비장애 형제들은 형제의 장애가 가족에게 어떤 영향을 끼칠지 알고 있어야 한다. 예를 들어 장애 형제가 병원에 있을 때 누가 돌볼 것이고 어떤 상황이며 얼마나 병원에 있을지 등에 대한 설명을 들어야 한다. 이러한 정보가 정확히 제공되지 않으면 장애 형제의 장애와 관련한 불안이 점점 커진다. 또한 형제들은 장애 형제의 장애나 질병, 그리고 부모를 비롯한 가족들의 스트레스와 어려움이 자기 탓이 아니라는 것을 알아야 한다. 가정에서 장애아와 관련한 이야기를 나눌 때 비장애 형제들이 제외되면 안 된다.

## 관심 보이기

지원 전문가는 비장애 형제의 학교생활과 친구 관계, 취미 등에 대해 관심을 가져야 한다. 만약 비장애 형제들이 적응하는 데 어려움이 있어 보이거나 친구를 사귀는 데 어려움이 있다면 또래의 비장애 형제들을 소개시켜줄 수도 있고, 그들 스스로 자신이 중요하고 특별하다고 느끼도록 지원해줄 수 있다.

## 자신의 감정을 말할 수 있게 격려하기

비장애 형제들은 기분이 좋은 것뿐 아니라 좋지 않은 것에 대해서도 자유롭게 말할 수 있어야 한다. 예를 들어 "내가 만약 ○○와 같은 동생이 있다면 가끔씩 화가 날 것 같아. 너는 어떠니?"라고 물어봐서 자신의 감정을 표현하게 할 수도 있다. 부모에게 동의를 구하고 이런 상담을 해서, 비장애 형제가 자신이 걱정하는 것이 당연하다는 걸 알 수 있도록 해주어야 한다.

어떤 형제들은 자신의 스트레스를 행동으로 나타내는가 하면, 또 어떤 아이들은 자신의 감정을 감춘다. 지원 전문가는 아이들에게 모든 사람은 강점과 약점이 있다는 이야기를 해주는 것이 도움이 될 것이다. 형제들은 자신이 장애 형제와 어떤 점이 비슷하고 어떤 점이 다른지 알아야 한다.

## 장애 형제 돌보는 일을 인정해주기

지원 전문가는 비장애 형제에게 장애 형제를 도와주는 것과 관련한 의견과 도움의 정도에 대해 물어볼 수 있다. 장애 형제를 돕고 책임감을 갖는 것은 형제들이 스스로 가치 있다고 느끼며 자신감을 갖는 데 도움이 된다.

그러나 다른 사람들이 별 뜻 없이 하는 말들 때문에 형제들은 스스로 자신이 부적절하다고 느끼거나 죄책감을 지닌다. 예를 들어 "정말 착한 동생이구나!"와 같은 말은, 아이 본인이 그렇다고 생각하지 않는다면 적응에 방해가 될 수 있다. 따라서 그와 같은 말보다는 "네가 그렇게 해주면 네 형이 말을 배우는 것에 도움이 된단다."라고 하는 것이 낫다.

## 스트레스에 대처하는 기술 알려주기

비장애 형제를 효과적으로 지원하려면 감정을 다룰 수 있는 기술을 알려주어야 한다. 지원 전문가들은 아이에게 다양한 상황에서의 문제해결 기술을 가르칠 수 있다. 예를 들어 멈추기(STOP), 생각하기(THINK), 실행하기(DO) 모델이 있는데, 이것은 사회성 기술과 행동 관리를 가르치는 프로그램의 일부이다.

임상 심리학자인 피터슨과 가노니가 개발한 것으로, 그들의 저서 《학생 행동중재를 위한 사회성 훈련 교사지침서 *Teacher's Manual for Training Social Skills while Managing Student Behaviour*》에서 심리적 적응을 신호등에 비유하여 설명하고 있다.

모든 아동들은 자신이 감당하기 어려운 상황에 직면했을 때 다음과 같이 적용할 수 있다. 빨간색(STOP) 신호는 아동(혹은 부모 등 성인도 적용 가능)이 욕구불만 상태이거나 할 수 없이 떠밀려 무엇인가 할 때에 해당된다. 이때 아이들은 문제를 파악하고 그들과 다른 사람들이 어떻게 느끼는지, 무엇을 느끼는지를 밝힌다. 노란색(THINK) 신호는 아동에게 문제해결 방법에 대해 생각하게 하는 단계이다. 해결방법에는 싸우는 것, 어른에게 이야기하는 것, 요구하는 것, 허락받는 것, 타협하는 것, 자리를 피하는 것 등이 있다. 직면한 문제가 무엇이냐에 따라 다른 해결방법을 적용할 수 있다. 아동들은 해결책에 따르는 결과와 각각의 해결책에 대해 다른 사람들이 어떻게 생각하는지 따져볼 수 있다. 초록색(DO) 신호는 아동이 가장 적합한 해결방법을 선택하고 이를 실행하는 것을 말한다. 만약 이것이 실행되지 않는다면 아동은 다시 되돌아가 빨간색(STOP) 단계로 가서 무엇이 잘못되었는가를 평가해야 한다. 다시 평가하면 문제가 그들이 생각했던 것과 달랐는지, 해결책이 적절하지 않았는지, 계획한 것과 다르게 행동했는지 등을 알 수 있을 것이다. 이와 같은 과정을 거쳐 아이들은 자신들이 처음에 생각했던 문제와 달랐거나, 대처 전략이 적절하지 않았거나, 계획된 행동과 다른 행동을 하였음을 알게 될 것이며, 무엇인가 다른 할 것(DO)을 생각(THINK)할 것이다.

지원 전문가는 비장애 형제가 문제해결 기술을 터득할 수 있도록 지원해야 한다. 형제가 개인적으로 각기 다른 문제에 직면해 있을 수도 있다. 예를 들어 어떤 아이는 또래와의 갈등이 있을 수 있고, 어떤 아이는 부모와 갈등이 있을 수 있고, 또 어떤 아이는 장애 형제의 문제행동 때문에 힘들어할 수 있다. 문제를 해결하는 기술은 형제의 역량을 강화할 수 있고 자신에게 일어나는 일에 스스로가 영향을 줄 수 있다는 것을 알게 하는 데 도움이 된다. 지원 전문가는 비장애 형제가 그들의 생각과 감정이 세상에 대한 긍정적 시각과 연관이 있다는 것을 깨닫도록 도와야 한다.

## 독립성을 가질 수 있게 지원하기

가족들은 비장애 형제가 독립성을 가져야 한다는 걸 알아야 한다. 그리고 형제는 자신의 관심사와 미래의 목표를 알고 이를 개발할 수 있도록 지원을 받아야 한다. 지원 전문가는 비장애 형제들의 사회활동 점검을 통해 형제들이 사회관계망을 개발하고 알아가는 것을 도와주어야 한다. 또래 관계와 사회활동, 학교에서의 생활, 가족 간의 관계 등이 모두 형제들이 어떻게 사회적 관계를 맺는가를 알려주는 지표이다. 건강한 사회적 관계를 맺는 것이 형제들의 독립성을 길러주는 데 도움이 된다.

## 형제 모임과 공식적인 지원 체계 알려주기

지원 전문가들은 형제가 같은 지역에 사는 형제 모임에 참여하도록 하거나, 지역에 모임이 없는 경우 새롭게 만들어줄 수도 있다.

형제 프로그램의 주요 목표는 아이들이 안전한 환경에서 다양한 활동을 통해 자신들의 감정을 나누고, 그들의 사회관계망을 넓히며 문제해결 능력을 기르도록 하는 것이다. 어떤 형제 프로그램은 재미있는 활동을 매개로 다른 형제들과 경험과 감정을 나누는 것까지 이어지게 한다. 이때 형제 프로그램에서 흥미 중심의 활동만 하고 형제의 요구와 이후의 발전에 대해 간과해서는 안 된다. 많은 형제들이 무력감을 느끼고 장애 형제로 인한 어려운 상황을 조정하는데 실제로 어려움을 느끼고 있다. 지원 전문가는 비장애 형제들에게 그들을 보살피는 지원 전문가와 전문 상담가들의 존재와 공식적인 지원 체계를 알려주는 것도 필요하다.

## 긍정적인 시각을 갖도록 돕기

만약 형제가 현실을 인정하지 않으려 한다면, 긍정적인 시각을 갖도록 하는 것이 도움이 된다. 어떤 아이들은 스트레스가 정말 심각할 수 있는데 어른들은 다음과 같이 쉽게 말한다.

"그런 것에 대해서는 걱정하지 마." 혹은 "그렇게 심각한 문제가 아니야." 그러나 이렇게 말하는 것은 비장애 형제의 어려움을 이해하는 것과 거리가 멀고 문제해결에 도움이 되지 않는다.

"네가 그 문제를 걱정하는 걸 이해할 수 있단다." 이렇게 말해주면 형제들이 진심으로 이해받고 있다는 느낌을 갖게 된다. 그런 뒤에 형제가 처한 상황이 그렇게 많이 걱정스러운 것이 아니라는 점을 알려주는 것이 좋다.

### 개별적으로 상담하기

비장애 형제들과 개인상담을 하는 것은 장애 형제에 대한 감정을 이해하고 받아들이고 표현하도록 하기 위한 것이다. 개인상담을 통해 감정을 들어주고, 문제해결 방법을 알려주고, 자존감을 개발하도록 할 수 있다. 어떤 형제들은 그들 자신의 자아정체감을 찾고 미래를 위한 계획을 세우는 데 도움이 필요한 경우도 있다. 비장애 형제에게 이러한 도움을 주는 것이 장애 형제와의 관계 개선에 도움을 줄 수 있다.

이 과정에서는 모든 치료적 중재에서와 마찬가지로 상담자와 아동 간의 신뢰 형성이 중요하게 작용한다. 일부 형제들은 특히 어려운 상황에 처해 있어서 전문 상담이 필요한 경우도 있다.

### 다른 기관들과 협력하기

학교, 건강 관련기관, 지역사회 단체 등 많은 사회 기관들이 비장애 형제의 삶에 영향을 줄 수 있기 때문에 지원 전문가는 다른 기관들과 서로 협력해야 한다.

# 학교의 역할

학교는 비장애 형제를 지원하는 데 더 나은 수단을 제공할 수 있다. 학교에서 형제를 위한 프로그램을 운영할 수도 있고, 일반적인 장애인식 프로그램으로 형제들에게 상황에 적응하는 기술을 습득하도록 할 수도 있다. 적은 노력으로도 형제들에게 큰 도움을 줄 수 있는데, 형제들이 사회관계망을 갖도록 해주는 것만으로도 큰 도움이 될 수 있다.

안타깝게도 아직 학교에서 비장애 형제들을 지원하는 경우는 드물다. 내 경험에 따르면 교육 기관이나 교사, 학교 상담사들이 비장애 형제들의 문제를 제대로 인식하지 못하고 있다. 심지어 학교에 비장애 형제가 얼마나 되는지 파악하지 못하는 경우도 있다. 형제들은 자신의 어려움을 마음속으로만 삭이다가 문제행동을 보이는 경우가 많은데, 이때 문제행동의 원인을 제대로 파악하는 경우도 드물다.

내가 어릴 때 다닌 학교에도 분명히 나와 같은 비장애 형제가 있었을 텐데 나는 그런 상황을 몰랐고, 같은 학교에 있었을 그 아이들도 나처럼 장애 형제가 있는 아이가 있는 줄 몰랐을 것이다. 그때 나는 고민을 털어놓을 사람이 아무도 없었고, 혼란스러움과 외로움을 나눌 사람이 없었다. 같은 학교에 있던 우리들이 같은 고민을 하는 서로에 대해 알았더라면 서로에게 많은 도움이 되었을 것이다. 학교에서 비장애 형제들을 서로 소개해주는 것은 매우 간단하면서도 효과적인 지원방법이다.

## 교사들을 위한 제언

비장애 형제들에게 학교라는 공간은 가정에서 받는 스트레스에서 벗어날 수 있는 좋은 장소이다. 그러나 형제들은 가정에서의 어려움을 학교에 그대로 가져오기도 한다. 그들은 반항적일 수도 있고, 장애 형제의 문제행동을 따라할 수도 있다. 또 가정에서 장애 형제가 그 나이에 걸맞은 행동을 하지 않아서 사회성에 문제가 있을 수도 있다. 비장애 형제들은 불안과 우울 같은 감정을 마음에 담아두는 경우가 많다. 한 어머니가 장애를 지닌 언니가 있는 딸에 대해 이런 이야기를 한 적이 있다. "우리 딸은 장애를 지닌 언니가 병원에 있을 때에는 학교생활이 엉망이에요."

장애 형제에 대해 이야기하는 것을 꺼리는 형제가 있는가 하면 그냥 편하게 이야기하는 경우도 있다. 하지만 그런 아이들도 커가면서 이야기하지 않으려 한다. 만약 아이가 괜찮다고 한다면 자신이 속한 학급에서 장애 형제에 대한 글을 써서 발표하게 할 수도 있다. 그리고 학급에서 장애에 대한 인식과 사람은 누구나 강점과 약점을 지닐 수 있다는 점에 대해 토론해볼 수도 있다. 혹시 가능하면 비장애 형제의 부모가 토론에 참가하여 이야기를 해줄 수도 있다. 학급에 장애 형제가 한 명 이상일 수도 있다. 형제가 아니더라도 장애를 지닌 사촌 형제나 친구가 있을 수도 있는데, 이러한 아이들의 이야기도 토론에 주요한 영향을 끼칠 수 있다. 장애 복지기관에서는 비장애 형제를 위한 프로그램을 정규 프로그램으로 둘 수도 있다.

비장애 형제들을 위한 프로그램을 통해 형제가 어린 시기에 장애에 대해 올바른 인식을 지니고 솔직한 의사소통을 할 수 있다면 성공이라고 할 수 있다.

　장애 형제가 있는 낸시는 자신이 처한 상황에서 긍정적인 면을 발견하게 도와준 교사에 대해 이렇게 이야기한다.

　　저는 고등학교 졸업반 때 운이 좋았어요. 좋은 영어선생님을 만났는데 지금 돌아보면 제 인생에서 아주 중요한 분이었어요. 그 시절에 제 곁에 선생님이 안 계셨다는 건 상상조차 할 수 없어요. 선생님은 저의 반항을 이해해주셨고, 문제행동을 해도 눈감아주셨어요. 그리고 장애 형제에 대한 글을 쓰게 해서 제가 느끼는 좌절감을 표현하도록 해주셨어요. 지금 생각해보면 제가 제대로 성장할 수 있었던 건 선생님 덕분이었어요. 선생님 덕분에 사람에게는 강점과 약점이 있다는 것을 알게 되었죠. 제 동생도 늘 누군가를 부담스럽거나 당황하게 만드는 것만은 아니에요. 제 동생은 독특한 재능을 가졌는데 암기를 잘해요. 거의 모든 노래를 외우고 있죠. 저는 그런 동생이 자랑스러워요. 이제는 동생과 더 가까워졌고 동생을 친구처럼 여기게 되었어요.

　교사들은 비장애 형제들이 학업뿐 아니라 운동, 음악, 책임감, 사회적 기술 등에서 자신감을 가질 수 있도록 도울 수 있다. 또한 일상생활에서 문제해결 기술을 알려줄 수 있다.

　학급에 장애 형제가 있는 학생이 있다면 이것을 토론 주제로 삼을 수도 있다. 장애 관련 내용과 장애에 대한 수용과 공감, 적응력 기르기, 장애에 대한 인식 등에 관한 문제를 건강, 사회, 환경 분야의 학습과 관련 지어 토의를 해볼 수 있다. 교사들은 비장애 형제들에게 다음과 같은 지원을 할 수 있다.

- 비장애 형제들이 장애 형제에 관해 이야기하도록 격려하고 관심을 기울여 들어준다.
- 비장애 형제 중에는 집에서 숙제를 하기 어려운 상황에 있는 학생들이 있다는 것을 알고 이해해주어야 한다. 어떤 학생들은 장애 형제로 인한 피로가 주요한 문제인 경우도 있다.
- 비장애 형제들이 학업에 어려움을 겪고 있다면 학업 이외에 미술이나 음악 등 자신감을 가질 수 있는 활동을 찾아준다.
- 장애 형제에 대한 글을 써볼 수 있다. 비장애 형제들이 쓴 글을 함께 읽을 수도 있고, 본인만 읽고 보관할 수도 있고, 찢어버릴 수도 있다. 쓴 글을 버리게 되더라도 장애 형제에 대해 솔직하게 글을 써보는 시간을 갖는 것만으로도 큰 의미가 있다.
- 비장애 형제들이 자신과 관련된 다양한 정보를 얻을 수 있도록 도와준다. 예를 들어 형제 지원 프로그램이나 장애 형제에 관한 책, 관련 인터넷 사이트 등을 소개해준다.
- 비장애 형제들이 또래 지원망을 개발할 수 있도록 돕는다. 이는 형제들이 스스로를 가치 있게 느끼고 독립심을 기르는 데 도움을 준다.
- 비장애 형제들이 학교나 다른 기관을 통해서 다른 형제들과 만날 수 있는 기회를 제공한다.

# 장애 가족의
# 소외되지 않는 삶을 위하여

어린 시절, 나는 반복해서 꾸던 꿈이 있다. 거친 바다 한복판에 좁은 콘크리트 판 위에 앉아 있는 꿈이었다. 바다 한가운데 있던 콘크리트 판은 거대한 탑처럼 바다 밑바닥까지 닿아 있었지만 너무 좁아서 움직일 공간이 별로 없었다.

여러 해가 지난 뒤 같은 꿈을 또 꾸었다. 그때는 꿈이 전하는 메시지가 더욱 분명해졌다. 나는 장애 형제와 살아가는 경험이 어떤 것인지 밝혀내고 혼란스럽게 뒤얽힌 감정들을 풀어내기 시작했다. 어린 시절 똑같은 악몽을 여러 차례 꾼 뒤로 30년이 넘게 지났지만, 얼마 전 또 같은 꿈을 꾸었을 때는 금세 익숙하게 느껴졌다. 어린 시절 사랑하는 가족들과 깊은 유대감을 느끼고 있었지만 나는 늘 외톨이라는 느낌과 두려움을 지니고 있었던 것이다.

내가 기억하는 한 아주 오랫동안 내 삶에서 소외감과 두려움이

258

떠난 적은 없다. 겉으로는 자신감 있고 성공한 것처럼 보였기 때문에 나의 그런 감정을 주변 사람들은 알아차리지 못했을 것이다. 나는 30대에 라디오 방송국 직원으로 일했다. 그때 나는 두려움과 공포에 시달리고 있었고, 사회적으로나 업무적으로 내가 아닌 또 다른 나에게서 도망치는 데 내 삶의 에너지를 쏟고 있었다.

그렇게 10년을 보낸 뒤 나는 나의 또 다른 면을 발견했다. 비장애 형제들과 함께 이야기를 나누고 그와 관련된 책을 읽고 심리치료를 받으면서, 나는 내 스스로 감추고 도망가려고 했던 또 다른 나 자신과 마주보기 시작했다. 나는 비장애 형제와 관련한 수많은 문헌들을 접했다. 또한 많은 비장애 형제들과 만나면서 내가 혼자가 아니라는 사실을 알게 되었다. 이들도 나와 비슷한 감정과 혼란을 겪고 있었다.

내가 이 책을 쓴 목적은 비장애 형제들에게 관심을 갖게 하기 위해서다. 이 책에 담긴 정보들은 비장애 형제의 경험에 바탕을 둔 것이다. 비장애 형제가 이 책을 읽는다면 장애 형제와 함께 자라면서 경험하고 느낀 것들이 혼자만의 생각이 아니었다는 사실을 알게 될 것이다.

형제와의 관계를 통해 모든 아이들은 사랑과 분노, 경쟁심 등의 감정을 표현하는 법을 배운다. 형제 관계를 맺으며 삶의 동반자로서 지지를 얻고, 사회생활에서 서로 도움을 주고받는 관계를 배운다. 또 각자의 자아발달단계에서 서로에게 사회적 기술과 놀이방법을 배운다. 이때 한쪽 형제에게 장애가 있으면 형제 관계의 형태는 크게 바뀐다.

지금껏 우리는 비장애 형제들의 긍정적인 경험에 대한 이야기만 들어왔다. 미담은 듣는 사람들한테 부담이 없기 때문이다. 어떻게 보면 세상 사람들이 듣기 원하는 이야기는 그런 아름다운 이야기였을 것이다. 그러나 이 책을 읽으면서 대부분의 경우에 그런 이야기들은 현실과 다르다는 것을 알았을 것이다. 비장애 형제들은 우리 사회가 끊임없이 '힘을 내라.' '만족하고 기뻐하라.'고 말하는 상황에서, 솔직하게 자신의 감정을 이야기하는 게 쉽지 않다. 지난날을 돌이켜보면 내게 가장 도움이 된 것은 나와 비슷한 복잡하고 혼란스런 감정을 느낀 다른 사람이 자신의 감정을 드러내며 솔직하게 들려준 이야기였다.

나는 비장애 형제들이 겪는 수많은 어려움들을 접해 보았다. 자신의 다양한 경험을 이야기하면서 형제들은 부모가 상황에 대처하는 방식에 대해 비판적인 입장을 보였다. 나는 다양한 사례들을 보면서 부모역할에 회의를 품거나 부모로서 죄책감을 갖지 않기를 바란다. 대부분의 부모들은 장애아를 키우면서 제대로 지원을 받지 못했고, 많은 비장애 형제들은 부모가 지고 있는 짐에 대해 잘 알고 있다. 만약 부모가 가정에서 비장애 형제들이 겪는 특별한 어려움을 이해하기만 한다면, 부모와 그 자녀들 모두 많은 것을 얻게 될 것이다. 자녀가 그들 나름의 경험을 밑거름 삼아 성장하는 것을 도울 수도 있다.

나는 내가 겪은 혼란스러움을 이해하고 도와줄 수 있는 전문가를 만나기까지 30년이 넘는 시간이 걸렸다. 장애를 받아들이고 이해하는 일은 긴 여정이 필요하지만 이를 위한 길이 아예 없는 것은 아니다. 내가 관여하는 형제 프로그램에서 나는 어떠한 지원도 받지 못하고 어려움을 겪고 있는 어린 형제들을 만났다. 또 비장애 형제와 관련된 문제에 대해 거의 아는 것이 없는 관계자들도 많이 만났다.

이 책이 비장애 형제 문제에 대한 모든 답을 담고 있는 것은 아니다. 다만 이 책을 통해 비장애 형제들이 서로 연대하고, 부모 그리고 궁극적으로 장애 전문가들과 가족들 간에 서로 연대하기를 바란다. 연대가 잘 이루어지기 위해서는 가족과 전문가들이 형제들의 욕구를 인식하고 지원을 위한 옹호를 해야 한다.

만약 여러분이 성인 형제라면, 다른 형제들에게 좋은 경험뿐 아니라 좋지 않았던 경험에 대해서도 이야기해야 한다. 여러분의 장애 형제에게 지원을 제공하는 기관과 관계를 맺고, 다른 성인 형제들과 함께하는 비장애 형제 프로그램에도 참여해보기를 바란다.

나는 일부 가족들이 인터뷰할 때 보여준 용기와 삶에 대한 태도에 감동을 받았다. 비장애 형제들은 장애 형제가 있기에 긍정적인 자질을 개발하고, 특별한 가정환경 속에서 많은 것을 얻기도 한다. 만약 비장애 형제들이 자신의 상황에 긍정적으로 적응할 수 있다면 그들이 겪는 어려움들은 더 큰 힘을 키우는 요인이 될 수 있다. 적절한 지원을 받는다면 비장애 형제들은 그들 나름의 가능성을 실현할 수 있을 뿐 아니라 장애 형제의 삶의 질을 높이는 데에도 기여할 수 있을 것이다.

# 장애 가족과
# 비장애 형제들을 응원합니다

이 책을 번역하면서 가장 크게 느낀 점은 다른 나라도 비장애 형제들이 경험하는 어려움이 우리와 다르지 않다는 것입니다.

저자가 이 책에서 아무한테도 말하지 못하고 마음속에 쌓아둔 감정과 경험들을 솔직하게 이야기할 때, 비장애 형제들은 책을 읽으면서 때론 속 시원하고 때론 눈시울이 뜨거워질 것입니다. 언니와 함께 외출했을 때 빤히 쳐다보는 낯선 사람들의 시선과 모진 말들, 언니가 사라져 버렸으면 좋겠다고 바라면서 죄책감을 가졌던 경험들, 언니는 할 수 없는 일을 내가 하는 것이 언니에게 미안하면서도 부모님의 칭찬을 독차지하고 싶었던 마음, 언니 때문에 힘들어하는 부모님의 입장을 알기에 늘 '착하고 반듯하게' 또 완벽하려고 했던 어린 시절, 자신의 감정을 숨기는 것이 어느 순간 폭발해 버릴 것 같았던 느낌…. 저자의 이러한 이야기들이 이 책을 읽는 비장애 형제들에게 큰 위안이 될 것입니다. 그리고 '나만 그런 게 아니었네!' 라고 말하게 될 것입니다. 이러한 깨달음은 의외로 힘이 셉니다. 비장애 형제들은 가정에서도 늘 외로웠고, 누구에게도 말하지 못하고, 힘들었던 어린 시절을 위로받을 수 있을 것입니다.

이 책은 비장애 형제만을 위한 것은 아닙니다. 장애아를 키우는 것만도 버겁지만, 장애가 없는 자녀에게 미안한 마음을 안고 사는 부모들에게 비장애 형제들을 어떻게 대해야 아이들의 마음을 이해하는 길을 찾을 수 있는지 구체적으로 제시합니다. 또 장애인 복지 및 교육에 종사하는 전문가에게는 비장애 형제들을 위한 지원 체계가 어떻게 나아가야 하는지 그 방향과 내용에 대해 시사점을 줄 것입니다.

이 책의 초판이 나온 후 지금까지 이 책을 읽으면서 심리적인 위안과 도움을 받았다는 비장애 형제들을 많이 만났습니다. 이 책을 읽고 함께 울고 웃으면서 자신만의 고민에서 벗어나 자신과 가족, 주변 사람들까지 너그럽게 바라볼 수 있었다고 합니다. 그리고 세상을 살아가는 힘을 얻었다는 이야기도 들었습니다. 비장애 형제들에 대한 관심과 이해가 부족한 현실에서 이 책이 자기 역할을 조용히 담당해 오고 있었다는 점이 참 감사했습니다. 앞으로도 이 책이 장애 가족과 비장애 형제들을 위로하고 격려하는 든든한 지원군이 되어주길 바랍니다.

건양대학교 초등특수교육과 교수 전혜인

비장애 형제로 살아가는

# 나는 여전히,
# 오늘도 괜찮지 않습니다

지은이 | 케이트 스트롬   옮긴이 | 전혜인 · 정평강
펴낸이 | 곽미순   기획 | 전광철   편집 | 김주연   디자인 | 이순영

펴낸곳 | ㈜도서출판 한울림   기획 | 이미혜   편집 | 윤도경 윤소라 이은파 박미화 김주연
디자인 | 김민서 이순영   마케팅 | 공태훈 윤재영   제작·관리 | 김영석
등록 | 2008년 2월 13일(제2008-000016호)
주소 | 서울시 영등포구 당산로54길 11 래미안당산1차아파트 상가
대표전화 | 02-2635-1400   팩스 | 02-2635-1415
홈페이지 | www.inbumo.com   블로그 | blog.naver.com/hanulimkids
페이스북 | www.facebook.com/hanulim
인스타그램 | www.instagram.com/hanulimkids

개정판 1쇄 펴낸날 | 2020년 8월 10일
ISBN   978-89-93143-88-1   03330

이 도서의 국립중앙도서관 출판예정도서목록(CIP)은 서지정보유통지원시스템 홈페이지(http://seoji.nl.go.kr)와
국가자료종합목록 구축시스템(http://kolis-net.nl.go.kr)에서 이용하실 수 있습니다. (CIP제어번호 : CIP2020031193)

이 책은 저작권법에 따라 보호 받는 저작물이므로, 저작자와 출판사 양측의 허락 없이는
이 책의 일부 혹은 전체를 인용하거나 옮겨 실을 수 없습니다.

* 한울림스페셜은 ㈜도서출판 한울림의 장애 관련 도서 브랜드입니다.
* 잘못된 책은 바꾸어 드립니다.